本书获西安财经大学学术著作出版资助

新时期农村创新创业人才培养与农民就业增收研究

——以陕西省为例

赵 路◎著

中国财经出版传媒集团
经济科学出版社
Economic Science Press
北京

图书在版编目（CIP）数据

新时期农村创新创业人才培养与农民就业增收研究：以陕西省为例 / 赵路著. -- 北京：经济科学出版社，2024. 7. -- ISBN 978 - 7 - 5218 - 6104 - 4

Ⅰ. F320. 3；F327. 41

中国国家版本馆 CIP 数据核字第 20244FU070 号

责任编辑：朱明静
责任校对：易　超
责任印制：邱　天

新时期农村创新创业人才培养与农民就业增收研究
——以陕西省为例
XINSHIQI NONGCUN CHUANGXIN CHUANGYE RENCAI PEIYANG
YU NONGMIN JIUYE ZENGSHOU YANJIU
——YI SHAANXISHENG WEILI
赵　路　著
经济科学出版社出版、发行　新华书店经销
社址：北京市海淀区阜成路甲 28 号　邮编：100142
编辑部电话：010 - 88190489　发行部电话：010 - 88191522
网址：www. esp. com. cn
电子邮箱：esp@ esp. com. cn
天猫网店：经济科学出版社旗舰店
网址：http：//jjkxcbs. tmall. com
固安华明印业有限公司印装
710 × 1000　16 开　14. 5 印张　240000 字
2024 年 7 月第 1 版　2024 年 7 月第 1 次印刷
ISBN 978 - 7 - 5218 - 6104 - 4　定价：68. 00 元
（图书出现印装问题，本社负责调换。电话：010 - 88191545）

目　　录

第 1 章

人才强国与乡村振兴思想研究

党的十八大以来，以习近平同志为核心的党中央所提出的人才强国、乡村振兴等治国理政新思想新战略，对于实现中华民族伟大复兴、建设我国农业现代化和实现农村全面振兴具有重要的指导意义。本章通过探讨人才强国与乡村振兴战略思想的内涵、意义与要求，以农民就业增收状况为例，分析了乡村振兴战略下我国推进“三农”工作的实践及其农民就业增收的重要意义，并就新时期以人才强国战略为引领促进农村人才开发与农民就业增收进行了初步探讨。

1.1 人才强国战略思想的发展与意义

改革开放40 多年来，推动农村家庭就业创业与增收，一直是我国实现农业农村现代化的重要课题。党的十九大以来，以习近平同志为核心的党中央明确要求实施乡村振兴战略，以转变农业发展方式为核心，以加快推进农业农村现代化和构建现代农业产业体系为重要内容，以促进农业提质增效、农民就业增收、农村繁荣兴旺为总体要求，最终实现农村全面进步、农业全面升级、农民全面发展和共同富裕。要实现上述目标，必须将传统农业生产方式引入现代农业发展的大格局，赋予农业与农村发展新动能新优势，其中离不开人才和科技的创新驱动作用。改革开放以来，党和国家领导人在选人用人和人才培养方面有许多精辟论述，党中央高度重视人力资源和人才工作，江泽民同志提出："人力资源是第一资源。实现科技进步，实现经济和社会发展，关键都在人。"① 胡锦涛同志在第一次全国人才工作会议讲话中指出："把实施人才强国战略作为党和国家一项重大而紧迫的任务抓紧抓好"。②

2022 年 10 月 16 日在党的二十大报告中，习近平总书记明确指出"人才是第一资源、创新是第一动力"，③ 强调了人才、科技与教育等要素对全面建设中国式现代化国家的基础性和战略性支撑作用。因此，要实现农村全面进步和农业全面升级，助力乡村振兴战略实现，就必须在人才强国战略思想引领下，用农业科技带动农业产业化，不断提高农业生产经营效率，拓宽农民转移就业空间，促进农业增效和农民增收；要促进农村人才开发和新型职业农民培养，加强对农民的现代科技知识和职业技能培训，通过人才振兴、人才兴农，实现乡村全面振兴。

1.1.1 人才强国战略思想的内涵

党的十八大以来，以习近平同志为核心的党中央更加重视人力资源开发，更加重视人才强国战略，更加重视干部队伍建设。习近平总书记发表了一系列关于人才工作的重要论述，为实施人才强国战略提供了坚实的理论基础和方向指引。特别是在 2021 年 9 月召开的中央人才工作会议

---

① 江泽民在亚太经合组织第八次领导人非正式会议上发表的讲话［EB/OL］. 中华人民共和国外交部网站，https：//www. fmprc. gov. cn/gjhdq_ 676201/gjhdqzz_ 681964/lhg_ 682278/zyjh_ 682288/200011/t20001116_ 9384019. shtml，2000 - 11 - 16.

② 党史日历丨人才问题是关系党和国家事业发展的关键问题［EB/OL］. 澎湃网，https：//m. thepaper. cn/baijiahao_ 15912111，2021 - 12 - 19.

③ 习近平：高举中国特色社会主义伟大旗帜 为全面建设社会主义现代化国家而团结奋斗——在中国共产党第二十次全国代表大会上的报告［EB/OL］. 中华人民共和国中央人民政府网，https：//www. gov. cn/xinwen/2022 - 10/25/content_ 5721685. htm。

上，习近平总书记强调要“深入实施新时代人才强国战略”①，注重全方位的人才培养与人才引进，并用好人才，为将来实现社会主义现代化、全面建成社会主义现代化强国提供人才支撑，为建设世界级的重要人才中心和创新高地夯实基础，并明确了新时代人才强国建设的要求与阶段性目标。

党的十八大以来，党中央深刻阐述了建设人才强国的原因、内涵和基本方略等重大理论和实践问题。习近平总书记强调：“人才是衡量一个国家综合国力的重要指标。国家发展靠人才，民族振兴靠人才。我们必须增强忧患意识，更加重视人才自主培养，加快建立人才资源竞争优势。”②明确人才对实现中华民族伟大复兴的意义与价值。中央人才工作会议进一步将“人才”聚焦于科技创新领域，强调大力培养使用战略科学家、打造一批科技领军人才和创新团队、培养大批卓越工程师，明确了对人才的需求。此外，会议还提出一系列实施人才强国战略的新举措，为人才强国战略的实施奠定了坚实的理论与实践基础。

习近平人才强国思想的提出明确了实现第二个百年奋斗目标对人才的要求，强调加快建设世界重要人才中心和创新高地，从人力资源开发的角度指明了建设中国式现代化的方法与路径，这是中国特色社会主义建设中重视人力资源管理理论和实践的重要体现。2022 年 10 月 16 日，在中国共产党二十大报告中习近平总书记再次强调，人才是第一资源，提出要深入实施科教兴国战略、人才强国战略、创新驱动发展战略，开辟发展新领域新赛道，不断塑造发展新动能新优势。③

---

①② 习近平出席中央人才工作会议并发表重要讲话［EB/OL］. 中华人民共和国中央人民政府网，https：//www. gov. cn/xinwen/2021 -09/28/content_ 5639868. htm，2021 -09 -28.

③ 习近平：高举中国特色社会主义伟大旗帜 为全面建设社会主义现代化国家而团结奋斗——在中国共产党第二十次全国代表大会上的报告［EB/OL］. 中华人民共和国中央人民政府网，https://www. gov. cn/xinwen/2022 -10/25/content_ 5721685. htm。

1.1.2 人才强国引领乡村振兴的必要性

1.1.2.1 农业现代化离不开人才的支撑作用

在人才强国战略引领下，要实现我国农业现代化目标必须加强农村人力资源开发和农村人才队伍建设，通过农村人力资本积累，充分发挥人才资源的竞争优势，才能实现农村经济的高质量和持续发展。当前，我国农村经济的繁荣和农业的转型升级，都离不开高素质农村人才的驱动和参与。首先要明确新型职业农民的培养目标，注重农业技术人才队伍建设，重视高层次农村科技人才的培养，通过农业技术培训，有效提升农业技术人员的专业素质，提高农民的职业技能，以促进农业提质增效和农民增收；其次还要注意农业技术的推广，充分发挥优秀科技示范户的引领作用，要深入基层农村挖掘和培养一批懂农业、爱农村、爱农民的“三农”专家，打造一支农机操作专家、种养专家、专业合作组织领导、乡村创业致富带头人、农村经纪人等实用型农业人才队伍，以强化对农业科技及其经营管理的人才支撑和智力引导。同时，适应现代信息社会的发展需求，还要大力培养现代农业发展所需的农村创新创业人才，打造一支懂农业、懂市场、懂经营、会管理和爱农村的“互联网+”现代农业人才队伍，才能保证农村经济发展的质量和结构同步提升。

1.1.2.2 乡村振兴离不开人才的振兴

在人才强国战略引领下，要实现乡村振兴离不开人才振兴、人才兴农的支撑作用。人才振兴是乡村全面振兴的重要条件，只有重视人才是第一资源的重要战略意义，加强农村人力资源开发和农村人才培养，充分发挥人力资源的潜能和优势，才能促进乡村人才、资金、技术、产业及土地各要素的优化配置和良性循环发展。要多措并举强化乡村的人才支撑作用，加大对农村人力资源投资的力度，在加强农村人才培养的同时，注重对各级各类人才的激励、吸引和保留。通过产业兴旺、生态宜居的乡村建设，使越来越多的“新农人”“农二代”能够留在家乡、愿意返乡创业和回报乡村；通过新型城镇化建设，增强当前“三农”各项工作的吸引力和凝聚力，给愿意留在乡村、建设乡村的农村创新创业人才提供广阔的发展空间和丰富的就业增收机会，使各级各类人才在农村经济发展中能够大展才华、各显身手。

1.1.2.3　乡村全面振兴离不开农村人才激励机制和各项保障措施

在人才强国战略引领下，要实现人才服务乡村的长效机制，实现乡村全面振兴，就要不断优化和完善农村人才激励机制和各项保障措施。要通过政策引导和支持，加强顶层设计和城乡统筹发展，推进产学研融合，使高校、职业教育与地方共同推进，创新农村人才开发与培养模式。乡村振兴是以产业振兴和组织振兴为主导的全面振兴，对人才的需求具有多元性，包括农业生产经营管理人才、农业科技创新与推广人才、农村二三产业融合发展人才、农业社会化服务人才、乡村公共服务人才和乡村治理人才等，应通过人才培养与引进相结合、引进人才与引进技术相结合，拓宽乡村人才来源；在高校和职业院校的涉农专业人才培养上，加强培养理论与实践高度融合的复合型、应用型实践技能人才。通过深化乡村人才培养与引进、人才使用与流动、人才激励与保留等制度改革，汇聚天下英才而用之；要鼓励高校毕业生返乡创业，投身农村建设，最大限度激发人才内在活力和潜能，构建和完善城乡统筹的人力资源服务平台和保障措施，充分发挥人力资本和智力资源支持农村农业高效发展的战略支撑作用。

1.2　乡村振兴战略思想的内涵与要求

1.2.1　乡村振兴的提出与内容

乡村振兴战略是党的十九大提出的一项重大战略。习近平总书记在党的十九大报告中对乡村振兴战略进行了全面阐述。[①] 乡村振兴是涵盖农村产业、人才、文化、生态与组织各方面的全面振兴，这五大振兴在内容上相互包含，又相互影响，是紧密联系和不可分割的有机整体，呈现“五位一体”的总体布局。其中，产业振兴是乡村振兴的关键，人才振兴是乡村振兴的基础；在党的有力领导下，通过人才振兴、产业振兴，激发农村各类经济组织的活力，才能实现农业现代化。

乡村振兴战略二十字总要求为“产业兴旺、生态宜居、乡风文明、治理有效、生活富裕”，这是我国坚持农业农村优先发展，实施乡村振兴战略的总体规划；通过建立健全城乡融合发展的有效机制和政策体系，逐步推进我国农业农村现代化。2022 年 10 月 16 日，在党的二十大报告中习近平总书记再次提出全面推进乡村振兴，指出，“全面建设社会主义现代化国家，最艰巨最繁重的任务仍然在乡村”。[②] 因此，如何发挥亿万农民的主体作用，创新乡村人才激励机制，激发乡村现有人才的活力与潜能，把更多人才引向农村建设的创新创业实践中，以推动农业转型升级，最终实现农业增效和农民增收，是当前农村经济发展的紧迫任务，也是在人才强国战略引领下实现全面乡村振兴的重点和目标。

1.2.2 乡村振兴的目标要求

根据党中央对乡村振兴的战略部署，新时代的“三农”工作必须围绕农业农村现代化这个总目标来推进，要坚持“乡村全面振兴，实现乡村产业振兴、人才振兴、文化振兴、生态振兴、组织振兴”，进而推动农业全面升级，农村全面进步，实现农民全面发展；要统筹推进

---

① 习近平：决胜全面建成小康社会 夺取新时代中国特色社会主义伟大胜利——在中国共产党第十九次全国代表大会上的报告［EB/OL］. 中华人民共和国中央人民政府网，https：//www. gov. cn/gonggong/ymbcz/404. html。

② 习近平：高举中国特色社会主义伟大旗帜 为全面建设社会主义现代化国家而团结奋斗——在中国共产党第二十次全国代表大会上的报告［EB/OL］. 中华人民共和国中央人民政府网，https：//www. gov. cn/xinwen/2022 - 10/25/content_ 5721685. htm。

农村经济建设和全面发展，促进农业增效和农民增收，走共同富裕道路。其中，农业农村现代化是实施乡村振兴战略的总目标，坚持农业农村优先发展是总方针，“产业兴旺、生态宜居、乡风文明、治理有效、生活富裕”是总要求，建立健全城乡融合发展体制机制和政策体系是制度保障。

乡村振兴的战略目标和实施原则可概况为两方面：一方面，乡村振兴的战略目标，从总体上来讲：应坚持农业农村优先发展的总方针，按照“产业兴旺、生态宜居、乡风文明、治理有效、生活富裕”的总要求，建立健全城乡融合发展体制机制和政策体系，加快推进农业农村现代化。按照党的十九大提出的决胜全面建成小康社会、分两个阶段实现第二个百年奋斗目标的战略安排，2017 年中央农村工作会议明确了实施乡村振兴战略“三步走”的目标任务：一是到 2020 年，乡村振兴取得重要进展，制度框架和政策体系基本形成；二是到 2035 年，乡村振兴取得决定性进展，农业农村现代化基本实现；三是到 2050 年，乡村全面振兴，农业强、农村美、农民富全面实现。另一方面，根据乡村振兴的总体要求，实施乡村振兴战略应遵循四个原则：一是生态优先原则；二是产业发展原则；三是因地制宜原则；四是村民参与和全面发展原则。以上战略规划和部署为我国各区域各地方的乡村振兴工作描绘了全面发展的蓝图，既为中国乡村建设指明了方向，又为农村未来发展注入了前进的动力。

1.3　乡村振兴战略下农民就业增收的重要意义

1.3.1　促进农民就业增收是全面推进乡村振兴的重要目标

随着我国工业化、城镇化和农业现代化的发展，农业人口大量涌入城市，从 2011 ~ 2022 年，我国农村人口占总人口的比重下降 13.9 个百分点。农村劳动力从农业向非农业、从农村向城市转移，是全球经济发展过程中的普遍规律，也是多数国家解决农村劳动力充分就业的重要手段。农村劳动力转移就业人数增加，是农村人力资源开发的结果，也是缩小城乡差距、促进农民增收和城乡协调发展的重要途径。当前我国以产业结构调整、农业现代化以及城镇化建设为契机，加快农业转移人口市民化，促进农民就业增收，推动城乡协调发展，是我国一项长期而艰巨的任务。党的十七大报告明确指出："以促进农民增收为核心，多渠道转移农民就业，是发展农村经济，建设社会主义新农村的重要目标之一。"农村劳动力实现转移就业和增收是农村人力资源优化配置的结果，也是全面解决"三农"问题、实现城乡经济繁荣的重要手段。

工业化、产业化和规模化经营，使得农民的耕地大量减少，农民源于土地和农业的收入在减少，只有不断提高工资性收入、经营性收入或财产性收入等其他收入才能弥补，而向非农产业转移就业、进城务工、从事自主经营或创业正是解决这一问题的有效途径。党的十九大以来，习近平总书记所提出的乡村振兴战略，以推进农村全面发展，构建乡村现代产业体系，促进农业增效和农民致富增收作为重要内容。作为新时代解决"三农"工作的总抓手，这对于缩小城乡收入差距，促进我国区域协调发展具有深远的意义。因此，促进农民就业增收也成为缩小城乡发展差距、推进乡村全面振兴的重要目标。

1.3.2 推动农民就业增收是缩小城乡差距、促进城乡协调发展的重要途径

改革开放40余年，推动农村家庭经营，推进农业产业化经营，促进农民就业创业与增收，一直是我国解决"三农"问题的重要课题。互联网时代的到来，使得农村经济转型升级，农民转移就业及创业的方式、内容都发生了显著的变化，其中最主要的变化是新型城镇化和农村电商发展成为解决"三农"问题、促进农民就业增收的重要途径。城镇化的发展使农村劳动力由从事第一产业向第二产业、第三产业转移，农村劳动力的非农收入比

重逐渐增加，其总体收入水平不断提高。近十余年来，我国城乡收入差距持续缩小。根据国家统计局 2023 年《中国统计年鉴》数据，2022 年，农村居民人均可支配收入 20133 元，首次突破 2 万元，比 2013 年增长 113.5%。农村居民收入增长明显快于城镇居民，农村居民人均可支配收入增速快于城镇 2.4 个百分点（见图 1－1），推动农民就业增收成为促进城乡协调发展的重要途径。

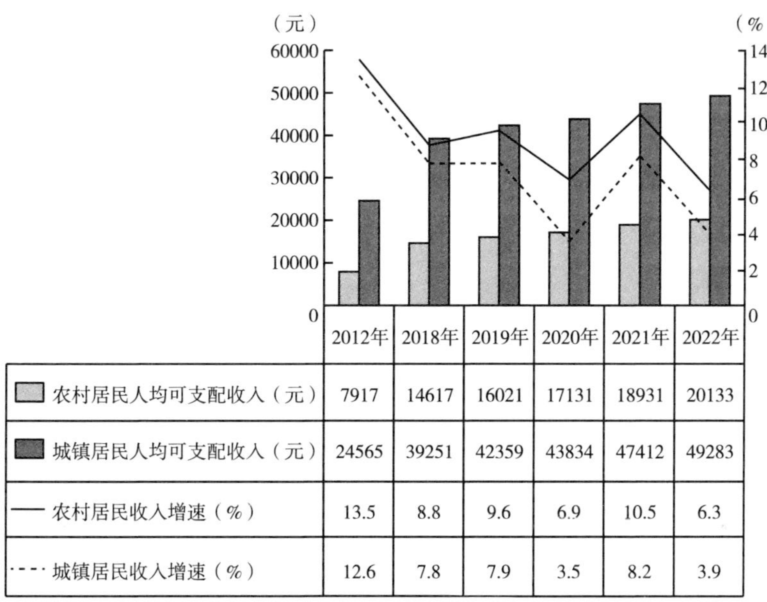

	2012年	2018年	2019年	2020年	2021年	2022年
农村居民人均可支配收入（元）	7917	14617	16021	17131	18931	20133
城镇居民人均可支配收入（元）	24565	39251	42359	43834	47412	49283
—— 农村居民收入增速（%）	13.5	8.8	9.6	6.9	10.5	6.3
- - - 城镇居民收入增速（%）	12.6	7.8	7.9	3.5	8.2	3.9

图 1－1　全国城乡居民人均可支配收入及增速

＊注：2013 年以前农村常住居民人均指标数据为“人均纯收入”，2013 年后统一为“人均可支配收入”，此后农村常住居民“一体化调查”采用新口径人均指标数据。

资料来源：笔者根据 2013～2023 年《中国统计年鉴》，2012～2022 年《国民经济和社会发展统计公报》整理。

关注农民的非农化过程，使离开土地的农民实现充分的非农就业，提高农民的非农收入，一直是我国经济社会发展的重大课题。2010 年以来，我国农村居民收入增长一直快于城镇居民收入增长，农民收入稳步提升，收入结构不断优化，农外收入比重逐步提高，城乡收入差距持续缩小。2022 年全国农民农外收入占人均可支配收入的比重已达77.5%，比2011年上升13.6个百分点，如表1－1所示。

表1－1　　全国农村居民农外收入比重变化

指标	2011年	2014年	2018年	2022年
农民人均可支配收入（元）	6977	10488.9	14617	20133
农外收入（元）	4457.4	7490.3	11127	15601.2*
农外收入比重（%）	63.9	71.4	76.1	77.5

*按照上年农业经营收入同比推算。

资料来源：笔者根据2012～2021年《中国农村统计年鉴》，2022年《国民经济和社会发展统计公报》整理。

从农民收入来源来看，农民收入构成中除工资性收入有持续较快增长外，其财产净收入和转移净收入也增长明显。国家统计局2023年《中国统计年鉴》数据表明，2022年农民人均可支配收入中的工资性收入、财产净收入和转移净收入增长比城镇居民分别高2.3个、4.7个和2.3个百分点，这说明随着农村转移就业人口的增加，农民务工收入增长明显；农村居民的养老和医保费、社会救济和政策性补贴，以及从转让承包土地经营权中获得的收益也增长较快。这使得全国城乡差距（城乡居民收入比）由2012年的2.88下降到2022年2.45，共减少了0.43，城乡居民收入相对差距持续缩小（见图1－2）。但是，近些年来，农村居民收入构成中的经营净收入增速较慢，在2021年以前多低于城镇居民增速，虽然2022年随着疫情后经济的整体复苏和提振已超过城镇居民增速，但仍需长期关注。这说明乡村产业发展滞后，必须提高县域经济发展实力和规模，提升农民的自主经营及创业能力，才能拓宽农民就业空间和持续增收能力。因此，加快推进农民的转移就业及创新创业活动，将极大促进城乡经济的繁荣，带动更多农民共同致富和持续增收，对缩小城乡差距、促进城乡协调发展发挥着重要作用。

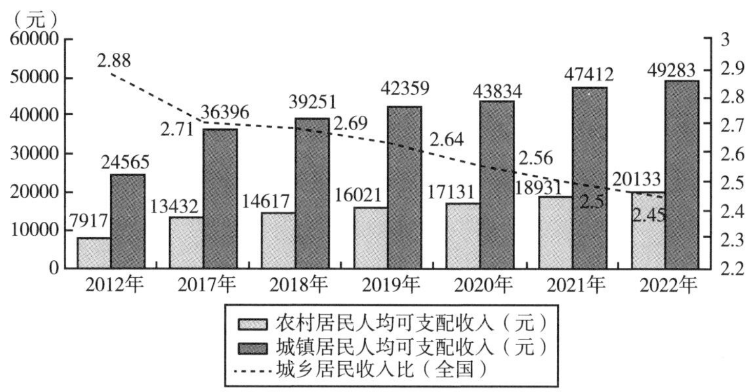

图 1-2　全国城乡收入差距对比

资料来源：笔者根据 2013～2023 年《中国统计年鉴》，2012～2022 年《国民经济和社会发展统计公报》整理。

1.3.3　推进农民就业创业与增收是转变农业生产方式、优化农业产业结构的必然要求

我国传统的农业生产方式粗放低效、专业化水平低。推进农民转移就业和创新创业，有助于农村创新创业人才的培养和合理流动，给农村欠发达地区引入先进的信息、技术和经验，大力发展现代农业、集约农业和精细化农业，从而提高农业经营效率，提升农业增值水平。因此，引导农民就业创业对于转变农村生产方式意义重大。产业结构的合理化是以第二产业、第三产业的发展水平以及农业结构的优化来衡量的。农业结构优化过程具体表现为，在农林牧渔业中，农业（种植业）的比重逐步下降，在种植业结构中，粮食作物比重的下降和经济作物比重的逐步上升。我国是农业大国，农业人口众多，经济发展相对滞后，农民收入水平较低。党的十八大以来，党和国家高度重视农民转移就业与增收工作，通过加快新型城镇化建设和产业转移，大力推动城乡经济转型、产业升级和第三产业迅速发展，使城乡就业结构渐趋协调、产业结构更加优化，农村居民收入稳步提升，收入结构更趋合理。但是，从我国三大区域经济发展来看，国家统计局 2023 年《中国统计年鉴》数据显示，我国以占总就

业人数 22.9% 的农业劳动力仅实现了 7.3% 的 GDP，农业生产效率偏低，东西部地区相比差距较大，东中部地区发展差距较为明显。从城镇化水平和产业结构来看，2022 年，全国城镇人口比率为 65.22%。从东西部地区比较来看，西部地区的代表陕西省城镇人口比率为 64.02%，比全国平均水平低 1.2 个百分点，比东部发达地区低 6.1～10.8 个百分点；从中东部地区比较来看，中部地区的代表湖北省的城镇化率为 64.67%，仍低于全国平均水平 0.55 个百分点，比东部发达地区低 5.4～10.1 个百分点（见表 1－2）。从第二产业、第三产业的比重来看，东部地区均高于全国的比重；西部经济欠发达地区的第二产业、第三产业的比重仍落后于全国平均水平，在全国的比重也远落后于中东部地区，西部地区第二产业、第三产业的比重还须大力提高，农业结构有待优化，城镇化水平提升空间较大，而中部地区的第三产业和城镇化水平也有待提高。因此，转变农业经济增长方式，加快农业转型升级和产业结构的优化，全面推进乡村振兴，加快农业农村现代化进程，提高农民转移就业与增收水平，仍是当前和今后一段时期我国城乡经济结构持续优化的方向。

表 1－2　　2022 年农民转移就业与工业化、城镇化水平比较　　单位：%

地区		就业构成 *			产业构成			城镇化率
		第一产业	第二产业	第三产业	第一产业	第二产业	第三产业	
全国		22.9	29.1	48	7.3	39.9	52.8	65.22
东部地区	浙江	5.3	44.3	50.4	3.0	42.7	54.3	73.4
	江苏	13.0	40.2	46.8	4	45.5	50.5	74.4
	广东	10.6	36.3	53.1	4.1	40.9	55	74.79
	福建	13.7	33.2	53.1	5.8	47.2	47	70.11
中部地区	河南	24.2	29.9	45.9	9.5	41.5	49.0	57.07
	湖北	26.8	26.8	46.3	9.3	39.5	51.2	64.67
	湖南	24.6	27.4	48	9.5	39.4	51.1	60.31
西部地区	陕西	29.2	21.2	49.5	7.9	48.6	43.5	64.02
	四川	31.9	23.5	44.6	10.5	37.3	52.2	58.35
	甘肃	43.9	18.4	38	13.5	35.2	51.3	54.19

* 鉴于数据的统一和校准，以 2022 年《中国统计年鉴》数据为准。

资料来源：笔者根据 2023 年《中国统计年鉴》，2022 年全国及各省份《国民经济和社会发展统计公报》整理。

上述分析说明，只有通过构建现代农业产业体系，拓宽农民转移就业与创新创业渠道，提高农村转移劳动力的现代农业科技水平、经营管理能力和创新创业能力，以农村人力资本的提升逐步推动农业生产经营中各项资源与要素的优化配置，才有助于优化农业结构、提高农业工业化水平和综合效益；利用互联网、大数据、人工智能、物联网等现代信息技术手段，加速技术与人才、信息、资金的融合，大力开发农业新业态和新模式，推动农村三产融合发展；通过发展乡村旅游、观光农业等项目带动农村商贸流通和现代服务业的发展，才能最终形成乡村人才聚集、产业兴旺、农业增效、农民增收致富的繁荣局面，实现农业全面升级和农村现代化的总目标。

1.4　新时期促进农村人才开发与农民就业增收的对策建议

新时期，在人才强国战略思想引领下，推进乡村振兴和农民就业增收，离不开人才振兴、农村人才开发的系统规划。要发挥人才开发与人才引进对乡村振兴的支撑作用，要重视农村人力资源的开发与培养，强化乡村振兴的人才驱动和智力支持。加快培育新型农业经营主体，打造一支适应现代农业发展需求、业务能力强的乡村振兴人才队伍，让更多愿意留在农村的农户、转移就业者和返乡创业者能够人尽其才，才尽所用，用有所成。要加快构建现代农业产业体系，拓宽农民就业增收渠道，建立健全政府、产业、农民等多元主体共同参与的就业增收服务体系。

1.4.1　完善乡村人才开发的机制

人才振兴是乡村振兴的基础，促进乡村人才的开发和培养，对全面实现乡村振兴意义显著。乡村振兴需要不同类型人才的共同参与，根据 2021 年中共中央颁布的《关于加快推进乡村人才振兴的意见》，乡村人才包括农业生产经营管理人才、农业科技研发与推广人才、农村创新创业带头人与农村电商人才等农村二三产业发展人才，以及乡村公共服务人才与乡村治理人才等几大类。近年来，国家农业农村各级部门认真贯彻落实中央一系列关于乡村人才振兴的决策部署，统筹兼顾、持续推进乡村各类人才队伍建设，并取得显著成效。在现阶段，乡村人才现状与乡村振兴对人才的需求还有一定的差距，主要体现在乡村人才数量不足、结构不合理、外流严重等，持续促进乡村人才发展成为全面实现乡村振兴的重要手段，具体包括以下四点。

第一，坚持党对乡村人才工作的全面领导。在中央人才工作会议上习近平总书记强调坚持党对人才工作的全面领导。[①] 乡村人才工作要坚持“党管人才”的基本原则，坚持正确的政治方向不动摇。实践层面，将人才政策、资金投入等向农村倾斜，基于乡村产业发展对人才的需求制定针对性强、时效性强的政策，引导各类人才向乡村转移，以促进乡村人才数量的增加、人才结构的优化。

第二，优化乡村人才选聘机制。政治立场坚定，思想素质高，政治觉悟强，专业能力过硬是乡村人才的基本条件。在乡村人才选聘前应根据所在地区未来产业发展方向明确招聘需求、制定招聘计划、建立乡村人才的胜任特征模型。在乡村人才遴选过程中还应关注他们对“三农”问题的认可度，而不是将乡村工作作为职业生涯发展的跳板，选择一批真正热爱农业、农村、农民，能长期扎根于农村的乡村人才，降低乡村人才的流失，提升乡村人才队伍的稳定性。

第三，丰富现有乡村人才培训体系。培训对于增强乡村人才的工作能力、提升乡村人才素质、促进乡村人才自我价值的实现具有显著的促进作用。由于各个地区资源禀赋、社会经济发展条件的差异，他们实现乡村振兴的路径以及所需乡村人才的类型、技能水平等存在显著的差异。现有乡村人才现状与地区发展所需的乡村人才之间的差异也具有明显的不同。乡村人才培训体系建设应基于所在地区的特点，选择适当的培训方式、优选培训内

---

① 习近平出席中央人才工作会议并发表重要讲话［EB/OL］. 中华人民共和国中央人民政府网，https：//www.gov.cn/xinwen/2021－09/28/content_5639868.htm，2021－09－28.

容、提升培训体系的针对性、有效性。

第四，完善乡村人才绩效考核体系。科学合理的绩效考核对于提升个体工作效率，促进个体目标与组织目标的共同实现具有显著的促进作用。由于乡村振兴工作具有长期性、综合性、复杂性等特征，对乡村人才的考核应将长期目标与短期目标相结合，经济效益与社会效益相结合。此外，乡村人才类型的多样性，他们的工作性质、工作内容具有较强的差异性，其绩效考核的内容与标准应具有针对性、动态性等特征，以提升乡村人才绩效考核体系的有效性。

第五，营造良好的乡村人才发展环境。良好的发展环境是乡村人才发展的基础，构建良好的发展环境要从政策环境、强化对乡村人才的重视、创新工作形式等多方面入手。首先，政策方面要加大对农村创新创业人才培养的投入力度，向在农村进行创新创业活动的个体与企业提供优惠政策与金融支持。其次，要建立健全农村创新创业人才激励机制，通过表彰乡村振兴中的先进个体、企业等形式强化对乡村人才的认可和重视，吸引更多的人才参与乡村振兴工作，以提升农村现有人才的工作积极性。乡村人才专业领域较多、来源复杂，有些是全职参与乡村工作，有些则是兼职的工作形式，甚至是远程参与乡村工作。最后，在农村人才管理实践工作中要善于变革创新，应采取多样化的工作组织形式，以充分发挥各个主体的优势，形成合力，提升其整体的竞争力，共同营造良好的发展环境，提升乡村振兴工作对人才的吸引力和凝聚力。

1.4.2　拓宽农民就业增收的途径

乡村振兴的核心在于提高农业效益和增加农民收入，因而，如何促进农民转移就业与增收成为实现乡村振兴的核心要务。促进农民就业增收需要政府、产业、农民等多主体共同推进与协同创新，具体来说，有以下三个方面。

第一，在政府层面，要落实对农民就业增收的政策支持和顶层设计。加大财政资金对农业的扶持力度，建立健全农村金融体系，切实解决涉农企业和个人融资难的问题，降低其融资成本；通过构建现代农业产业体系和推进新型城镇化建设，延伸产业链，扩大农民就业增收空间和容量，以“公司+基地+农户”等多种方式优化农村产业结构，促进农业转型升级和一二三产业的融合发展。落实科教兴农、人才兴农的顶层设计，加强农业科技的研发、推广与普及力度，建立新型多元化的农技推广体系；加强农业科技服务平台建设，全面推进农业科技下乡制度，扶持农业科技示范户，提高其示范带动能力。建立城乡统筹的就业服务制度，加强农村人力资源服务平台建设，为企业与农村劳动力之间搭建沟通桥梁，促进农村剩余劳动力转移就业；同时，加强对农民的培训，要培养有知识、懂技术、会经营的新型职业农民。对转移就业农民应及时开展农业科技生产技能、经营管理技能、农村电子商务与就业创业等农村实用技能培训，以及相关农业政策法规培训。要充分发挥各地方高校和职业教育服务乡村振兴的支撑作用，注重产学研融合和共同推进；在切实保障农村义务教育的基础上，大力发展职业教育、成人教育和各种专题培训，切实提高农民的职业技能和就业竞争力；要完善科技特派员科技服务制度，多渠道组织科技人员深入农村传授科技知识，开展多种形式的文化教育、科技推广和创业带动实践；加大对大专院校和中等职业学校涉农专业学生的助学力度，鼓励大学生毕业后返乡就业或创业，为发展农业农村现代化建功立业。

第二，在产业方面，要推进农业产业化经营。大力扶持和加强农业产业化龙头企业，培育种养大户、家庭农场、农民专业合作社、农业产业园区等新型农业经营主体，以他们为桥梁，将小农户和大市场紧密相连，并建立与农户间的紧密利益联结机制，通过发展“公司+农户”“公司+合作社”的农业产业化经营，提高农业经济效益和农民增收水平。要优化农业产业结构，因地制宜培育壮大区域主导产业，发展优势农产品产业带，促进农业多元化经营、专业化生产和区域化布局；引导农民进行标准化生产，培育特色农产品品牌，提高农业产业规模和质量，以提高农产品附加值，拓宽农民就业空间和增收渠道。建立健全农业社会化服务体系，组建各类专业化服务组织，开办涵盖农业生产全过程、农业经营管理各流程的社会化托管组织，为家庭经营者、自主创业者等个体经营农户提供低成本、便利化的社会化服务，以吸纳农村剩余劳动力积极参与新农村建设，助力农民就业增收。

第三，在农民层面，要转变观念、提高农民的文化素质，使其充分认知农业农村的广阔发展机会与空间，实现从经验型向知识型、从被动型向主动型的新型职业农民转变。在加大对农村创新创业人才的激励和扶持力度基础上，积极发挥农村创业致富带头人对农民就业增收的引领和带动作用，增强农民在就业增收中的主体性认识，积极了解国家的相关政策以寻求新的发展机会，通过各级农村集体组织、农民专业合作社、科技下乡等渠道，加强农民之间的互助学习与交流机制，提高自身适应社会发展需求的学习能力和信息素养；在现代农业科技提升农业经济效率的同时，加强自我转型升级，主动参与县乡镇组织的各类农业科技培训、农产品电商和就业指导培训，努力提高自身职业素质和就业竞争力，以顺利实现转移就业。在网络化信息化背景下，积极参与农产品电子商务、直播、快递、配送等农业新业态新模式，在推进一二三产业融合发展和打造农业全产业链过程中，不断提升就业创业技能，开拓就业增收机会，分享产业链增值收益。

参考文献

［1］程伟．陕西省持续巩固拓展脱贫攻坚成果助力乡村振兴［EB/OL］．陕西网，https：//www. ishaanxi. com/c/2022/1017/2611981. shtml，2022 - 10 - 17.

［2］樊刚，马蔚华．农业转移人口市民化与中国产业升级［M］．北京：中国经济出版社，2013.

［3］范逸芳．我国城市劳动力与产业结构演进机制研究［M］．北京：科学技术文献出版社，2020.

［4］关爱萍．劳动力流动，产业转移与区域发展差距［M］．北京：中国社会科学出版社，2020.

［5］2022 年居民收入和消费支出情况［EB/OL］．国家统计局网站，http：//www. stats. gov. cn/t20230203_ 1901715. html，2023 - 01 - 17.

［6］黄海军．“互联网 +”时代下推动农业经济发展的探索［J］．农业工程技术，

2022，42（3）：79－80.

［7］黄宁阳．中国新时期农村劳动力转移研究［M］．北京：科学出版社，2012.

［8］黄锁明．强化乡村振兴的人才支撑［N］．光明日报，2022－01－07.

［9］李丁．跳出农门：农民子女的职业非农化与身份市民化［M］．北京：社会科学文献出版社，2017.

［10］刘畅，窦玉芳，邹玉友．创业者社会网络、资源获取对农村微型企业创业绩效的影响研究［J］．农业现代化研究，2016，37（6）：1158－1166.

［11］马隽．农村电子商务发展与农村富余劳动力安置问题研究［J］．中国农业资源与区划，2016（2）：135－137.

［12］莫广刚．新时代人才强国战略背景下乡村人才振兴探讨［J］．农学学报，2022，12（4）：89－95.

［13］宋洪远．转变农业发展方式，加快推进农业现代化［J］．中国发展观察，2015（2）：7－10.

［14］汪小龙，唐建荣．农村电商物流布局与农村居民消费——基于农村淘宝的跟踪［J］．商业经济研究，2021（23）：77－81.

［15］王金杰，李启航．电子商务环境下的多维教育与农村居民创业选择——基于CFPS2014和CHIPS2013农村居民数据的实证分析［J］．南开经济研究，2017（6）：75－90.

［16］习近平．把乡村振兴战略作为新时代“三农”工作总抓手［J］．求是，2019（11）：3.

［17］赵路．“一带一路”背景下农村创新人才培养模式研究［J］．科学管理研究，2017（6）：85－88.

［18］中共中央办公厅、国务院办公厅．关于加快推进乡村人才振兴的意见［EB/OL］．http：//www.gov.cn/zhengce/2021－02/23/content_5588496.htm，2021－02－23.

［19］中共中央办公厅、国务院办公厅．关于做好2023年全面推进乡村振兴重点工作的意见［EB/OL］．http：//www.qstheory.cn/yaowen/2023－02/13/c_1129362232.htm，2023－02－13.

［20］周洋，华语音．互联网与农村家庭创业——基于CFPS数据的实证分析．农业技术经济［J］．2017（5）：111－119.

第2章

西部欠发达地区自我发展能力研究

欠发达地区作为统筹城乡发展、缩短地区差距和推动经济跨越式发展的特殊区域，其经济发展能力关系到区域发展的整体质量和水平。新时期，面对新一轮西部大开发的战略机遇，以及国际国内产业升级和结构调整的大背景，西部欠发达地区如何提升自我发展能力，对于缩小地区差距，实现区域经济整体协调发展具有重要意义。本章以西部代表省份陕西省及其欠发达地区陕南为例，分析了其经济发展现状及主要问题，并进一步从加速农村经济模式转型、加强对产业的规划和引导、创新投入扶持机制、推进区域合作、改善投资环境、加强人才培养与开发等方面对西部欠发达地区提升自我发展能力进行了探索和建议。

2.1 概述

2.1.1 地区经济发展中的自我发展能力

自我发展，从经济学角度，是指商品生产者利用市场经济的一切条件，采取一切可以采取的合法措施，从技术、管理等方面发展，增强自身的竞争力和实力。

地区经济发展的自我发展能力，指的是一个地区在自身资源和条件的基础上，通过有效的规划和管理，实现经济持续、健康、快速发展的能力。这种自我发展能力涵盖多个方面，具体包括自然资源的合理利用、产业结构的优化调整、技术创新能力推动、人力资源的开发、资本市场的运作、政策的支持与引导、区域合作与开放以及生态环境保护（绿色发展）八个方面：（1）自然资源利用是地区经济发展的重要基础。合理利用和保护自然资源，对于提升地区自我发展能力至关重要。这包括提高资源利用效率，推广循环经济，实现资源的可持续利用。（2）产业结构优化是地区经济发展的重要手段。通过调整产业结构，推动传统产业升级和新兴产业发展，可以提高地区经济的整体竞争力和发展潜力。（3）技术创新能力是关键。技术创新是推动地区经济发展的关键动力。提升技术创新能力，可以促进产业升级，提高产品质量和附加值，增强地区经济的核心竞争力。（4）人力资源开发。人力资源是地区经济发展的核心要素。通过加强教育培训，提高劳动力素质和技能水平，可以为地区经济发展提供有力的人才保障。（5）资本市场运作。资本市场是地区经济发展的重要融资渠道。通过完善资本市场体系，推动直接融资和间接融资的协调发展，可以为地区经济发展提供充足的资金支持。（6）政府的政策支持和引导对于地区经济发展具有重要意义。通过制定科学合理的政策措施，引导资源和资本流向重点领域和优势产业，可以为地区经济发展创造良好的外部环境。（7）区域合作与开放。加强区域合作与开放，可以推动地区经济融入全球化进程，吸引外部资源和技术，促进地区经济的快速发展。（8）生态环境保护是地区经济可持续发展的重要保障。通过加强生态环境治理，推动绿色发展，可以实现经济发展与生态保护的良性循环。

综上所述，地区经济发展中的自我发展能力是一个综合性的能力体系。因此，要提升欠发达地区的自我发展能力，也应切实根据自身资源禀赋和条件，制定科学合理的发展战略和规划，加强政策支持和引导，全面提升各方面的能力，以推动地区经济持续、健康和高质量发展。

2.1.2　社会主义新农村建设的自我发展能力

全面实现乡村振兴，要大力推进新型城镇化建设，实现城乡统筹协调发展；要激发农民的创新创业意识，催生农业和农村的内部活力，增强农业、农村、农民的自我发展能力，以实现农村经济社会的可持续和高质量发展。这其中包括增强农民增收致富能力、增强农业市场竞争能力、增强农村自我发展能力三个密切相关又循序渐进的过程。

首先，增强农民增收致富能力是首要目标，实现农业发展、农村繁荣、农民致富，是建设新农村的出发点和落脚点。其次，要增强农业市场竞争能力，发展构建现代农业产业支撑体系，加快发展农业产业化、组织化和品牌化战略，是实现我国农业现代化、提升农业市场竞争力的关键。最后，要增强农村自我发展能力，全面推进农村各项事业发展繁荣，包括农村经济建设、政治建设、文化建设、社会建设和党的建设等各个方面，大力提高农村自我发展能力，是建设社会主义新农村的必然要求和重要保证。

欠发达地区作为统筹城乡发展、缩短地区差距和推动经济跨越式发展的特殊区域，其经济发展能力关系到该地区经济发展的质量和水平，也影响着区域社会、经济及生态综合效益。西部欠发达地区经济发展是近年来学术界的研究热点，欠发达地区的发展涉及众多领域，具有很强的综合性。目前主要从发展县域经济、循环经济、特色产业等方面进行了分项研究，而对欠发达地区综合发展能力的探讨较少。尤其在西部交通基础设施改善的条件下，西部欠发达地区通过统筹城乡关系、区域关系，既能有效整合资源并降低改革发展的成本，还能实现区域协调发展，而目前有关这方面的研究还较欠缺。

自“十二五”规划以来，面对新一轮“西部大开发”的战略机遇，以及国际国内产业分工深刻调整的大背景，欠发达地区如何利用当地的资源优势，以转变经济增长方式为契机，调整和优化产业结构，增强地区竞争力和自我发展能力，对于缩小地区差距，实现区域经济全面协调发展具有重要意义。基于此，本书以经济欠发达地区陕南为例，以提升地区发展能力、实现突破发展为重点，着力探讨西部欠发达地区提升自我发展能力的思路和对策，以期能对欠发达地区经济发展中相关政策的制定提供借鉴与参考。

2.2 西部欠发达地区提升自我发展能力的必要性

从“十二五”规划开始，面对深入实施“西部大开发”战略的良好机遇，以及国际国内产业升级和结构调整的深刻变革大背景，如何加速深度转化，破解发展难题，创新发展模式，提升发展能力，实现西部欠发达地区突破发展，实现区域经济整体协调发展，就成为全国和西部欠发达地区亟待解决的一项重要课题。因此，深入探讨西部欠发达地区提升自我发展能力的基本路径，具有重要的理论和现实意义。

第一，这是提升地区竞争力，实现经济突破发展的现实选择。以陕南为例，陕南农业生产效率低；工业基础薄弱、技术设备陈旧，工业化水平低；第三产业正处于起步阶段；增强发展能力的任务紧迫而艰巨。同时，陕南地处秦巴山区，拥有宜人的气候以及丰富的生物、矿产和旅游资源优势，体现在绿色种养、生态旅游和新型材料为支柱产业的兴起中。但是，自然资源不是商品，还需要运用清洁生产机制和商业化运作手段，促进农业向集约化、现代化发展，产业向园区化、规模化方向发展，才能实现经济的持续快速高效发展。作为欠发达地区，要实现对先进者的赶超或经济的跨越式发展，应充分利用特色资源丰富、要素成本低、市场潜力大的优势，积极采用高新技术，通过产业化运作，加速资源优势向经济优势的转化，以提升产品附加值和市场竞争力，才能增强自我发展能力，实现经济的腾飞和突破。

第二，这是转变经济发展方式，调整和优化产业结构的必然要求。产业结构的合理化是以第二产业、第三产业的发展水平以及农业结构的优化来衡量的。农业结构优化过程具体表现为，在农林牧渔业中，农业（即种植业）的比重逐步下降，在种植业结构中，粮食作物比重的下降和经济作物比重的逐步上升。以陕南为例，第二产业、第三产业的比重应大力提高，农业结构也有待优化。根据陕西省统计局《2023 年陕西统计年鉴》数据，整个陕西省第二产业、第三产业在全国的比重远远落后于中东部地区，而陕南第二产业、第三产业在全省的比重 2022 年分别为 10.7% 和 12.5%，与关中地区相比还有很大差距。这种状况的改变有赖于统筹规划“陕南突破发展”战略，明确目标，有序推进，大力发展生态农业、生物医药、新型材料、装备制造、物流园区等重点产业和项目，以逐步优化农业结构，提高工业发展水平和效益，并通过发展旅游业，带动商贸流通和现代服务业的发展，加快转变经济增长方式，调整经济结构，以形成农民增收、企业增效、多业并举的繁荣局面。

第三，这也是深入实施西部大开发战略，促进区域全面协调发展的内在要求。由于陕南属多山地区，土地供给不足，同时又是我国中部最重要的生态屏障及“南水北调”中线工程的主要水源地，具有生态保护的重责，这决定了陕南经济的发展既要保护青山绿水，又要注重资源与环境的科学可持续开发。陕南的发展必须统筹经济、社会与环境的关系，以提高质量和效益为目标，加强资源节约和环境保护。通过高起点规划、高科技引领和超常规运作，走科技含量高、经济效益好、资源消耗低、环境污染少的新型工业化道路，创造以绿色、低碳为特征的新经济增长点，才能在较高起点上实现经济的突破发展，缩短与发达地区的差距，同时保持经济与资源、环境的协调发展。

2.3　西部欠发达地区经济发展现状及主要问题

鉴于陕西的城镇化率和城乡居民收入比逐步接近于全国平均水平，近年来，随着陕西加快农业农村现代化建设，其农村居民收入增长高于全国平均水平，虽然其农民收入水平与全国相比仍然存在差距，但其发展成就与提升空间较大；而陕南地区农业人口众多，经济发展相对滞后，农民收入水平较低，绿色产业发展与现代农业生产方式正处于加快发展的转型期，具有研究的典型性。同时，陕南第二产业、第三产业在全省的比重较低，与关中地区和全省平均水平相比也还有很大差距，具有研究的代表性。因此，本章以西部代表省份陕西及其欠发达地区陕南为例，分析其经济发展的现状及主要问题，并进一步探索西部欠发达地区提升自我发展能力的对策建议。

陕南地区包括陕西南部的汉中、安康、商洛 3 个地级市，下辖 28 个县，根据陕西省统计局《陕西统计年鉴》数据，陕南面积占全省 34%、人口占全省 22.8%，山地面积占总面积的 80%，当地拥有良好的生态环境和丰富的生物、水力和旅游资源。“十五”期间陕南地区农业人口占总人口比重达 83%以上；到 2020 年，农村人口比重降为 50.2%，但是仍然比关中地区和全省平均水平高 4.5%和 12.9%。长期以来，陕南地区经济发展滞后，在全省经济总量中份额明显偏低。作为欠发达地区之一，同时又是我国中部最重要的生态屏障，决定了陕南经济的发展不能走传统工业化道路，必须注重经济发展与资源、环境相协调，通过采用先进技术，发展绿色经济，推行低碳环保，努力提升自主创新和自我发展能力，追求一种速度与效率并重，当前发展与长远发展兼顾的突破发展模式。

按照陕西省“以建设绿色产业基地为重点”，实现突破发展的战略部署，2005 年以来，陕南各地都把绿色产业作为经济发展的重点和主攻方向，绿色产业的发展涉及现代中药、绿色食品、蚕桑丝绸、水电开发等产业，同时，各地还利用特有的“两汉三国文化”和山水风光优势，大力推动旅游业的发展，2009 年又增加了新型材料、装备制造、产业园区建设等规划。根据陕西省统计局《陕西统计年鉴》数据，2009 年，陕南地区第一、第二、第三产业的比例为22.3∶36.4∶41.3，在第一产业继续下降的同时，第二产业比重比 2005 年提高了 1.1 个百分点，增加值由 2005 年的 160.32 亿元，提高到

333.06亿元，年均递增20%。近十多年来，陕南绿色产业的发展在一定程度上推动了产业结构的调整。绿色产业的发展促进了农业结构的优化升级，也推进了陕南由农业向工业，由第一产业向第二产业、第三产业的转移，加快了农产品产业化和商品化进程，使陕南产业结构有所改善。根据《2023年陕西统计年鉴》数据，2022年，陕南第一、第二、第三产业的比例为14.3∶42∶43.7，其中，第一产业比重比2009年下降了8个百分点，第二产业、第三产业比重分别上升5.6个和2.4个百分点，第二产业增加值由2009年的333.06亿元，提高到1728.01亿元，年均递增达13.5%。

但是，陕南经济发展至今，仍然与全省平均水平差距明显。根据陕西省统计局《2023年陕西统计年鉴》数据，2022年陕南GDP总量仅占全省的12.4%，地方财政收入占全省的3.2%，城镇居民人均可支配收入比全省平均水平低8870元、农村居民人均可支配收入低2246元。从总体来讲，陕南发展基础薄弱、工业化水平低，产业带动力弱、整体社会经济效益不高，且存在着诸如绿色农产品基地规模小，难以形成规模效应和品牌优势；农业产业化程度低、产业链短、产业配套体系不健全；农村专业合作组织覆盖面小而作用有限；龙头企业少，辐射带动力不强；产品科技含量较低、竞争力不强；第三产业比重较低；高层次人才缺乏，招商引资能力弱，项目落地率低；劳动力素质相对较低，营销能力弱等一系列问题。

2.4　西部欠发达地区提升自我发展能力的对策建议

针对西部欠发达地区发展中存在的问题，为加快发展步伐，缩短地区差距，我们应当立足客观实际，加快转变经济增长方式，构建富有西部地区特色的产业体系，走经济、生态和社会协调高效快速发展的路子。在经济和战略上提升西部欠发达地区自我发展能力必须从以下六个方面入手。

2.4.1 转变政府职能，加速农村经济模式转型

实现地区经济的突破发展不是一朝一夕的事情，其发展需要对现有的经济增长模式进行改革和创新，对农业发展方式进行合理的规划和引导，这也是欠发达地区经济发展的必由之路。首先，要加快转变政府职能，完善农业服务体系。要改变“小规模、分散化”的小农经济发展模式和“高消耗、高污染、低利用”的粗放型增长方式，必须加强对现代农业的引导和扶持，建立有效的支农惠农政策支持体系。加大对农业的补贴和支持力度，除提供统一的机耕、灌溉、病虫害防治等农业服务外，还要在种植规划、统一购买生产资料、选育良种、技术培训以及销售服务等方面加大扶持力度。其次，要提高基层干部和广大农户的质量意识和现代农业观念。大力提倡生态农业、立体农业和集约化经营方式，通过加大绿色产品补贴、科技示范、技术培训，并配合绿色认证及奖惩机制，使先进的理念指导现代农业经济实践，将现代农业发展模式落到实处。最后，要为农业生产提供组织保障，加快发展现代农业组织。推进农民专业合作组织建设，培育和扶持一批能贯穿产业链的，懂技术、通市场、会经营、带动力强的新型农民合作组织和企业法人组织，使其在提供信息、寻找市场、产销对接、维护农民利益等方面为农户服务，以不断提高农业组织化、市场化和产业化程度。

2.4.2 加强对产业的规划和引导，提高重点地区产业集聚能力

在土地、资源有限，产品技术含量低以及减少环境污染等多项制约条件下，要提高欠发达地区的工业化、现代化水平，必须加强对产业的科学规划和引导，要优化产业布局，引导产业向园区集中，增强重点地区产业集聚和辐射能力，以园区建设促进整体产业水平的提高。首先，要加快产业的转型升级，从原有的追求速度、规模转向追求水平、效益和质量的轨道上来。对当地的加工企业和装备制造业，要发挥项目带动、资金引领的作用，加快技

术改造和设备更新步伐，增强企业自主创新和品牌开发能力，推动产业结构优化升级。在产业选择上，要明确产业定位，选择一批能有效利用当地资源，对周围地区辐射带动力强，能加速当地工业化和城市化进程的新型项目与优势产业。其次，要引导产业向园区集中，积极承接国内外产业转移。加强园区配套基础设施建设，促进园区专业化分工和社会化协作，对园区已有的重点产业和骨干企业，要发挥其引领和带动作用；把园区作为承接产业转移的平台，注重吸引产业链条整体转移和关联产业协同发展，提升产业配套服务能力。最后，要加快循环经济产业聚集区建设，推进资源节约和环境保护。以循环经济示范企业、低碳工业制造园区及生态农业示范基地建设为载体，推进循环经济发展。在产业布局上，注重培育产业链，加强产业内部和产业之间的互补，形成高效循环的闭合系统；在项目选择上，要坚持节能减排，严格产业准入，促进资源节约集约利用。推广多层标准厂房建设，提高土地利用效率，鼓励企业采用节能环保新技术、新工艺和新装备，以降低单位产出能耗，提高资源资金使用效益。

2.4.3　创新投入扶持机制，拓宽投融资渠道

扩大原料基地规模、产业园区建设以及新产品开发和技术改造等均需要巨大的资金投入，仅靠地方财政有限的财力还远不够，必须创新投入扶持机制，不断拓宽投融资渠道，形成政府、企业、金融机构和市场有机结合的多元化投资体系。首先，应改变财政支持资金以直接补贴为主的方式，而更多采用贴息、补助、以奖代补等间接优惠方式，并积极利用 WTO“绿箱”补贴政策，加大对绿色农产品生产者的补贴，鼓励企业投资绿色低碳技术；其次，在争取国家和省项目资金上要提高项目实施成效和资金使用效率，建立对投入项目建设和实施效果的全面考核与奖励机制；再次，改革现行的银行信贷管理体制，建立绿色信贷风险补偿机制，完善企业信托担保组织，提高企业整合资源的能力，使农户和企业争取更多的金融支持；最后，要运用市场机制，建立多渠道、多层次的投资机制，鼓励龙头企业和农民专业合作组

织通过股份制、合资、联营、重组等方式进行改造，充分调动私人投资和社会投资的积极性，广泛吸引外来资金向本地聚集，从而在政府推动、市场运作的双重作用下，使企业和农户得到扶持。

2.4.4 加快区域合作步伐，提高资源整合能力

西部欠发达地区应紧抓交通瓶颈解除以及深入实施西部大开发战略的良好机遇，积极利用东部沿海地区产业向中西部地区转移的时机，正确处理局部与整体、当前与长远的关系。应着力深化区域合作，淡化行政区经济功能，促进资金、技术、劳务等要素自由流动。整合各地资源优势，形成区域分工，避免产业结构的趋同。跨行政区的重大战略资源的开发、重大承接项目等可由上级政府部门与各行政区共同组成权威性区域合作协调机构进行协调。推进建立省（区、市）际产业转移统筹协调机制、重大项目承接促进服务机制，推动相关行政许可跨区域互认，做好产业转移与对口支援的协调衔接工作；充分发挥行业协会、商会的桥梁和纽带作用，通过委托管理、投资合作等多种形式与发达地区合作共建产业园区，实现优势互补、互利共赢、联动发展。同时要加大产权制度改革力度，充分发挥企业的主体作用，在重点行业及领域，推动跨地区企业的强强联合、兼并重组和投资合作，提高产业集中度和配套协作能力；大力培育区域市场，发展连锁经营，逐步实现统一的市场体系。

2.4.5 改善投资环境，提高招商引资能力

要实现地方经济的突破发展，就必须扩大对内对外开放力度，提升配套服务水平，吸引项目和资金，促进产业向本地集聚和延伸，以增强发展活力和动力。首先，要积极改善投资环境，完善公共管理与服务。各地方政府应加快转变政府职能，减少行政审批，简化办事程序，提高行政效能，塑造吸引投资的良好形象。建立完善公共服务平台，拓宽区域间、企业间并购重组

及招商引资活动的信息交流渠道，加强市场信息、战略咨询、法律顾问、融资中介和企业管理等咨询服务。其次，创新招商引资观念，加大招商引资力度。积极拓展招商引资渠道，运用“政府推动、企业承办、市场运作”的模式，形成联合招商的大宣传大促销网络。积极引进龙头企业和产业资本，加快资源向经济效益的转变。加强对招商引资项目的全程跟踪管理，提高项目资金到位率和落实率。最后，加快第三产业发展步伐。各地方政府要利用交通基础设施改善的大好机遇，统筹规划，鼓励和扶持在交通节点及高速公路沿线建立各种农副产品批发市场、各种专业市场，积极发展劳务、金融、技术等生产要素市场。同时大力发展旅游业。旅游业的产业带动性很强，通过开发旅游资源、旅游服务、娱乐及旅游商品生产经营等，可以提高旅行社、宾馆的直接效益，也可以带动商业、餐饮、交通等间接效益，从而对沿线区域的商品流通、劳动力就业、经济发展起到巨大的推动作用。

2.4.6　加强人才培养与开发，提升科学发展能力

欠发达地区在发展现代农业、工业园区建设、企业管理和招商引资工作中均需要大量的人才支持和智力保障，才能不断提升自身竞争力和发展能力。首先，应重视培养人才，通过建立多层次、全方位的培训体系，把提高农民素质、培养新型农民群体作为加快农业现代化发展的重要任务。各级政府应通过绿色低碳技术推广、科技人员下乡等活动大力开展农民科学发展技能培训，以提高农业生产者素质。各县乡镇可依托农村专业合作组织开展技术培训和经验交流，在农村培养一批掌握技术和擅长经营管理的农业骨干人才，发挥领导和示范带头作用。其次，要把引资、引智与引进技术相结合，采取“走出去，请进来”的办法，到国内外发达地区观摩、学习先进的管理经验，引进相关技术和人才，不断提升核心竞争力和自主创新水平。同时，为了弥补欠发达地区高素质人才的短缺，应鼓励刚毕业的大学生积极投身相关产业的开发和建设，参与乡镇及企业的管理，并在其薪酬待遇方面给予高额补贴。高素质人才的加入有助于现代经营理念和先进科技成果的推广与应

用，有助于加快技术升级和产业升级的步伐。

参考文献

［1］陈耀．西部经济增长模式及其转变难点［J］．西部论丛，2006（8）．

［2］林毅夫．自生能力、经济发展与转型［M］．北京：北京大学出版社，2004.

［3］王军．欠发达地区产业结构调整实证分析——以安徽省为例［J］．特区经济，2009（11）．

［4］吴巨培．欠发达地区推进项目建设的思想方法［J］．领导科学，2010（2）．

［5］赵智勇．增强农业、农村、农民的自我发展能力［EB/OL］．中国人大网，http：//www.npc. gov.cn/npc/c2/c189/c222/201905/t20190522_ 26120.html，2019－05－22.

第3章

新时期陕南绿色产业发展研究

发展绿色产业是我国产业结构调整的一大重要目标，对于统筹城乡发展、缩短地区经济差距具有重要的战略意义。本章以地处经济欠发达地区的陕南为例，深入分析了其发展绿色产业的战略意义及发展现状、发展条件和存在问题，并立足于“西三角”经济区建设背景，分析了陕南绿色产业与关中、成渝经济圈合作互动的现状，以进行“价值链”合作、立足特色和展开错位竞争为指导思想，探索了区域间在绿色农产品加工、现代中药、旅游、商贸服务等领域的合作思路，最后从完善农业服务体系，创新投入扶持机制，淡化行政区经济功能，加快区域合作、提升绿色技术和自主品牌观念，壮大龙头企业、加强人才培养和开发五个方面提出了推进陕南绿色产业发展的对策建议。

3.1 研究背景与研究意义

陕南地区包括陕西南部的汉中、安康、商洛3个地级市，下辖28个县，面积6.99万平方千米，人口854万，分别占全省的1/3多和近1/4，其中，山地面积占总面积的80%，在“十五”时期农业人口占总人口比重达83%以上；根据陕西省统计局《陕西统计年鉴》数据，2020年，陕南地区农村人口比重降为50.2%，仍然比全省平均水平高12.9%。陕南地区在全省经济总量份额明显偏低，经济发展相对滞后。2005年以来，陕西省就在“十一五”规划中明确提出“陕南突破发展”战略，这是陕西省委、省政府继“关中率先发展”和“陕北跨越式发展”后提出的促进全省经济社会整体协调发展的重大战略举措。对于拥有丰富的生物、水力和旅游资源，有良好生态环境的陕南地区来说，加快发展区域经济，必须依托资源禀赋，发展区域特色产业——绿色产业，这是实现“陕南突破发展”的理性选择。

党的十八大以来，陕南三市继续按照全省“保护青山绿水，发展循环经济，打造三大产业，实现突破发展”的总体思路，加快构建经济发展和生态保护的双赢产业体系，经济增速连年高于全省平均水平。“十三五”期间，陕南牢固树立“绿水青山就是金山银山”的理念，立足优势资源禀赋，构建资源循环的绿色产业体系，成效显著。陕南地区森林覆盖率逐步提升，已经接近70%，空气质量优良天数常年位于全省前列。

2021年10月，陕西省发展改革委发布《“十四五”陕南绿色循环发展规划》，提出深入实施陕南绿色循环发展战略，以经济生态化、生态经济化为路径，探索生态环境保护与产业融合发展新模式，进一步明确了陕南未来绿色循环发展的定位，继续推动陕南地区绿色产业高质量发展。这是陕西省落实科学发展观，解决区域经济协调发展的一项重大战略举措。面对我国经济社会发展的重要战略调整机遇期，选择绿色产业作为陕南发展的优势产业和主攻方向，对于缩短陕南经济发展的差距，实现经济社会的和谐发展具有重要意义。

绿色产业具有环保和可持续发展的特性。它综合性强，覆盖面广，其外延不断扩大，在国民经济中的比重越来越大。我国政府高度重视绿色产业的发展，在《国务院关于国家环境保护“九五”计划和2010年远景目标的批复》中，明确把绿色产业作为国家优先发展的产业，并把绿色产业定为产业结构调整的一大目标。绿色产业作为统筹城乡发展和实现农业增效、农民增收的有效手段，有助于充分发挥资源优势，大力发展区域特色产业，其发展问题关系到地区经济发展的质量和水平，也影响着区域经济、社会及生态综合效益。2023年1月，国务院新闻办公室发布《新时代的中国绿色发展》白皮书，全景式反映了党的十八大以来我国推动经济社会绿色低碳发展的理念和取得的成就，指出绿色产业已成为我国经济增长新动能，绿色生产生活方式广泛推行，我国将坚定不移走绿色发展之路，推进生态文明建设，推动实现更高质量、更有效率、更可持续、更为安全的发展。这既是对绿色发展理念和经验的阶段性总结，也开启了中国绿色发展的新篇章。

3.2　绿色产业的内涵与特征

绿色产业概念起源于20世纪末，绿色产业是遵循生态设计的原则，源于人类和环境协调发展的理念，以开发和应用绿色技术为基础，具有环保和可持续发展特性的新世纪导向型产业，因其对环境和人类健康不产生危害或少产生危害而备受全球推崇。国内学者认为，绿色产业有广义和狭义之分。从广义的角度看，绿色产业指各种对环境友好的产业，即在产品的生产和消费过程中对环境友好的产业。狭义的绿色产业包括粮食作物、畜牧、水产、果品、食品深加工、饮料、食品包装、无公害农业生产资料和人类其他生活用品等（本书中的“绿色产业”即主要以绿色种植业、养殖业、中药业和绿色食品加工业等领域为重点）。绿色产业是一种新兴产业，它把绿色观念贯穿到社会生产和消费过程中，既对传统产业加以改造，同时又发展没有污染和少污染的产业。因此，与其他产业相比，绿色产业具有四个主要特征。

第一，综合性。生态环境问题的普遍性和生态技术应用的广泛性决定了绿色产业的综合性及广泛性。它不仅包括生态产业，而且包含了第一产业的绿色化部分，如生态农业；包含了第二产业中的绿色化部分，如清洁生产；包含了第三产业中的绿色化部分，如洁净产品贸易；还包含了第四产业（知识产业）中的环保技术咨询开发。绿色产业不再局限于狭义的绿色农业、绿色食品业、环保产业，其外延在不断地扩大（如绿色机械工业、绿色能源业、绿色高科技产业、绿色旅游业等），在国民经济中的比重越来越大，发展迅猛。

第二，社会性。绿色产业是与自然环境相和谐的产业，它直接与人类的生存、生活环境相联系，发展绿色产业的目的是控制和消除各地的环境污染，满足人们对绿色产品、食品等消费需求，提高健康水平和生活质量，所以，发展绿色产业需要各地区协调一致、共同努力才能达到目的。一方面，它需要依赖政府的各项政策、法规来规范和推动；另一方面，需要社会公众环境意识和绿色消费意识的增强，才能扩大绿色产品市场，拉动绿色产业的发展。

第三，高技术性。绿色产业中大部分产业部门都是技术性很强的部门，高新技术大量应用于企业管理、产品质量、信息传递、产品开发或市场服务等方面。由于与生态环境有关的事物在国际上都冠以“绿色”，为更加突出绿色产品来源于最佳生态环境。因此又称“绿色产业工程”，它是一项融科研、环保、农业、林业、水利、食品加工、食品包装及有关行业为一体的宏大系统工程，属于高科技产业。

第四，逆向性、循环性与“两低一高”。清洁生产是绿色产业的必然要求，而清洁生产要求尽量减少自然资源的开采，提高利用率，尽量减少废弃物的产生，有一种“回归自然”的逆向性。循环经济则要把废弃物作为原料再投入新的生产过程中，把人类的生产活动纳入自然循环中，维护生态平衡。这种逆向性和循环性是绿色产业不同于传统产业的重要特征。同时，传统的线性经济模式是以高开采、低利用、高排放（即“两高一低”）为特征的，而绿色产业遵循循环经济模式，以低开采、高利用、低排放（即“两低一高”）为特征，寻求资源利用的最大化、持续化和环境污染的最小化。

3.3 陕南发展绿色产业的战略意义

在我国，绿色产业发展的热潮已经形成，加快推进陕南绿色产业的发展，具有重要的理论意义和现实意义，分为以下三点。

第一，发展绿色产业是落实科学发展观，实施可持续发展战略的现实选择。绿色产业是以自然资源的合理开发和生态环境保护为基础形成的新世纪导向型产业，具有环保和可持续发展的特性。陕南地处秦巴山区和汉水、丹江流域，拥有的最大自然资源是山、水和绿色；同时，作为我国中部最重要的生态屏障及“南水北调”中线工程的主要水源地，陕南具有生态保护的重责，这决定了发展绿色产业是陕南的必然选择。因此，陕南突破发展必须统筹经济、社会与环境的关系，既注重经济发展，又注重维护生态平衡，从而达到经济与生态的良性循环、人与自然的和谐发展。

第二，推进绿色产业发展有利于区域产业结构的优化与升级。产业结构的合理化是以第二产业、第三产业的发展水平以及农业结构的优化来衡量的。农业结构优化过程具体表现为，在农林牧渔业中，农业（种植业）的比重逐步下降，在种植业结构中，粮食作物的比重不断下降。以陕南为例，第二产业、第三产业的比重应大力提高，农业结构也有待优化。整个陕西第二产业、第三产业在全国的比重远远落后于中东部地区，而陕南第二产业、第三产业在全省的比重也较低，与关中、陕北地区相比还有巨大差距。绿色产业本质上是高技术产业，它覆盖面广，易于延伸产业链。加之陕南绿色资源丰富，发展绿色产业有助于开发当地资源，壮大绿色产业，带动食品加工业、中药制造业的发展，推进水电资源和新能源的开发，并促进旅游业、商贸流通和物流业的发展。“十一五”期间，陕南确立以绿色产业为主攻方向的经济思路，到“十四五”期间，陕西省在《“十四五”陕南绿色循环发展规划》中提出深入实施陕南绿色循环发展战略，进一步明确了陕南未来绿色循环发展的定位，持续推动陕南地区绿色产业高质量发展。这些举措有利于改善农业结构中粮食作物和经济作物的比重，推动产业结构的优化和升级，促使农民增收、企业增效，形成多业并举的繁荣局面。因此，发展绿色产业，对产业结构的优化与升级，对陕南经济实现跨越式发展都将起到极其重要的促进作用。

第三，加快绿色产业发展有利于陕南区域竞争力的提升和整体社会经济效益的提高。陕南具有发展绿色产业的气候、环境和资源等潜在优势，体现在绿色种养、生态旅游和以“林、药、果、茶”为支柱产业的兴起中。但是，自然的绿色资源不是商品，还需要通过农业产业化运作，运用循环经济、清洁生产的方式发展绿色产业，促进资源优势向经济优势转化。陕南农业生产规模小、效率低，工业基础薄弱、技术设备陈旧、工业化水平低，第三产业正处于起步阶段，这些都无法成为陕南经济发展的支撑点，也无法突出陕南经济的特色。而陕南具有发展绿色产业的巨大潜力，通过开发绿色资源与绿色品牌，可以发挥后发优势，以绿色产业为链条，统筹城乡发展，在绿色产业链的延伸中提升农产品价值，促进绿色资源的持续开发和利用，从而提升陕南区域竞争力，增强自我发展能力，提高整体社会经济效益。

3.4 陕南绿色产业的发展现状和基础条件

3.4.1 陕南绿色产业方向及经济概况

按照陕西省“以建设绿色产业基地为重点，实现陕南突破发展”的战略部署，三地都把绿色产业作为经济发展的重点，几乎所有县都开始发展传统农业之外的特色产业，如中药材种植、茶叶种植、蚕桑生产、特色蔬菜种植及果业、畜牧业、林业等，并延伸到“绿色产业”的大部分产业及种类。各地还依托优势资源确立了各自的主导产业和发展方向，如汉中市确立了“猪、药、茶、菜”四大主导产业；安康市重点发展蚕桑、生猪、生物能源三大产业，并确立了绿色能源、富硒食品、安康茧丝、秦巴医药、茶叶、魔芋等富有地域特色的支柱产业；商洛以中药业、核桃、板栗、茶叶等林土特产、畜牧业为主导产业。同时，三地还利用特有的历史文化和山水风光优势，大力推动旅游业的发展。

目前，虽然陕南的产业结构还很不合理，但绿色产业的发展在一定程度上推动了产业结构的调整。自“十五”末期陕南确立以绿色产业为主攻方向后，绿色产业的发展促进了农业结构的优化，也推进了陕南地区由农业向工业，由第一产业向第二产业、第三产业的转移，加快了农产品产业化和商品化进程，使陕南产业结构有所改善。根据陕西省统计局《陕西统计年鉴》数据，2005 年，陕南一、二、三产业的比例为 23. 4∶35. 3∶41. 4，其中，第一产业所占比重比 2000 年下降了近 5. 0 个百分点，第二产业、第三产业比重分别上升 3. 8 个和 1. 2 个百分点，第二产业产值由 2000 年的 78. 78 亿元增长到 2005 年的 160. 32 亿元，增加了 1. 04 倍。到“十一五”期间，陕西绿色产业加快发展推进了产业结构优化。2009 年，陕南第一产业所占比重比 2005 年继续下降 1.1 个百分点，第二产业产值 333.06 亿元，比 2005 年增加了 1.08 倍，比 2000 年增长 3.23 倍。

近十多年来，陕南绿色产业发展进一步优化了产业结构，陕西省统计局《2023 年陕西统计年鉴》数据显示，2022 年，陕南第一、第二、第三产业的比例为 14.3∶42∶43.7，在第一产业比重比 2009 年显著下降 8 个百分点的同时，第二产业提高了 5.6 个百分点（见表 3－1），增加值由 2009 年的 333.06 亿元，提高到 1728.01 亿元，年均递增达 13.5%。

表 3－1　　　　陕南地区产业结构的变化（2000～2022 年）

地区	年份	国内生产总值（亿元）	各产业产值所占比重（%）		
			第一产业	第二产业	第三产业
汉中	2000	119.23	26.3	32.2	41.4
	2005	216.58	21.3	39.5	39.2
	2009	415.64	22.1	36.7	41.2
	2015	1059.61	18.0	44.0	38.0
	2022	1905.45	15.3	43.5	41.2
安康	2000	74.8	30.4	27.1	42.4
	2005	137.85	25.8	28.7	45.5
	2009	274.95	23.9	35.2	40.9
	2015	755.05	12.4	55.3	32.3
	2022	1268.65	13.7	42.6	43.7
商洛	2000	56.35	29.6	35.6	34.8
	2005	100.16	24.6	35.2	40.2
	2009	224.47	20.8	37.3	41.9
	2015	618.52	14.8	52	33.2
	2022	902.56	13.9	39.9	46.2
陕南	2000	250.38	28.3	31.5	40.2
	2005	454.59	23.4	35.3	41.4
	2009	915.06	22.3	36.4	41.3
	2015	2433.18	15.1	50.4	34.5
	2022	4076.66	14.3	42	43.7

续表

地区	年份	国内生产总值（亿元）	各产业产值所占比重（%）		
			第一产业	第二产业	第三产业
全省	2000	1804	14.3	43.4	42.3
	2005	3772.69	11.1	49.6	39.3
	2009	8169.8	9.7	51.8	38.5
	2015	18021.86	8.9	50.4	40.7
	2022	32772.68	7.9	48.6	43.5

资料来源：笔者根据2005～2023年《陕西统计年鉴》及陕南各地统计公报数据整理。

由于绿色产业的拉动，陕南第一产业比重与全省平均水平的差距逐步缩小。根据陕西省统计局2010～2023年《陕西统计年鉴》和陕南各地历年统计公报数据，2009年，陕南第一产业占GDP比重为22.3%，比全省平均水平高12.6个百分点。2022年，陕南第一产业比重为14.3%，与全省平均水平差距缩小6.2个百分点。绿色产业的发展也促进了陕南地区农业结构的优化。根据统计资料分析，与全省均值比较，陕南的大农业结构中，农业（种植业）比重较小，林业、牧业、渔业产值比重较大；2005～2022年，陕南农业比重持续调整，而农林牧渔服务业比重有所上升（见表3-2）。

表3-2　陕南、陕西农林牧渔业产值结构比较　单位：%

年份	陕南					陕西				
	农业	林业	牧业	渔业	农林牧渔服务业	农业	林业	牧业	渔业	农林牧渔服务业
2005	60.7	5.8	29.0	1.0	3.6	64.7	3.4	27.2	0.8	3.9
2009	54.7	5.7	34	0.8	4.8	61.6	3.4	29	0.5	5.5
2015	57.9	5.4	31.6	1.7	3.4	67.9	2.7	23.7	0.8	4.9
2022	65.1	3.0	26.3	1.7	4.0	71.9	1.9	20.1	0.8	5.3

注：按当年现行价格计算。

资料来源：根据2005～2023年《陕西统计年鉴》及陕南各地统计公报数据整理。

在粮食生产稳步发展的同时，油料、蔬菜、水果、茶叶等经济作物获得较快发展。在种植业产量比较中，陕南粮食作物占全省比重不断下降，油料、蔬菜所占比重较大，且逐年上升（见表3－3），尤其茶叶和柑橘成为陕南独有的特色产品，其农业结构明显优于全省平均水平。

表3－3　　　　陕南主要农作物产量比较

年份	地区	粮食	油料	蔬菜	茶叶	水果
2005	陕南（万吨）	282.19	23.12	196.72	1.138	42.55
	占全省比例（%）	24.8	51.0	22.6	100.0	5.6
2009	陕南（万吨）	265.98	28.64	294.39	2.05	55.6
	占全省比例（%）	23.5	52.7	23.4	100	4.8
2015	陕南（万吨）	251.83	36.87	425.78	5.53	74.59
	占全省比例（%）	20.5	58.8	23.4	95.3	4.6
2022	陕南（万吨）	233.07	31.93	551.25	10.04	99.4
	占全省比例（%）	18.0	56.7	26.5	100.0	5.0

资料来源：根据2005～2023年《陕西统计年鉴》及陕南各地统计公报数据计算整理。

此外，陕南中药材加工和绿色食品业及旅游业等绿色产业也获得长足发展。自2007年西柞（水）、西汉高速公路建成通车，2009年西康高速公路通车后，陕南旅游业发展迅猛，根据2007～2011年《陕西统计年鉴》和历年陕南各地统计公报数据，2007年汉中旅游总收入17.2亿元，比上年增长36.5%，安康旅游总收入7.21亿元，增长28.75%，商洛旅游总收入5.33亿元，增长1.17倍，创历史最高水平。2010年，汉中、安康、商洛实现旅游收入为48.2亿元、47.5亿元和48.26亿元，分别比2007年增长1.8倍、5.59倍和8倍。“十三五”期间，围绕青山、绿水、蓝天、气候等优势资源，陕南的生态旅游、康养旅游业取得了显著成效，据2021～2023年陕南各地历年统计公报数据，2021年汉中、安康、商洛实现旅游收入分别为450.26亿元、163.81亿元和232.44亿元，同比增长了37%、117.3%和15%以上，陕南旅游业再次实现突破性发展。

3.4.2 新时期陕南发展绿色产业的机遇和条件

3.4.2.1 依托当地自然资源，陕南绿色产业具备了基础条件

陕南地处秦巴山区，其独特的地理位置和气候条件为发展绿色产业提供了得天独厚的资源优势。经过多年的开发建设，当地农林资源得以充分利用，这使得陕南的种植业比重较小，林业、牧业、渔业产值比重较大，其农业结构明显优于全省平均水平，各地生态农业和旅游业获得长足发展。

陕南地区基本是由崇山峻岭和山间构造盆地组成，陕南北部占据着秦岭山脉的绝大部分地区，南部占据着大巴山脉的北坡，中部是以汉水谷地为核心的山间盆地和宽谷。秦岭是中国地理和气候的南北分界线，秦巴山地和汉水、丹江、嘉陵江所独有的地貌水文植被特征，造就了陕南独特的北亚热带生态景观。当地水热资源丰富，气候温暖湿润，植被覆盖率高、珍稀动植物多样。

从资源禀赋看，陕南地区南屏巴山，北靠有“中华水塔”“中华祖脉”之称的秦岭，根据陕南三市统计局官网发布的统计数据，并结合 2020 年陕西省新型城镇化和人居环境研究所有关“铸造陕南绿色循环发展的新引擎”的报道，陕南全域森林覆盖率高达 63.7%，其中的佛坪、宁陕等县高达 70%。[①] 陕南地区生长着亚热带针叶和常绿阔叶林、常绿草本植物，丰富的竹类植物。有种子植物 4000 余种，占我国种子植物 1/7；年开采量在 5000 千克以上的经济植物有 3000 多种，柑橘、漆树、板栗、茶、油桐、桑、竹、核桃等植物较普遍。陕南素有秦巴山区“天然药库”之称，盛产上千种驰名中外的名贵药材，如杜仲、牛膝、赤芍、天麻、党参、黄连、太白贝母、麝香等。陕南有野生动物 580 种，世界珍禽朱鹮、国宝大熊猫、金丝猴、羚牛、云豹等 12 种被列为国家重点保护动物，具有很高的科学研究和开发利

① 陕西省新型城镇化和人居环境研究院．铸造陕南绿色循环发展的新引擎［EB/OL］．https：//news．hsw．cn/system/2020/1010/1245669．shtml，2020－10－10．

用价值。这些使陕南地区成为全省自然资源最集中、特色最突出的区域，对于陕南发展制药业、生态旅游业等绿色产业提供了优越的资源条件。

在拥有丰富资源的同时，环境污染小也是一个优势。陕南地处山区，工业发展相对落后，除了城镇有部分污染外，广大的农村几乎无污染。农业生产主要以传统的生产方式为主，向土地投入较少，化肥、农药等施用量明显低于发达地区，环境污染相对较轻。因此，独特的地形加上清新的空气、充足的水热和洁净的土地等均优于中东部地区，这又为陕南开发绿色食品、生态农业、生态旅游等绿色产业提供了良好的环境条件。

3.4.2.2　区位优势明显，便于与关中及周边省区合作互动

陕南地区与关中紧密相邻，关中地区经济较发达，人口稠密，集中了众多的城市人口，陕南作为陕西生态环境条件最好的地区，被誉为关中人的“后花园”，这将使关中地区成为陕南绿色产品及生态旅游的主要客源市场。另外，陕南与关中在科技合作、商贸流通、旅游资源方面也可得到有效整合，以进一步构筑“大关中”“大市场”。

从全国区位来看，陕南地处我国中心地带，具有承东启西、连接南北的区位之便。陕南与周围许多省区交往方便。陕南西部、中部的汉中、安康两市，连接陕西与甘、川、渝、鄂等地，成为关中—天水经济区和成渝经济区经济文化交往的桥梁和纽带；陕南东部的商洛市，连通陕、豫、鄂三地，将作为关中—天水经济区辐射圈的增长极，融入关中城市群，发挥服务西安的城市功能。

从交通区位条件看，陕南地区已建成了通往区内外便捷的交通网线。陕南地区主要有阳安线、西康线、宝成线、襄渝线等铁路线，还有1条从渭南穿越商洛的铁路线正在建设中。公路线主要有210、108、312、316共4条国道；西汉和西康的高速公路，还有1条西安—商洛的高速公路正在建设中。航空线路方面，汉中和安康都与西安等城市有定期航班。现在，陕南境内已通车的西安至汉中、西安至安康和已开工建设的西安至商州高速公路，分别是国家高速公路网规划的京昆线（北京—昆明）、包茂线（包头—茂名）、

沪陕线（上海—西安）在陕西境内的一段，连同十天（十堰—天水）高速公路，构成陕西省沟通关中、陕南及毗邻经济区的四条高速公路大通道，这将使陕南进一步加强陕西通往西南、东南、西北方向和中东部地区的交通枢纽地位。

3.4.2.3　高速公路通车给陕南绿色产业带来突破发展机遇

近几年，陕西交通基础设施建设加快步伐，尤其是高速公路建设突飞猛进，使陕南区位条件提升，并形成立体交通网络和城镇发展体系。高速公路作为一种现代化的道路交通基础设施，在交通运输中占绝对优势，有助于高速公路沿线经济带的形成和加快陕南绿色产业开发的步伐，促进陕南经济腾飞。“十一五”期间，陕西省提出了构建“两环六辐射三纵七横”高速公路网新规划（简称“2637”网），规划布局了“覆盖全省、通达四邻”的高速通道，2008 年，陕西高速公路建成通车里程近 2510 千米，居西部第一。

根据陕西省人民政府和汉中、安康、商洛三市政府网发布的数据和西部网（陕西新闻网）相关报道，2007 ~ 2009 年，西汉、西康高速公路相继通车，2011 年西商高速建成通车。这三条高速公路的通车，对于陕南破解交通瓶颈的制约，解决对外交流和发展将产生非常重要的作用，陕南三市到西安的车程将缩短为 2 ~ 4 小时，大部分县域将融入“西安半日经济圈”，真正成为西安的“后花园”。同时，三条高速公路的建成，将进一步密切陕南和关中经济圈、成渝经济圈、武汉经济圈的联系，在更大范围内给陕南绿色产业发展带来机会，使之成为我国西部绿色产业基地和绿色商品的重要集散地之一。2010 ~ 2013 年，国家高速京昆线和包茂线安康至陕川界也建成通车，2017 年西成高铁建成开通，让西安、成都、重庆构成三小时经济圈，加速了西安、成都、重庆“西三角”经济区建设，为陕南绿色产业发展带来前所未有的历史机遇。2021 年 11 月，陕西省发展改革委发布的《“十四五”陕南绿色循环发展规划》明确提出，“十四五”期间，陕西省将加快西安至安康、西渝高铁（分西康、康渝两个高铁建设项目）、西安至十堰等高速铁路建设，推动干线公路、农村公路、重点园区景区连接线建设和汉中城固机场二期扩建、商洛支线机场项目建设，完善陕川渝、陕鄂界等区域现代化综合交通运输体系，这些将进一步为陕南绿色产业高质量发展助力添彩。

以高速公路为支撑，陕南的城镇立体空间体系在 2020 年后逐步形成，已构建形成“两核一极”“两带四轴”的城镇空间布局，并沿交通线形成多条地域性城镇—产业发展带。陕南的城镇发展体系有助于发挥陕南中心城市的集聚和辐射功能，促进陕南城市群和产业带的形成。因此，陕南地区绿色产业发展具备了良好的市场大环境和发展前景。

3. 4. 2. 4　绿色消费观念逐渐普及，为绿色产业创造了巨大市场需求

随着世界经济的迅速发展，人们的生活质量和消费层次不断提高，对环保和身体健康日益重视，这使绿色产业蕴藏着无限商机，并成为 21 世纪新经济发展的重要内容。我国绿色食品销售额从 2015 年的 4383. 2 亿元增长至 2022 年的 5397. 57 亿元，预计未来将继续保持稳定增长趋势。在欧美发达国家，绿色食品的经济效益比普通食品要高 50% ~150%，因此，绿色产品成为世界各国竞相发展的动力。①

2006 年，我国人均 GDP 首次超过了 2000 美元。2022 年，我国人均 GDP 为 85698 元，按年平均汇率折算达 12741 美元，继续保持在 1. 2 万美元以上；人均国民总收入（GNI）为 84804 元，已接近高收入国家门槛。② 在我国全面建成小康社会、经济增长模式已经发生了重大变化的新发展阶段，大众消费逐步由注重数量、品种向质量、品质过渡，人们崇尚天然、追求环保的意识与行为在不断加强，绿色消费在人们总消费中所占比重将

① 行业全景速览丨2023 年中国绿色食品行业需求与日俱增，竞争愈加激烈，产业发展面临难得的机遇和良好的前景［EB/OL］. 智研咨询，https：//www. chyxx. com/industry/1172003. html，2024 -01 -25.

② 中国经济彰显强大韧劲和旺盛活力——国家统计局解读 2022 年宏观经济数据［EB/OL］. 中华人民共和国中央人民政府网，https：//www. gov. cn/xinwen/2023 -01/18/content_ 5737708. htm，2023 -01 -18.

逐渐增加。人们对衣、食、住、行等各方面的消费品最迫切的要求是“绿色、环保、无公害”。“无残留农药”的“放心米”“放心菜”大受欢迎，“未施化肥”的蔬菜水果身价倍增，肉禽蛋因饲料中含有“催长素”只能贱卖；亲近山水、享受自然的生活方式正逐步成为一种时尚。适应大众消费的这一变化，素有“西北小江南”之称的陕南，将是都市人消费无公害绿色食品、特色农产品的最佳来源地，也将成为陕西全省乃至周边省市休闲旅游的理想选择。这些将为陕南绿色产业链的延伸和绿色产品市场的拓展带来巨大的发展潜力。

3.4.2.5 政策导向为绿色产业发展提供了强大动力

借助新一轮西部大开发的契机，政府的优惠政策为陕南绿色产业提供了强大的发展动力。目前我国高度重视绿色产业的发展，明确把绿色产业作为今后优先发展的产业，并把绿色产业定为产业结构调整的一大目标。环保部门倡议和推行的“三绿工程”（即“绿色通道”“绿色市场”“绿色消费”），促进了绿色产业的健康快速发展。绿色产业开发也得到了各级政府的高度重视，自 2006 年 9 月陕西省委省政府出台《关于陕南突破发展的若干意见》以来，确定了绿色产业的主攻方向和奋斗目标；陕南三市的市委市政府把发展绿色产业作为“十一五”重点突破的产业之一，坚持打造绿色品牌、走特色路，并确立了生态立市，产业兴市等发展战略。这些都为陕南绿色产业的发展提供了有力的支持和良好的政策环境。目前绿色产业综合效益日益凸显。发展绿色食品在乡村振兴、质量兴农、绿色兴农、品牌强农等重点工作中发挥了积极的示范带动作用，特别是为助力脱贫攻坚和巩固拓展脱贫成果作出了重要贡献。“十三五”期间，国家支持贫困地区发展绿色食品 13849 个，建设生产基地 82 个，2020 年，绿色食品销售额超过 5000 亿元，出口额超过 36 亿美元，为“十四五”时期绿色食品产业高质量发展奠定了坚实基础，也为陕南绿色产业进一步突破发展提供了方向和行动指南。

3.5　新时期陕南发展绿色产业的地区差异与存在问题

3.5.1　陕南发展绿色产业的地区差异和主攻方向

陕南在布局绿色产业发展战略时，因各地地理位置和资源环境的差异，确立了不同的产业重点和主攻方向，各地依托优势和特色资源大力推动绿色产业基地建设，并在培育龙头企业，加快农业产业化经营方面各具特色。

汉中位于陕西省西南部，北依秦岭，南屏巴山，与甘肃、四川毗邻，汉水横贯全境，形成汉中盆地。根据汉中市政府网站与陕西省统计局《陕西统计年鉴》数据，汉中界于北纬 32°08′54″～33°53′36″，东经 105°30′50″～108°16′45″，总面积 2.72 万平方千米，占陕西省总面积的 13.2%。全市辖南郑、城固、勉县、洋县、西乡、宁强、略阳、镇巴、留坝、佛坪 10 县和汉台区。汉中自古以来就是连接西北与西南、东南的通道和辐射川陕甘鄂的主要物资、信息集散地之一，素有“西北小江南”之称。它地处北暖温带和亚热带气候的过渡带，气候温和湿润，资源富集，空气质量优良天数常年位于全省前列，汉江流域水质稳定达标，其生物、矿产、水能、旅游、军工企业五大资源在全省乃至全国尚有一定的位置，经济开发潜力很大。

汉中近年来绿色产业发展突出，全市已建成 500 万头绿色商品猪基地、高标准的药源基地和区域性药材集散地、全国著名的绿茶基地、优质高效蔬菜生产基地。全市生猪饲养量 2007 年达 450 多万头，是西北生猪最多的地级市。[①] 西乡、城固县分别建立了无公害生猪生产基地，两地肉联厂先后与四川长林公司、北京顺鑫公司联营合作，生猪顺利进入上海、北京市场后，

---

① 【陕西日报】汉中：绿色产业释放澎湃动能观摩之后［EB/OL］. 汉中市人民政府网，http：//www. hanzhong. gov. cn/hzszf/xwzx/mtgz/202011/e0f467c5c76f4bffb6cc400895df2b0e. shtml，2020－11－30. 汉中市绿色循环发展成效显著［EB/OL］. 汉中市发展和改革委员会网站，http：//fgw. hanzhong. gov. cn/hzfgwwz/qyfz/202208/de465123c6f84807a18658d4b95d8858. shtml，2022－08－23.

又取得了出口欧洲的许可证，并将城固的生猪及产品远销广东、深圳、两湖、甘肃等地，甚至出口俄罗斯，生猪年产值达3亿多元，初步形成产业化格局。当地省级农业产业化重点龙头企业春雨、建兴、春光等粮油加工企业，采用“公司+市场+基地+农户”的运作模式，充分发挥秦巴山区农产品资源优厚的自然条件，立足当地建设国家级绿色产业基地的机遇，产品畅销陕西、四川、重庆、甘肃、北京、天津、广西、广州等20多个省（区、市）。当地茶叶和蔬果产业也渐成规模，成为农民增收的主渠道。主要分布在西乡、宁强、南郑、勉县、城固、镇巴6个县的茶叶产量可达7850吨，实现产值4.2亿元，成为西北最大的茶叶基地。2022年以来，汉中茶产业持续致力于产业升级和技术创新，强化产销对接，促进茶产业提质增效和茶农增收，大力推动“茶叶生产+体验+旅游观光”模式，打造茶产业+生态旅游+茶乡旅居的茶乡精品旅游路线。截至2022年底，汉中市茶园总面积达132.4万亩，茶叶总产量达6.4万吨，综合产值370亿元，茶园面积、产量、产值稳居陕西省第一。西乡的茶叶、汉台区和洋县的蔬菜、城固县的柑橘等特色优势产品，也成功销往陕西及周边省市。①

安康位于陕西省最南端，是陕、鄂、川三省邻接地带，介于东经108°1′~110°12′，北纬31°42′~33°49′。根据安康市政府网站与陕西省统计局统计数据，安康总面积2.33万平方千米，占陕西省总面积的11.4%。长江最大支流汉江横贯全境340千米，秦岭、巴山和汉江构成“两山夹一川”的地理地貌。全市现辖汉阴、石泉、宁陕、紫阳、岚皋、旬阳、镇坪、平利、白河9县和汉滨区。安康地缘和区位优势独特，处于川、陕、鄂、渝4省市的接合部，即东与湖北省连接，南与川渝两省市接壤，位于西安、武汉、重庆三大经济区的几何中心。在陕西省内，安康北与省会西安市和商洛地区毗连，西与汉中市为邻。安康属北亚热带湿润季风气候区，气候温和，雨量充沛，无霜期长，南北过渡带的地理环境，使其兼具南北特色且资源丰富，尤其是生

---

① 【陕西日报】汉中市茶园面积、产量、产值稳居全省第一［EB/OL］. 汉中市工业和信息化局网站，http：//gxw. hanzhong. gov. cn/hzgxw/cyfz/202302/c5cf2086da2f4afd83efe0b136d4da8a. shtml，2023-02-22.

物、水力、矿产三大资源得天独厚。

安康市实施绿色经济发展战略以来，已初步建立起桑、茶、烟、魔芋、黄姜五大农业产业；以汉滨区阳晨养殖、宝业和巴山丝绢、民荣食品、石泉县池河农科园、汉阴成林油脂、岚皋县秦东和明珠魔芋等为代表的龙头企业快速成长，涉及养殖、农产品深加工等绿色产业。近年来，安康市还大力开发秦巴医药、富硒食品、安康丝绸、汉江水电等特色工业。根据安康市政府官网数据以及相关调研报道，安康是中国最大的富硒区，其富硒食品产业快速发展，已成为全市六大支柱产业之一，已占到规模工业产值的17%。[①] 茶产业也一直是安康的传统优势产业，其种植开发的“陕茶1号”年人均增收2000元以上。截至2021年底，安康市茶园总面积达109.6万亩，茶叶产量达4.72万吨，综合产值突破280亿元。在市场开发方面，紫阳富硒茶、平利绞股蓝获得国家地理标志产品认证，富硒葡甘聚糖、魔芋系列食品在全国同类市场上占有主导地位并远销东南亚地区；富硒粮油产品、干鲜果、食用菌等产品也逐步走向专业化与产业化开发道路。近年来，安康市以建设西北生态经济强市为目标，将绿色循环发展作为主攻方向，关停高耗能、高污染企业300余家，大力发展生态友好型产业，其中富硒食品、生态旅游、山林经济等绿色产业、农业特色支柱产业均取得快速增长。

商洛位于陕西省东南部，秦岭南麓，与鄂豫两省交界，介于东经108°34′20″~11°1′25″，北纬33°2′30″~34°24′40″，根据商洛市政府网站与陕西省统计局统计数据，商洛总面积1.93万平方千米，占全省总面积的9.36%，辖商州、洛南、丹凤、山阳、商南、镇安、柞水1区6县。东与河南省接壤；南与湖北省相邻；西、西南与安康市（安康、宁陕、旬阳）和西安（长安、蓝田县）毗邻；北与渭南（潼关、华阴、华县）相连。商洛地跨长江、黄河两大流域，位于暖温带和北亚热带过渡地带，气候温和，雨量充沛，属半湿润山地气候。独特的地理和气候条件，赋予商洛良好的生态环

① 让“秦巴明珠”再放异彩——陕西安康推动绿色发展纪实［EB/OL］. 央视网，https://eco.cctv.com/2022/09/05/ARTIGdjuArgS30hzFU83VhDX220905.shtml，2022-09-05.

境和丰富的矿产、生物和旅游资源。随着交通、电力、通信等基础设施的逐步改善，商洛已融入西安“一小时经济圈”，商丹循环工业经济园区被批准为省级工业园区，商洛已纳入关中—天水经济区，其潜在的区位优势提升。

近年来，商洛市在绿色农产品规范化、标准化培育方面成效突出，全市无公害绿色农产品开发面积达到210万亩，占到农作物播种面积的50%。商洛规范化农产品生产基地超过120个，共130多万亩，其中获得省级无公害农产品生产基地认定的已达50个，在全省处于领先地位。“十三五”规划以来，商洛市共发展食用菌3.48亿袋，产量37.4万吨，实现综合收入36.3亿元，香菇生产规模和产量位居全省第一，被中国食用菌协会授予“全国食用菌产业发展示范市”称号。种植茶叶56.1万亩，产量8318吨，实现产值15.5亿元，亩均效益全省第一。其次，商洛素有“秦岭药库”之称，当地积极发展现代中药业，中药材规范化种植面积56万亩，位居全省第一，同时商洛还加快由中药材基地向饮片、萃取物、成药、医疗保健品等深加工业的转变。与天津天士力集团公司联合组建的陕西省天士力植物药业公司建立了全国第一个丹参GAP基地，其中药饮片厂的中药提取物厂通过GMP认证，年加工中药材达万吨；柞水县投资10多亿元建成了陕西首个以中药加工为主的盘龙生态工业园，已有十几家企业入驻发展。[①] 此外，商洛市在推动农产品品牌建设、提高农产品市场竞争力方面比较突出。根据陕西省农业农村厅官网发布的商洛坚持“五链”融合推动商洛蔬菜全链条发展报告，丹凤核桃、镇安板栗、商洛核桃、双山茶叶等传统老品牌得到有效保护和开发；商洛的豆制品、特色食品、家政服务等一批富有商洛特色的农产品、劳务及旅游新兴品牌也逐步向区外市场推广，同时还在区内外设立无公害绿色农产品专营店346个，在西安设立22个，其产品已进入西安、咸阳的300多家超市，并远销省外，年销售量达13.2万吨，销售收入3亿元，有力带动了当地农民收入的增加。目前，商洛大力加强名优品牌培育，被国

① 砥砺奋进“十三五”农业发展谱新篇——“十三五”商洛市农业经济发展成就简述［EB/OL］. 商洛市人民政府网，https：//www. shangluo. gov. cn/info/1060/7718. htm，2021-05-29.

家命名为首批“国家农产品质量安全市”，全市累计认证绿色食品89个、有机农产品38个，国家农产品地理标志登记保护产品12个，69个农产品入选全国名特优新农产品名录，居全国地级市之首。“商洛核桃”“商洛香菇”获中国特色农产品优势区认定，“柞水木耳”“镇安板栗”等4个农业品牌获陕西省省级农产品区域公用品牌认定。这些举措有力提升了商洛农业品牌知名度和美誉度，助推了脱贫攻坚和乡村振兴战略实施。

在突破交通瓶颈后，陕南旅游业也得到了长足发展。“十一五”以来，川陕毗邻地区达成旅游合作协议，川陕两省五市在完善协作机制、共建精品线路、实施互动宣传、扩大市场开发方面进行不断探索与合作。

3.5.2　陕南绿色产业发展面临的问题及原因分析

以调整农业结构、促进农民增收为目标的陕南绿色产业发展至今，虽然取得了一定成绩，但从发展速度、运行质量以及整体社会经济效益来看，还存在以下问题。

3.5.2.1　绿色产业基地的规模和质量有待提高

通过调研我们发现，陕南绿色产业基地建设总体质量欠佳。就生产能力和规模而言，绿色农产品基地规模小，缺少相对集中连片、配套设施齐全的规模化开发。大多农户还处于各自为政、分散经营的小农经济生产格局，这严重阻碍了农产品产业化、市场化的进程。就质量和效益而言，基地标准化、规范化程度低，生产管理粗放，无公害、绿色、有机食品的认证和中药材GAP认证率低。以汉中为例，根据汉中市政府、汉中市农业农村局官网统计数据，以及汉中市政府研究室官网发布的推动汉中茶产业全链条高质量发展的调研报告①，到“十三五”末期，汉中市茶叶通过无公害、绿色、有

---

① 强品牌 拓市场 促转型全力推动汉中茶产业全链条高质量发展［EB/OL］. 汉中市人民政府研究室网站，http：//yjs. hanzhong. gov. cn/hzzfyjswz/jcck/202310/75a64e58a6ec4419b940ffa0d720b127. shtml，2023－10－23.

机食品认证的面积分别为 25 万亩、4 万亩和 10 万亩，仅占种植面积的 19.2%、3%和 7.7%，蔬菜通过无公害产品认证的面积也较低，中药材只有两个品目通过 GAP 认证。这极大地影响了陕南茶叶、蔬菜和中药材等绿色产品进入省内外及国际市场的范围和步伐。同时，规模小、作业分散、管理不规范等传统农业方式也导致农产品在市场中缺乏竞争力，抵御风险能力差，容易受到市场波动的干扰，直接影响了农民的收益和生产积极性。究其原因，主要是资金投入和技术支持不够。由于绿色产业是以高技术为支撑的新兴产业，而以无公害、无污染为特点的绿色农业，从土壤选择、良种选育、田间管理、合理施肥等各个环节都有严格的要求，这其中需要运用资金、技术、人才、信息等现代农业生产要素来组织生产，而这正是制约陕南绿色产业发展的瓶颈所在。

3.5.2.2　各地发展程度不均衡，信息不畅通，阻碍了绿色产业整体水平的提高

陕南经济的发展不光与全省、全国的差距明显，各地区之间的经济发展也不平衡。根据 2008 年~2023 年《陕西统计年鉴》和陕南各地历年统计公报数据分析显示，2022 年陕南地区生产总值 4076.66 亿元，仅占全省的 12.4%，比 2007 年增长 1.1 个百分点；其中，发展最好的汉中市生产总值为 1905.45 亿元，安康市生产总值为 1268.65 亿元，特别是商洛，生产总值只有 902.56 亿元，不足汉中生产总值的 50%。2022 年，全省人均 GDP 为 82864 元，陕南最高的汉中市 59832 元，只相当于全省均值的 72.2%，相比 2007 年水平每年提高了 1 个百分点；安康市 51261 元，而商洛市仅为 44599 元，仅相当于全省平均水平的 53.8%；全省农村居民人均可支配收入 15704 元，汉中市 14224 元，安康市 13368 元，商洛市 12781 元，各地区间经济发展水平差异十分明显。具体来看，汉中市有一定的工业基础，食品加工业和中药业发展也相对较快，安康市在特色产品开发方面比较突出，商洛的无公害农产品开发和认证工作居于全省领先地位，三地本应就各自优势展开经验交流与学习，以先进带动后进，并通过有效整合资源，形成合力。但就目前

来看，三地之间的信息沟通与协调程度不足，相互合作的领域和空间还有待开发。

在发展绿色产业的战略上，各地都提出了类似“打响绿色品牌，发展特色产业”的口号，但是，由于地理环境、交通以及传统的农业生产方式等原因，各农户间、村镇间及地区间缺乏有效的互动与交流，各市县的产业发展在一定程度上存在重复性，产业结构趋同的态势较为明显，形成了同类产业的竞争，导致品种繁多、特色不鲜明等问题。如各地发展绿色产业基本上都集中于猪、药、茶、蔬果、林土特产等领域；养殖和种植的品种都以传统型居多，而科技含量高的少。因此，陕南绿色产业难于做精、做深、做大，也难以形成规模和品牌效应。

3.5.2.3 农产品加工业水平低，产业链短，资源配置能力差

目前，陕南的农业产业化进程比较缓慢，这主要表现在：龙头企业少，多数龙头企业辐射面窄、带动力不够，与农户和生产基地的利益联结机制还不健全，农产品加工业发展水平总体上还停留在以初级产品加工为主、产品附加值较低的层面。根据陕西省统计局《陕西统计年鉴》数据及陕南各地历年统计公报数据，如汉中市农产品加工企业中，年产值达到 3000 万元以上和年产值过亿元的龙头企业占比较少，而且多数企业小而散，这在蔬菜、茶叶等特色产品加工业中表现得尤为突出。汉中市从事茶叶精加工厂较少，初级加工厂多达 300 多家，平均加工能力不足 20 吨。全市茶企业中国家级龙头企业仅有 1 家，市级以上龙头企业仅占茶企总数的 7%，缺乏行业领军企业，尤其大中型茶企数量少、实力偏弱，家庭式、作坊式经营主体大量存在，茶叶种植和生产仍以分散经营加工为主，茶园基础设施不配套，机械化生产普及率不足 10%，茶叶生产标准执行也不够严格，导致茶园亩均产量、产值水平较低，亩均收益远低于国内南方茶区。这些主要是由于当地龙头企业在资金、技术方面投入较少，因而产品在市场上竞争力不强，市场占有率低，企业难以与农户和基地建立良好的合作关系。同时，现代企业观念落后，与关中及省外大型企业的合作少，吸引和配置资金、技术、信息、市场

等要素的能力差，也是陕南农产品加工企业难以上规模、市场竞争力弱的原因。

3.5.2.4 缺乏必要的宣传与市场营销手段

相对一些工业发达地区，陕南天然、绿色资源丰富，且无污染。这本应是陕南绿色产品的卖点和优势，但是在具体的产品销售和市场推广中，陕南绿色产品却存在市场知名度低、销售渠道不畅等问题。比如陕南的茶叶，曾先后开发了紫阳毛尖、陕青茶、午子仙毫、宁强雀舌、定军茗眉等在当地很出名的茶叶品牌，以及近些年开发的“汉中仙毫”“汉中红”等为代表的茶叶品牌，存在市场认知度、影响力较低，在茶叶区域公用品牌宣传打造方面力度不够，加之市场销售体系不健全，众多茶企营销手段较落后、市场开拓不足，造成茶叶品质虽好但价格不高现象。与此类同，陕南的中药材、柑橘、优质稻米、富硒食品等特色产品都具有明显的竞争优势，但是在西安、成都、北京、上海等消费市场的市场占有率却极低。造成这种局面的原因，主要是由于宣传力度不够，营销手段单一，缺乏系统的营销策划和专业的营销队伍。陕南人杰地灵，蕴涵深厚的两汉三国文化，在市场营销中应大力宣传、传播与本产品相关的地域文化和企业文化，这将成为产品的灵魂和制胜的关键。而这方面陕南的地方政府及经营、流通企业都做得远远不够。另外，品牌管理混乱、市场信息和服务网络没有跟上，也阻碍着陕南绿色产业的发展速度。

目前，国内市场上很多绿色农产品为供求平衡或供大于求，并没有太大的发展空间。近年来，世界绿色食品市场消费量增幅明显，年均增长可达20% ~30%，有的甚至达到50%。一些工业化国家由于受资源、环境条件的限制，供给能力很小，绝大多数绿色食品依赖进口。因此，陕南绿色产业要实现突破发展，不仅要提升、巩固区外及省外市场，还需要大力开拓国际市场。这是陕南发展绿色产业应长期面对的问题。

3.5.2.5　跨区域的合作互动发展缓慢

近年来，陕南与成渝、中东部等区外、省外地区在绿色产业的互动合作方面发展比较缓慢。究其原因，陕南绿色产业总体还处于培育发展阶段，发展的主要驱动因素为政府和市场，企业自身的竞争力很弱，因而在与区外、省外的合作中还存在以下问题：一是合作地域的局限性，目前陕南与省内及关中地区的合作较多，而与成渝地区绿色产业的互动还较少，其他地区就更少。二是合作内容的有限性，关中、成渝地区与陕南在绿色产业方面的合作仅限于投资、初级产品的采购与加工，而陕南绿色产业进入关中、成渝地区也只限于市场营销与市场开拓领域。陕南绿色产业发展所需要的高新技术项目、一体化经营与管理手段等引入较少。三是合作层次的初级性，西汉、西康、西商高速公路联通了西南、西北地区合作的桥梁，也将开通华北、华东及东南地区进入陕南的通道，但当地配套服务措施与配套产业没有跟上，以及招商引资手段、行政效率的低下，陕南与关中、成渝及中东部地区的合作只停留在技术层面的支持、学习等较低层次，少有参股、组织结构的改革，更没有建立三地一体化和共融互通机制等深层次的合作，因此，阻碍了新型管理思维和开发模式的引入，制约了陕南经济和绿色产业的快速发展。

3.6　陕南绿色产业优势互补的基本模式和推进机制

在陕西未来的产业规划和空间布局中，依托四条高速公路线，陕南将形成“两带四轴”的城镇体系，并作为陕西的绿色商品集散地和绿色产业带，服务于关中和陕西。2009 年 7 月 9 日，重庆、四川、陕西三地正式签署了《关于联合助推“西三角”经济社会发展的战略合作框架协议》。“西三角”经济区包括以西安为中心的关中城市群、成都经济圈和重庆经济圈，该经济区建设预示着三地今后将会有更多的区域合作以及资源、要素的流动。陕南作为连接陕、川、渝三地的枢纽和腹地，必将在三地产业对接和整合过程中发挥桥梁与纽带作用。为了使陕南绿色产业发展赢得更多的市场空间和发展机会，必须更新观念、拓宽思路，进一步扩大对内对外开放，加强区域互动合作，积极与三地建立利益共享机制，形成优势互补、合作互动的绿色产业发展模式，实现良性竞争、互利共赢。其具体思路有以下几方面。

3.6.1 树立“价值链”合作的基本指导思想

当今世界经济格局越来越趋向于国际化与一体化，而国际分工的多层次性、分工主体的多元化与分工实现方式的多样性等特点，要求区域间优势产业的合作必须坚持“价值链”合作的指导思想。如果说传统的国际分工的边界是产业的话，当代国际分工的边界则在于价值链。价值链是指研发设计、制造、分销、服务等一系列相互关联的增值活动。价值链分工是生产活动和其他功能性活动进行更为专业化的细分，从而导致从最终产品的分工向价值增值全过程分工转移的结果。在经济全球化背景下，自然资源和劳动力等传统要素的作用日趋减弱，而技术、信息、人才和创新机制等知识要素的作用趋于增强，并呈现出高度的流动性和稀缺性。由于绿色产业具有高增值性、高技术性和覆盖面广的特点，陕南应充分利用“西三角”经济区建设这个平台，整合本地与关中、成渝地区的劳动、资本、市场、技术及品牌优势，促进人才、信息等知识要素的自由流动，进一步壮大绿色产业规模，延伸产业链，以实现绿色产业、绿色产品的价值链上各环节的分工合作、互惠共赢。

3.6.2 因地制宜承接发展优势绿色产业

基于陕南与毗邻地区的发展差异，陕南应依托绿色产业基础和劳动力、特色资源等优势，以服务关中、促进优势互补、主动承接产业转移为宗旨，加快产业结构调整，构建现代绿色产业体系。新时期，陕南与关中、成渝地区加强互动合作的主要领域包括以下三个方面。

一是绿色农产品加工业。绿色农产品加工是绿色产业的主要内容，是提升农产品附加价值的重要环节。西三角经济圈的启动，将促进三地商贸、招商引资及市场需求信息的交流与共享，促成三方企业在一些重大项目中的合作，可以大大推动三地农产品加工业的发展与合作，充分发挥陕南农林产品资源丰富的优势，吸引龙头企业和产业资本进入陕南，大力发展农产品加工业、生态农业和旅游观光农业。通过引进优良品种和先进技术，规模化发展高附加值、高效益、精致型和生态环保型的林土特产品、肉禽蛋奶、绿色食品、无公害蔬菜、水果等农林产品，除满足省内需求外，通过快捷的运输通道销往省外；通过统一规划，在高速公路沿线建立生产基地和农业观赏区，促进陕南绿色产业带、外向型农业的发展和农业产业化程度的提高。这有助于陕南发展成为西北最重要的国家级绿色农产品基地，有利于三地优势绿色产业合作水平的提升。

二是现代中药业。成都的中药业和西安的现代医药业较为发达，可以为陕南的中医药企业争取更多的项目投资机会，提升陕南医药加工企业的新药研发、技术创新能力和管理水平。这有利于成都、西安中医药产业进一步整合资源、扩大产业规模，也可以吸引国内外知名企业在陕南建立药源基地或建设生产分厂，有助于促进陕南中药材的规范化种植、中药材精深加工、新药研发和市场营销体系的建设，从而推进川陕两地现代中药产业的发展，使陕南发展成为西部地区重要的药源基地、中药材种植与加工基地。

三是旅游、餐饮与服务业。西安和成都的旅游业，成都与重庆的商贸、餐饮业都具有明显优势，三地应加强资源开发整合，实现优势互补，进一步将关中和成渝连成一体。随着三地高速公路和铁路的建设完工，三地的空间距离进一步缩短，加上陕南“四纵一横”高速公路网（指京昆、包茂、福银、沪陕与十天高速）的布局规划，秦岭屏障已经突破，陕南将成为联通关中与成渝之间的腹地和“中央公园”。陕南与四川在地缘与文化上具有相近性，与成渝及周边地区在文化、经济等方面的关联度、交融性高、互补性强。陕南应主动接受成渝地区的影响和辐射，大力承接发展旅游、餐饮、商贸等产业，培育和发展信息服务、物流、营销策划、文化等服务企业，共同开发旅游线路、旅游服务和旅游商品，建立统一的宣传、策划和旅游投诉机制，进一步改善营商环境，提高服务水平，打造三地旅游无缝对接市场，使陕南旅资源融入关中和成渝经济圈，实现互利合作与共赢。

陕南和“西三角”地区可以在绿色食品加工业的升级换代、研发与技术引进、科技成果产业化、品牌创立与保护等方面，展开广泛、深入合作，共同推动高附加值绿色产业的发展。

3.6.3 明确区域定位，展开错位竞争

当前，在陕南各地的绿色产业发展战略中，几乎所有区县都开始涉及中药材种植、茶叶种植、蚕桑生产、绿色蔬菜、水果、畜牧业、林业等传统农业之外的特色产业。其中，汉中依托其传统工业基础，粮油及绿色食品加工业、中药业和茶业发展较快，确立了“猪、药、茶、菜”四大主导绿色产业，并大力推动旅游业的发展。安康市凭借其特色资源优势，以蚕桑、茶叶、魔芋、中药材和畜牧业等特色种植（养殖）业为主，并大力发展水电和生态旅游业。商洛在无公害农产品开发和认证方面居于全省领先地位，以中药业、核桃、板栗、茶叶等林土特产、畜牧业和生态旅游业为主导产业。通过上述比较可以看出，三地许多主导产业是重合的，不利于规模化、集约化发展，如茶业、中药业和旅游业被三地同时列为支柱产业或重要产业。为此三地应结合自身优势和发展潜力，明确区域定位，制定互不相同的支柱产业以错位发展。绿色产业开发要实现差异化，错位竞争，避免重复建设和资源浪费，不仅要体现在产业的选择上，主动规避产业趋同、市场趋同、产品趋同的发展老路，同时也要体现在区域规划和城市建设上。陕南以高速公路为支撑，未来将形成“两核一极”的城镇立体空间布局，并沿交通线逐步形成陕南城市群和绿色产业带，因此应主动接受关中及成渝地区的影响和带动，积极发挥中心城市的集聚和辐射功能，加强对主导产业的规划和提升。

汉中在原有工业基础上，可加大粮油、绿色食品加工和茶业等具有一定优势和前景的产业，并依据资源特点，在中药业领域与商洛进行错位发展。

安康原有产业定位过多，应加强水电、蚕桑业和魔芋、富硒等特色产品的开发，弱化绿色食品、茶业、中药业等非强项产业。商洛已纳入“关中—天水经济圈”的城市群发展规划，应明确定位于服务关中市场，加大绿色食品、蔬菜、林土特产和中药业的发展。同时，三地旅游业也需要明确细分和定位。汉中要加强文化旅游和生态旅游开发，以两汉三国文化和大熊猫、朱鹮等国宝观赏旅游区为重点，加强与成渝旅游区资源的整合开发，并依托果园、茶园、中药材种植园以及江南式田园风光，大力发展生态文化体验旅游，将汉中打造成为西安—九寨沟—成都的重要旅游通道，并建设成为陕甘川旅游通道的区域旅游集散中心。安康要加强山水风光游和秦巴生态旅游开发，以西北水城、汉水文化为主打品牌，形成“一江两岸六湖”的汉江山水走廊，使其成为西安—小三峡—重庆的重要旅游通道，并建设为陕、川、渝、鄂旅游通道的区域旅游集散中心。商洛要大力开发“城郊型”休闲观光游和参与性强的“乡村体验旅游”，以山水园林、丹江文化为侧重，针对关中及省外城市居民休闲度假的旅游需求，高水准地建设规划特色鲜明、生活设施齐备的“农家乐”“林家乐”“渔家乐”项目，为城市游客提供新鲜的乡土生活体验，逐步发展为西安—武当山—神农架自然保护区—武汉的重要旅游通道，并建设成陕豫鄂旅游通道的区域旅游集散中心。

3.6.4　淡化行政区经济功能，促进跨地区间企业的联合与重组

2009年，随着“关中—天水经济区”国家级规划的批复和“西三角”经济区建设的启动，预示着陕、甘、川、渝四地今后将会有更多的区域合作机会及要素流动。陕南也将以其区位优势在新经济区建设中赢得更多的发展空间。各级政府应紧抓新时期的良好机遇，运用系统观念，指导其产业结构的调整和管理。对内整合优势，按照各地资源优势，形成区域分工，避免产业结构的趋同。跨行政区的重大经济举措、重大战略资源的开发、招商引资项目等，可以由上级政府有关人员与各行政区共同组成权威性、跨区域的管

理机构进行协调。如成立区域性“绿色产业办公室”等专门联络机构，建立定期沟通机制，探讨企业融资渠道、联合招商，以及分工协作、优势互补、互惠共赢的合作途径，并构建网络平台，相互交流本地商贸、市场需求等信息，促进三地在一些重大项目上的合作，形成共同开发绿色经济的新格局。同时，加大产权制度改革力度，确立企业在绿色产业发展中的主体地位，促进企业通过自发组织实现跨区域、跨行业、跨所有制的联合和重组，积极鼓励企业开展收购、参股、租赁等各种形式的合资合作经营；引导和鼓励投资者独资或联合开发绿色资源和产品。进一步完善企业自主经营的内在机制，大力培育区域市场，发展连锁经营，并逐步实现统一的市场体系。对外扩大市场开放，以“绿色产业办公室”“绿色产业信息网”为窗口，运用“政府推动、企业承办、市场运作”的模式，形成多渠道、跨地区、跨部门的大宣传、大促销网络，对外宣传推介本区域绿色产业成果，提升整体实力。

3.7 加快陕南绿色产业发展的对策建议

通过上述分析可以发现，当前陕南绿色产业的发展虽已具备良好的基础和机遇，但是在规模、质量及产业化水平上还存在一些问题，因此，要加快陕南绿色产业发展应从以下五个方面着手。

3.7.1 转变政府职能，加速农村经济模式转型

绿色产业的效益具有巨大的正外部性，不仅有利于“三农”，还有利于经济、社会和生态的协调发展，政府应大力支持和推动，这其中需要政策、资金的扶持和必要的服务，才能降低农户绿色生产的风险，提高其生产和获利能力。要实现陕南绿色经济的加速发展，必须对现有的农村经济增长模式进行改革和创新，对农业发展方式进行合理的规划和引导。这也是作为欠发达地区的陕南经济发展的必由之路。

首先，要加快转变政府职能，完善农业服务体系。要改变“小规模、分散化”的小农经济发展模式和“高消耗、高污染、低利用”的粗放型增长方式，必须加强对绿色生态农业的引导和扶持，建立有效的支农惠农政策支持体系。加大对绿色产业的补贴和支持力度，除提供统一的机耕、灌溉、病虫害防治等农业服务外，还要在种植规划、统一购买生产资料、选育良种、技术培训以及销售服务等方面加大扶持力度。其次，要提高基层干部和广大农户的质量意识和现代农业观念。大力提倡生态农业、立体农业和集约化经营方式，通过加大绿色产品补贴、科技示范、技术培训，并配合绿色认证及奖惩机制，使先进的生产理念指导绿色产业的生产与经营实践，将现代农业发展模式落到实处。最后，要为绿色生产提供组织保障，加快发展现代农业组织。推进农民专业合作组织建设，培育和扶持一批能贯穿整个绿色产业链的懂技术、通市场、会经营、带动力强的新型农民合作组织和企业法人组织，使其在提供信息、寻找市场、产销对接、维护农民利益等方面为农户服务，以不断提高绿色农业生产的组织化、市场化和产业化程度。

3.7.2　加强对绿色产业的规划和引导，提高重点地区产业集聚能力

在土地、资源有限，产品技术含量低以及减少环境污染等多项制约条件下，必须加强对绿色产业的科学规划和引导，要优化产业布局，引导绿色产业向园区集中，增强重点地区产业集聚和辐射能力，以园区建设促进整体绿色产业水平的提高。要加快绿色产业的转型升级，从原有的追求速度、规模转向追求水平、效益和质量的轨道上来；要引导绿色产业向园区集中，积极承接国内外产业转移；应遵循循环经济模式，促进绿色产业持续高效发展。形成产业互动、关联配套、循环发展的格局，并推进资源节约和环境保护。围绕汉中盆地、月河谷地和商丹盆地着力建设汉中、安康、商洛三大绿色产业核心聚集区，从而以线串点、以点带面，发挥辐射带动作用。以城固—南郑—汉台—勉县为主体，建立绿色农业、生物医药和新型材料等绿色产业基

地；以月河川道为主体，以旬阳、平利为两翼布局建设富硒食品、新型材料、生物制药、丝绸纺织和清洁能源等绿色产业基地；以商丹循环工业经济园区为龙头，建设有一定规模的药源基地和现代中药基地，大力发展绿色食品和生态旅游产业链。

3.7.3 创新投入扶持机制，拓宽投融资渠道

绿色产业在扩大基地规模、新产品开发和技术改造等方面需要巨大的资金投入，仅靠地方财政有限的财力还远不够，必须创新投入扶持机制，多方筹集支农资金，不断拓宽投融资渠道，形成政府、金融机构和市场有机结合的多元化投资体系。首先，应改变财政支持资金以直接投入为主的方式，而实施以贴息、补助、以奖代补等间接投入方式为主，并积极利用 WTO“绿箱”补贴政策，使有限的财政资金在发展绿色经济中发挥更大作用。其次，在争取国家和省项目资金上需要提高项目实施成效和资金使用效率，改变财政扶持资金全部投入项目建设的方式，建立对投入项目建设和项目实施效果的全面考核与奖励机制。再次，改革现行的银行信贷管理体制，建立涉农贷款风险补偿机制，争取更多的金融支持。最后，要运用市场机制，建立多渠道、多层次、多形式的投入机制。鼓励龙头企业和农民专业合作组织进行股份制改造，充分调动私人投资和社会投资的积极性，并积极改善投资环境，加大招商引资力度，广泛吸引外来资金向本地聚集，从而在政府推动、市场运作的双重作用下，使企业得到培育、农民得到扶持。

3.7.4 提升绿色科技创新水平和自主品牌观念，培育壮大龙头企业

高新科技是绿色产业发展的动力，针对陕南绿色产业发展中存在的技术含量低的问题，各级政府要加快制定绿色产品研发、生产领域科技创新的扶持和引导政策，积极推动各类科技成果的商品化和产业化进程，鼓励企业加

大科研投入，加强高新技术的推广应用。结合国家对绿色环保产业的政策扶持，以规范种植基地和示范基地为切入点，在绿色种养、农产品深加工、茶业和中药业领域，建立适应国内外市场的各类绿色认证体系。借助西安的高校和科技中心优势，鼓励“产学研结合”，搭建现代中药产业的研发平台，推动有条件的企业在西安建立研发机构和中试基地，提升自主创新能力。品牌战略是促进绿色产业向更高层次迈进的核心措施，各级政府应重视品牌开发与管理工作，大力推动农产品品牌向产品品牌、地域品牌提升。建立品牌开发与保护的专门机构，筹集专项资金对品牌开发予以扶持和奖励。在绿色食品、茶业和生物制药领域应注重地域品牌的开发、整合与提升，产业的集聚整合也要以地域品牌和企业品牌为龙头。通过精心策划、整体推进，逐步推出若干在全省及全国市场上数得上、叫得响的陕南绿色产业品牌，以发挥品牌和规模效应，提高绿色产品市场竞争力。

培育“龙头”企业是绿色产业发展的根本，农业的产业化、现代化离不开龙头企业的带动。围绕各地主导产业，应鼓励、支持乡镇企业大力发展农产品深加工产业，培育壮大绿色产业龙头企业。运用规模化、集约化经营理念，推动企业发展订单农业，使企业与农户形成紧密的利益共同体，通过“公司 + 市场 + 基地 + 农户”的模式，力争建成一批年产值过亿元的绿色经济龙头企业，使之成为陕南工业和绿色产业的骨干力量。大力推进企业技术改造与升级，扩大农产品精深加工规模，推行质量标准认证和争创名牌产品活动，通过开发自主知识产权和自主品牌，提升企业核心竞争力，促进龙头企业做大做强。

3.7.5　加强人才培养和开发，提升自我发展能力

陕南地区未来在发展现代农业、绿色园区建设、企业管理和招商引资工作中均需要大量的人才支持和智力保障，才能不断提升区域竞争力和自我发展能力。为改变陕南绿色产业发展总体上生产管理粗放、技术含量低、营销能力有限的状况，首先必须重视培养人才，通过建立多层次、全方位的培训

体系，把提高农民素质、培养新型农民群体作为加快农业现代化和绿色产业发展的重要任务。各级政府应通过绿色、低碳技术推广、科技人员下乡等活动大力开展农民科学发展技能培训，以提高农业生产者素质。各县乡镇可依托农村专业合作组织开展技术培训和经验交流，在农村培养一批掌握技术和擅长经营管理的农业骨干人才，以发挥领导和示范带头作用。其次，要把引资、引智与引进技术相结合，采取“走出去，请进来”的办法，到国内外发达地区观摩、学习先进的生产技术和管理经验，引进相关技术和人才，不断提升核心竞争力和自主创新水平。要特别注重对市场营销人员的培养和开发，适当引进营销人才，建立专业化的营销队伍，掌握先进的市场营销理念，以加速绿色产业的市场化和价值增值进程。同时，为了弥补欠发达地区高素质人才的短缺，还应鼓励刚毕业的大学生积极投身于绿色产业相关项目的开发和建设，参与乡镇及企业的管理，如让毕业生参与当地“一村一品”计划，并在其薪酬待遇方面给予高额补贴。高素质人才的加入有助于现代经营理念和先进科技成果的推广与应用，推动陕南绿色产业向高层次发展。

总之，只有把农村人才的培养和科技人才的引进相结合，在提高陕南绿色产业从业人员整体素质的同时，加快相关专业技术人才、管理人才、营销人才的引进与培养，才能造就一大批熟悉陕南资源优势，并具有开拓与创新精神的人才队伍。

参考文献

［1］查林．陕南绿色产业发展分析［J］．安徽农业科学，2007，35（26）：8395－8396.

［2］陈奇．绿色经济论纲［M］．西安：陕西人民出版社，2004.

［3］成党伟，余谦．陕南蚕桑产业发展调研报告——以陕西省安康市为例［J］．安徽农业科学，2007，35（28）：9070－9071.

［4］绿色食品产业“十四五”发展规划纲要（2021－2025年）［EB/OL］．国家食物与营养咨询委员会网站，https：//sfncc.caas.cn/xyyw/a7a10d97455e4d8eb35cb0e4795603f3.htm，2022.01.21.

［5］何爱平．区域经济可持续发展导论［M］．北京：经济科学出版社，2005.

［6］李文正．陕南地区生态旅游资源分析评价［J］．安徽农业科学，2008，36（32）：14238－14240.

［7］马耀峰．新时期陕南旅游的突破性发展战略研究［J］．西北大学学报（自然科学版），2008（6）：503－507.

［8］童文胜．关于陕南发展绿色产业的思考［J］．农业经济问题，2007（8）：66－69.

［9］王高建．陕南贫困区县域经济竞争力分析与对策［J］．安徽农业科学，2008，36（6）.

［10］王克西，任燕，赵德良．绿色产业发展的制约因素及对策分析——陕南绿色产业发展现状调查［J］．理论导刊，2008，（3）：75－78.

［11］张巍．陕南县域循环经济发展战略模式研究［J］．特区经济，2008（6）：203－204.

| 第 4 章 |

新型城镇化进程中陕西农村创新创业人才培养模式研究

农村创新创业人才在促进农村经济发展、农业产业化和农民增收进程中发挥着重要作用。加强农村创新创业人才培养，对于推进农村劳动力转移就业、缩小城乡差距和陕西区域经济协调发展具有重要的意义。随着新型城镇化进程的加速，陕西农村创新创业人才的培养将面临很多新要求和新挑战。本章首先分别从宏观和微观层面分析陕西农村创新创业人才的发展轨迹与就业现状，在阐述当前农村创新创业人才培养模式现状的基础上，剖析了现阶段陕西农村人才培养及转移就业培训中存在的主要问题。其次，通过对农村创新创业人才的能力特征和素质构成调查，梳理农村创新创业人才应具备的能力特征与个人特质因素，以此为依据构建农村创新创业人才培养目标体系，以实现农村劳动力整体技能提升计划，拓宽农民转移就业和创业渠道；并运用 Logistic 回归模型对陕西农村创新创业人才就业培训意愿及其影响因素进行了实证研究和定量分析，认为农村创新创业人才培养要综合考虑文化程度、家庭人口、培训费用、就业创业的区域和领域等八方面因素进行系统设计和创新。最后，从新型城镇化建设加速发展以及“一带一路”新政策视角，提出应加强系统设计和国际合作，通过政府引导、多方参与，构建“立体多元”的农村创新创业人才培养模式，以提高农村劳动力的整体素质和就业创业能力。

4.1 概　述

4.1.1 研究背景与研究意义

随着我国城市化和农业现代化的发展，农业人口大量涌入城市，2011 年我国农村人口占总人口的比重首次低于 50%，农村劳动力转移就业人数增加，是农村人力资源优化配置的主要手段，也是促进农民增收和缩小城乡差距的重要途径。但是，受制于农村的教育发展水平及经济现状，我国农村劳动力总体素质较低，一方面，与城市产业结构调整的需求矛盾突出，转移就业能力受限，竞争乏力，当前农村劳动力转移就业的质量、层次和稳定性都不容乐观；另一方面，农村本地非农就业及返乡创业的农民群体，也与农村经济结构调整和农业现代化的要求不相适应，在城乡一体化进程中显得后劲不足，发展缓慢。因此，提高农村劳动力整体素质和创新创业能力，加强农村创新创业人才培养体系和机制建设，创新农村人才培养模式，已成为当前我国落实创新驱动发展战略和新型城镇化建设中亟待解决的重要课题。

陕西地处西部欠发达地区，转移就业水平远低于东部发达地区。根据陕西省统计局《2023 年陕西统计年鉴》数据，2022 年，陕西共有 1423.4 万农业人口，农业人口占全省总人口的比重（35.98%）不断降低，但仍高出全国平均水平 1.18 个百分点；陕西省第一产业从业人员占总从业人员的 29.2%，而产值比重只有 7.9%，就业结构滞后于产业结构的发展，农村剩余劳动力转移就业的任务依然艰巨。同时，根据 2020 年国家统计局陕西调查总队调查数据，陕西农民工以初中文化程度为主，初中及以下文化程度的近 70%，接受职业技能培训的劳动力人数不足 5%，与东部发达地区相比，陕西农村劳动力的文化科技素质明显落后。本书以陕西农村劳动力就业创业与培训学习意愿调查为切入点，进行陕西农村创新创业人才培养模式研究，对于指导农村开展科技创新创业、完善农村创新创业人才培养机制、促进农村劳动力转移就业及创业工作具有典型意义。

4.1.2 相关概念及文献综述

创新创业人才在经济发展中起着至关重要的作用，农村创新创业人才是具有创新与创业双重特征的农村劳动力，是具有首创精神、冒险精神和创业动力，能把创新意识、创新成果转为创业成果的复合型人才；他们利用自身的经验和能力，通过农业科技创新与资源整合进行现代农业生产、经营及创业活动，以求致富或实现个人价值。农村创新创业人才在实践中包括三类人员：(1) 从事农产品加工业的企业经营者、农民专业合作社的致富带头人；(2) 返乡农民工创业者、大学生创业者和农村能工巧匠等自主创业者；(3) 转移到城市和乡镇企业就业的非农就业者（即农村转移就业劳动力），这也是潜在的返乡（或异地）创业者。他们在促进农村经济发展、农业产业化和农民增收进程中发挥着重要的示范带头作用。

国外学者对于创新及创新创业人才的研究涉及很多方面，有学者研究创新的概念及影响因素，也有学者研究创新创业人才成长的个人特征与环境特征，以及成功创业的若干要素等。谢恩（Shane，2000）分析了创新人才要成功创业需要的资源禀赋和创业能力。钱德勒（Chandler，2003）认为创业能力是“识别、预见并利用机会”的能力，也被称为创业胜任力。还有学者研究了识别驱动创新者创业的环境特征，认为一个国家的文化、信念、价值观和规范会影响国民的企业家导向、创业意愿和创业行为。如凯泽（Keiser，2002）等对环境与创业意愿关系的研究表明，环境对创业意愿的影响表现在创新、风险承担和前瞻性等三个方面；马修斯和雷蒙德（Matthews & Raymond，2003）从优秀科技人才、企业文化、清晰创业成长计划、核心团队、组织结构和支持政策、优秀领导者六个方面概括了成功创业的若干要素；还有学者提出，在面向农村的创业中，农民文化素质及其对前景把握能力较低、资金获得较难、农村基础设施和投资环境差等因素影响着农民创业成功率。

国内学者对于创新创业人才成长与培养方面的研究近年来也越来越多，主要涉及创新创业人才的素质特征与成长因素研究、面向农村的科技创业教育与培训模式、农村转移劳动力的就业创业影响因素及就业途径研究等几个方面，同时也有学者借鉴国外先进的农村人才教育与培养体系作了大量比较研究。杜育红和梁文艳（2011）从人力资本的视角探究了农村教育与农村经济发展中存在的问题，指出政府应加大对农村人口的教育与培训，将实践和教育有序结合，努力提高农村人口素质以培养更多创新创业人才。赵路（2015）构建了农村创新创业人才特征的四个维度：个性品质、资源禀赋、组织经营能力和学习创新能力，分析了各特征维度共 25 项个人特征因素的重要性程度，认为农村创新创业人才的培养应依此建立培养目标，使受训者初步具备上述特征和素质，增强创业意识和创业能力，引导其开展创业实践。刘源和金彦平（2008）、郭晓丽（2011）、刘岱（2012）等通过对美国、德国、法国、日本的农村人才培训教育的对比分析，认为发达国家对农村创新创业人才的培养在法律法规、保障措施、课程设置及人财物方面具有强有力的制度与政策支持，注重为农村基层建设培育高素质应用型人才，培养高等农业教育人才、农业实用人才，为农业经济发展提供了重要的智力支撑。

综上所述，随着新型城镇化建设的加速以及“一带一路”建设的深入开展，农村创新创业人才的培养将面临很多新要求和新挑战。本书将基于新型城镇化建设及“一带一路”视角，结合陕西农村地区实际情况，探究当前农村劳动力转移的新趋势、新特点，阐述当前农村创新创业人才培养模式的现状和问题，并通过实证研究，分析农村创新创业人才培养的影响因素，以探索未来农村人才培养模式的选择及优化路径。

4.1.3　研究设计与研究方法

本章研究思路以前期研究为基础逐步展开，总体方案分阶段逐步推进。

4.1.3.1 研究设计与调研步骤

本章调研实施大致按以下四个阶段逐步推进。

第一，调研准备与调研方法的确定。通过文献研究法，广泛搜集和阅读国内外有关农村劳动力转移就业与培训的学术论文、新闻报道和资料，对我国当前农村劳动力转移就业及培训状况形成总体认识。同时，运用深入访谈和问卷调查的方法展开实地调研。其中，深入访谈法主要是走访主管陕西省农村劳动力转移就业工作的职能部门及其基层村镇干部，了解和搜集农村劳动力转移就业培训的宏观信息。问卷调查法主要是通过初步调研掌握的情况设计问题，以搜集农村劳动力转移就业与培训的微观信息，以便对陕西农村劳动力转移就业状况作出全面判断。

第二，初步调研与调研方案设计。在前期调研阶段，首先，到陕西省劳务交流指导中心了解农村劳动力转移就业与培训总体状况；其次，在关中农村地区展开阶段性实地调研，初期阶段选取创新创业典型县区的农村创业致富带头人、科技创新能手、成功企业家20位左右，进行实地访谈，总结归纳农村实现非农就业或创新者的就业类型、素质特征及培训教育需求等状况；并走访了解当地乡镇基础教育与培训机构设置情况，收集反映基层现实状况的一手资料。经由该阶段形成对陕西农村劳动力转移就业总体状况及存在问题的直观认识，为问卷调查和结果预测提供可靠依据。

第三，深入农村基层调研并收集资料。深入调研阶段，利用假期深入农村调研，在陕西关中及陕南地区选取5~8个县的30个左右村镇，以自主经营者、返乡创业和实现非农就业的村民作为调查对象，发放调查问卷了解农村劳动力转移就业及培训的个人意愿信息，共收集500个以上农户的相关信息，调研结果及时录入数据，为后续实证研究提供支撑。

第四，数据处理与评估总结。将定性归纳与定量分析方法相结合，借助数据录入和统计分析软件SPSS对问卷调查资料进行处理和分析，并对深入访谈资料进行归纳整理，运用描述性统计分析和Logistic计量模型，得出计量结果和分析结论，最后通过评估总结，形成有理论和实践价值的研究报告。

4.1.3.2　研究思路与研究方法

本章以农村创新创业人才为研究对象，主要以农村转移劳动力为代表，拟从调查和研究陕西农村劳动力转移就业现状、特征入手，重点分析关中及陕南地区农村劳动力转移就业的新趋向和特征，剖析农村创新创业人才的能力特征和素质构成，由此探讨陕西农村创新创业人才培养中的问题和影响因素，探索陕西农村创新创业人才培养模式的改进与创新路径，以达到促进陕西农村经济和区域协调发展的目的。本章研究内容和思路如下。

第一，研究的主要内容。根据研究设计，本书研究内容主要包括以下五个方面：一是陕西农村创新创业人才的发展轨迹与就业现状。主要通过前期实地调研和文献研究所获得的资料，明确当前陕西农村创新创业人才的发展轨迹、活动领域、就业途径与类型等情况，为创新创业人才培养的机制创新提供背景支持。二是陕西农村创新创业人才培养现状及存在的主要问题分析。运用多元统计与定性研究的方法，梳理陕西农村创新创业人才的教育培训现状及存在的困难，为进一步研究提供有针对性的基础依据。三是农村创新创业人才的能力特征及培养目标体系构建。根据创新能力的三维结构模型，分别从信息搜寻能力、抽象概括能力及应用创造能力三个层次，运用德尔菲法构建创新创业人才的素质特征模型和标准，构建农村创新创业人才的素质特征标准，并设计符合农村青年个人意愿和区域、产业发展要求的农村创新创业人才培养目标体系。四是陕西农村创新创业人才就业培训意愿及其影响因素分析。在对农村创新创业人员进行问卷调查和访谈的基础上，利用多元回归分析和计量经济学的方法，实证研究农村创新创业人才的就业类型选择、培训学习意愿，分析各种潜在的培训学习需求及可能的影响因素，从而为下一步提出可行的创新创业人才培养模式及对策提供实证支撑。五是陕西农村创新创业人才培养模式的创新与改进。通过对农村创新创业者个体、基层教育及培训主管部门、职业教育与成人教育机构管理者及培训机构负责人进行深度访谈，运用定性研究方法归纳总结各县、乡镇现有的各种教育培训模式，并对其效果进行评估；进而结合系统优化涉及的环境、区域、家庭状况和相关政策因素，提出创新驱动发展战略下城乡统筹的“立体多元”农村创新创业人才培养模式，并结合农村创新创业人才培养目标和潜在的培训教育需求提出促进农村劳动力创新创业的政策建议。

本书的重点难点，有以下两个关键问题。

一是研究变量的设计与信息的采集。本书的研究是基于农户调查基础的理论归纳和体系构建，为保证研究的顺利进行，必须科学设计研究变量和选定调查对象，如明确陕西农村创新创业人才就业类型选择、培训学习意愿及其影响因素以及改善现有模式的制约因素是研究的重点和难点。在访谈对象选择上，涉及农民创新创业者、基层教育管理者及培训机构负责人等多层主体，必须规范标准和信息采集过程，问卷设计的变量描述要确保农户能够正确理解并填写问卷；而定量分析与定性研究相结合、问卷调查和访谈资料归纳相补充并分阶段实施，工作量较大。这也是保证研究结果能够客观反映基层农村现实状况的必然途径。

二是“创新驱动发展战略”下农村创新创业人才培养模式的构建。这是本章研究的核心目标。本章研究将基于农户调查和基层访谈资料的归纳，深入剖析农村劳动力转移就业类型选择、培训意愿与现有模式的矛盾，着眼于创新驱动发展战略和城乡统筹的趋势和特点，通过系统优化构建符合农村创新创业人才自身需求并切合当地实际的“立体多元”培养新模式。该问题的突破既是本章研究的创新，也对指导农村开展科技创新、完善农村创新创业人才培养机制、促进农村劳动力转移就业及创业工作具有典型意义。

第二，研究思路与实施路径。本章的研究思路和技术路线如图 4 - 1 所示。

第三，研究方法。本章研究通过文献研究、实地调研和问卷调查，分别从宏观和微观层面分析陕西农村创新创业人才的发展轨迹与就业现状，具体研究方法包括以下三个方面。

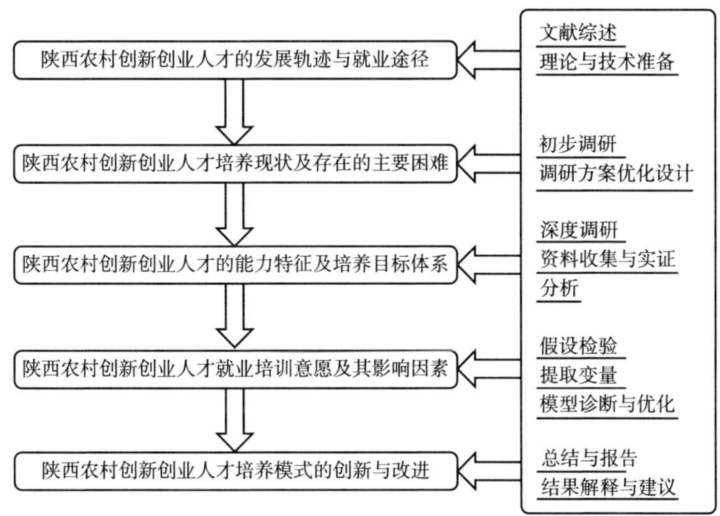

图 4－1　本章研究思路与技术路线

资料来源：笔者根据研究思路绘制。

（1）实地访谈和问卷调查法

根据定性归纳与定量分析相结合的原则，本章研究将选取陕西关中和陕南地区的农民创新创业典型县作为案例来源，每县随机抽取存在科技创新能手和青年创业致富带头人的乡镇，每个乡镇随机抽取包括自主经营者、返乡创业和实现非农就业的农村居民作为调查对象，共收集约 500 个农户的相关信息，调研结果及时录入并建立 SAS 数据库。结合实地采访创新创业带头人的成功经验，为检验假设和结果预测提供可靠依据。访谈与问卷收集的数据信息主要根据以下思路设计。

首先，农村创新创业人才类型主要分为三大类：一是企业经营者，包括依托农村特色产业和农产品加工业的经理人、科技创新能手及专业合作社致富带头人；二是自主创业者，包括返乡大学生创业者和返乡农民工创业者；三是非农就业者，包括转移到城市和乡镇企业的农村劳动力。

其次，参考社会流动研究领域的“布劳—邓肯”地位获得模型，并考虑外生变量因素，问卷中数据信息主要分为三大类：先赋性因素和获致性因素和区域环境因素。其中，先赋性因素包括生理遗传、个体差异及家庭背景，笔者选取了年龄、性别、个性特征、父母受教育程度、父母职业及社会地位、家庭收入及人口状况等背景因素指标；获致性因素包括人力资本和工作经验，其中人力资本包括本人的教育和学习培训经历，笔者选取了本人受教育年限、教育程度、是否参加过就业创业培训、转移就业的领域、次数及经历等指标；区域环境因素包括区域环境、经济发展水平、制度因素等外在因素，我们选取了区域教育水平、文化生活水平、转移就业培训状况、区域人均 GDP、区域特色产品、主导产业、产业扶持政策等指标。

以上述三类指标为自变量，以创新创业的规模与成就为因变量，考察多种因素对创新创业成效的预测作用大小（见表 4 –1）。

表 4 –1　陕西农村创新创业人才培训学习意愿及其影响因素

主要因变量	就业类型与途径	本地务工、家庭经营/返乡创业、外出打工/外地创业、离村就业
	培训学习意愿	升学（高中、职高、中专、高职、大学）、职业技能培训、实用农业技术培训、SYB* 创业培训
	创新创业类型与领域	企业经营者、非农就业者、自主创业者
主要特征变量	先赋性因素	年龄、性别、个性特征、父母受教育程度、父母职业及社会地位、家庭收入及人口状况
	获致性因素	本人受教育年限、教育程度、是否参加过就业/创业培训、转移就业的领域、就业次数及经历
	区域环境因素	区域教育水平、文化生活水平、转移就业培训制度、区域人均 GDP、区域特色产品、主导产业、产业扶持政策

* SYB，Start Your Business（创办你的企业）。

（2）综合统计分析，提炼模型所需的数据与变量

对农村创新创业人才所需的能力、素质特征进行调研及问卷设计，参考创新能力的三维结构模型，将创新创业能力分为三个层次：信息搜寻能力、探索概括能力及应用创造能力，与之对应的素质特征分为 5 大类 20 项素质标准（见表 4 –2）。在问卷调研的基础上，对数据进行统计描述分析，利用统计软件对样本进行分析处理，从而提炼培养农村创新创业人才的素质特征标准以及建模所需的变量。

表 4－2　　　　　　　　农村创新创业人才的能力与素质标准

个性品质	敢为性、开放性、执着、坚韧
工作态度	主动性、探索、冒险精神
基础知识能力	具备高中以上学历、拥有农技知识与培训经历、非农就业经验、风险承受力
实用技术能力	信息搜寻能力、技术应用与实践能力、记忆与概括能力、决策与分析能力、人际沟通与谈判能力、组织管理和团队合作能力
自我学习与创新	接受新观念、继续教育与培训、总结和发现问题

（3）引入多分类 Logistic 回归分析

本章研究引入多元分类评定模型，应用 SPSS 软件进行多分类 Logistic 回归分析，根据调研结果和录入数据库，分别从先赋性因素、获致性因素和区域环境因素三方面抽取个体特征、家庭状况、社会地位及收入水平等变量信息（见表 4－1），分析各特征变量与就业创业选择、培训教育需求的相互关系及其对农村青年创新创业发展及学习培训选择的影响程度，从而对农村青年创新创业类型、培训学习意愿、收入状况进行模拟估计和优化，评估潜在的教育培训需求和社会可能提供的现有培养模式之间的矛盾以及改善现有模式的途径和对策。

4.2　陕西农村创新创业人才的发展轨迹与就业现状

陕西是我国西部经济欠发达的农业省，农业人口众多，农民收入水平较低。近十多年，随着陕西经济社会发展和城镇化的快速推进，关注农民的非农化过程，使离开土地的农民实现充分的非农就业，一直以来都是陕西经济社会发展的重大课题。根据《2013 年陕西统计年鉴》数据，2012 年全省城镇常住人口首次超过农村，占比达 50.02%，比全国城镇人口过半水平晚了一年。2015 年陕西城镇常住人口首次突破 2000 万，达到 2045.12 万人。通过和国家统计局《2023 年中国统计年鉴》数据对比，2022 年，陕西共有

1423.4 万农业人口，农业人口占全省总人口的比重（35.98%）不断降低，但仍高出全国平均水平 1.18 个百分点；陕西省第一产业从业人员占总从业人员的 29.2%，而产值比重只有 7.9%，就业结构滞后于产业结构的发展，加大了农村剩余劳动力转移的压力。全省农村剩余劳动力向省外转移的比重较低（不足 20%），农村居民收入仍处于较低的水平，城乡收入差距仍然较大。目前陕西农村人口比重仍然较大，转移就业的速度有待提升，农村劳动力竞争力不足，农村剩余劳动力转移的任务依然艰巨。

本书将从陕西农村劳动力转移就业的总量与结构方面，分析陕西农村创新创业人才的区域分布、就业结构以及农民收入结构变化情况，通过与全国及其他省市发展水平的对比，并结合对陕西关中与陕南各地的微观调查结果，来探索陕西农村劳动力转移就业及创新创业活动的发展轨迹。

4.2.1 陕西农村劳动力创新创业的发展轨迹

陕西工业化、城镇化和现代化进程的加速发展，推动了城市第三产业的发展，并不断吸纳农业剩余劳动力和农村人口，使陕西农业人口比重不断降低。但是和全国及其他发达地区相比，陕西农村劳动力转移的速度和质量不高，区域发展不均衡，仍是目前陕西农村劳动力转移就业发展中面临的主要问题和挑战。通过梳理近十多年陕西农村劳动力数量、构成及农村从业人员数量及就业结构、产业结构的变化，以及农民收入结构变化情况，有助于探究陕西与全国及其他地区在农村劳动力转移就业发展方面的差距和深层次特征。结合陕西各区域发展轨迹并与全国平均水平进行对比分析，陕西农村劳动力转移就业在总量与结构方面呈现以下总体趋势与特征。

4.2.1.1 陕西非农人口比重逐渐增加，三大区域城镇化差异逐年缩小

根据陕西省统计局 2006～2021 年《陕西统计年鉴》及陕西省各市历年国民经济和社会发展统计公报数据，2005～2020 年，陕西省农村常住人口减少 839 万人，农村人口占总人口的比重由 62.76% 下降到 37.34%，下降

25.4 个百分点。2020 年陕西第一产业从业人员占比 30%，比 2010 年下降 11.3 个百分点，比 2005 年下降 18.4 个百分点。

近十多年来，随着陕西农村劳动力转移就业工作力度不断加大，农村非农就业人数不断增加，农村剩余劳动力增长速度明显放缓，但是，陕西农业人口众多，农村劳动力增量虽逐步减少，农村劳动力存量仍然巨大。2021 年，陕西省农民工总量达到 783.7 万人，比 2012 年增长了 18.2%；2022 年，陕西省农村贫困劳动力转移就业创业达到 52.15 万人，2023 年陕西省计划实现农村劳动力转移就业 590 万人。

同时，三大区域城镇化差异逐年缩小，陕南、陕北发展加快。2010 年以来，关中地区城镇化增幅逐年趋稳，尤其是 2011 年以来，得益于全省实施的一系列重大民生工程的快速推进，陕北、陕南地区农村劳动力转移就业工作力度不断加大，两地城镇人口聚集能力不断增强，农村人口比例不断下降，降幅明显高于全省平均水平，据陕西省统计局《2021 年陕西统计年鉴》数据，2020 年，关中地区农村人口比重为 45.7%、陕北地区为 38.5%、陕南地区为 50.2%，全省三大区域城镇化发展均衡化程度明显提升（见表 4-3）。

表 4-3　　陕西常住人口数及农村人口比重

地区	2005 年		2010 年		2015 年		2020 年	
	总人口*（万人）	农村人口比重（%）	总人口（万人）	农村人口比重（%）	总人口（万人）	农村人口比重（%）	总人口（万人）	农村人口比重（%）
陕西	3704.3	74.7	3732.7	54.3	3792.9	45.3	3952.9	37.3
关中	2241.7	70.0	1493.3	61.1	1514.5	52.8	1292.3	45.7
陕北	549.1	79.6	549.1	51.8	563.2	44.4	590.7	38.5
陕南	913.5	83.0	913.5	69.2	844.6	57.9	774.6	50.2

注：* 为 2005 年陕西户籍人口数。

资料来源：根据 2006~2021 年《陕西统计年鉴》，2006~2021 年陕西省各市国民经济和社会发展统计公报和《2021 年陕西省国民经济和社会发展统计公报》整理。

4.2.1.2　陕西农村劳动力就业构成滞后于产业构成，与全国相比差距较大

根据中国统计局发布的《2021 年中国统计年鉴》、陕西省统计局发布的《2021 年陕西统计年鉴》相关数据，2020 年，全国和陕西省分别以占总就业

人数23.6%、30%的农业劳动力仅实现了7.7%和8.7%的GDP，农业生产效率与全国及江浙、广东等发达地区相比差距较大。从陕西城镇化水平和产业结构来看，2020年，陕西城镇人口比率为62.7%，比全国平均水平低1.2个百分点，比江浙及广东等发达地区低9.5～11.5个百分点。整个陕西第二产业、第三产业的比重落后于全国平均水平，在全国的比重也落后于中东部地区，2020年陕西第一产业比重为8.7%，比全国水平高出1个百分点，而第二产业、第三产业在全国的比重分别为2.96%和2.27%，与发达地区相比还存在较大差距（见表4-4）。说明陕西农业结构有待优化，须继续提高农业生产效率和农业增值水平。陕西第二产业、第三产业增加值占GDP的比重为91.3%，但城镇人口占总人口的比例只有62.7%，城镇化水平也大大落后于工业化水平，影响了服务业的发展，也限制了农村劳动力转移就业的空间和容量。

表4-4　2020年农村劳动力转移就业与工业化、城镇化水平比较　单位：%

地区	就业构成			产业构成			城镇人口比重
	第一产业	第二产业	第三产业	第一产业	第二产业	第三产业	
全国	23.6	28.7	47.7	7.7	37.8	54.5	63.89
陕西	30	21	49	8.7	43.4	47.9	62.66
浙江	5.4	43.9	50.7	3.4	40.9	55.8	72.17
江苏	13.8	39.7	46.5	4.4	43.1	52.5	73.44
广东	10.9	35.9	53.2	4.3	39.2	56.5	74.15
福建	14.6	32.6	52.8	6.2	46.3	47.5	68.75
四川	32.5	23.1	44.4	11.4	36.2	52.4	56.73
甘肃	44.9	17.8	37.3	13.3	31.6	55.1	52.23

资料来源：笔者根据《2021年中国统计年鉴》《2021年陕西统计年鉴》《2021年中国人口和就业统计年鉴》《2021年中国劳动统计年鉴》整理。

因此，陕西转变农业经济增长方式、加快新型城镇化和农业现代化建设的任务依然艰巨，进一步优化三次产业就业结构和产值结构，提升第三产业对经济增长的带动力和对农民转移就业的吸纳能力，以提高农民就业增收水平，仍是当前和今后一段时期陕西“三农”工作的重点。

4.2.1.3　陕西农民收入结构不断优化，农外收入比重逐步提高，城乡收入差距持续缩小

随着陕西农村劳动力转移就业工作力度不断加大，十多年来，陕西农

村居民人均收入快速增加，根据陕西省统计局《2022 年陕西统计年鉴》数据，2021 年陕西农村居民人均可支配收入为 14745 元，较 2011 年农民人均可支配收入约增长 65.9%（因 2014 年起采用新口径“人均可支配收入”统计农村居民人均收入，此增幅按相同口径推算），农村劳动力转移就业不仅促进了农村居民收入增长，更成为城镇化发展的生力军。

2021 年，陕西农村居民人均可支配收入达 14745 元，比上年增长 10.7%，快于全国平均增速 0.2 个百分点。其中，工资性收入占比始终保持最高，2021 年，陕西农村居民人均工资性收入 6104 元，较 2014 年增长 89.9%，是农村居民收入较快增长的首要驱动力。此外，经营净收入、财产净收入持续增长，转移净收入增长速度最快。其中，2021 年陕西农村居民人均工资性收入占可支配收入比重为 41.4%，对可支配收入增长的贡献率为 50.1%，其次是转移净收入增长速度最快，占可支配收入的比重为 26.9%，对可支配收入贡献率为 28.7%；经营净收入占可支配收入的比重为 30.1%，财产净收入占可支配收入的比重为 1.7%。

2005 ~ 2021 年，陕西农村居民收入增长一直快于城镇居民增长，如表 4 - 5所示。根据陕西省统计局《2022 年陕西统计年鉴》数据，2021 年，农村居民人均可支配收入 14745 元，其名义增速和实际增速分别高于城镇居民 3.2 个和 3.0 个百分点；其收入构成中的工资性收入、转移净收入增长均高于城镇居民。其中，农村居民人均工资性收入和转移净收入增长比城镇居民分别高 6.9 个和 3.4 个百分点，这主要是由于农村向非农行业转移劳动力持续增加，进入城市打工的农民工数量不断增加，农民工务工收入增长明显。

表 4 - 5　　2005 ~ 2021 年陕西农村居民人均可支配收入构成　　单位：元

指标	2005 年		2010 年		2015 年*		2020 年		2021 年	
人均纯收入*	2052.4	100	4105.0	100	8688.9	100	13316.5	100	14745	100
1. 工资性收入	756.5	36.9	1734.5	42.2	3548.3	40.8	5387.8	40.5	6104.4	41.4
2. 经营性收入	1118.9	54.5	1882.2	45.9	2908.6	33.5	4150	31.2	4433.2	30.1

续表

指标	2005 年		2010 年		2015 年*		2020 年		2021 年	
第一产业	920.2	44.8	1537.2	37.4	2156.3	24.8	3110.6	23.2	3336.2	22.6
第二产业	35.9	1.7	56.4	1.4	34.2	0.4	45.3	0.3	56.8	0.4
第三产业	162.8	7.9	288.6	7.1	718.1	8.3	994.1	7.5	1040.2	7.1
3. 财产性收入	56.9	2.8	97.0	2.4	152.5	1.8	228.6	1.7	250.7	1.7
4. 转移性收入	120.1	5.9	391.3	9.5	2080	23.9	3550	26.7	3966.40	26.9

*注：2013 年以前农村常住居民人均指标数据为人均纯收入，2013 年后统一为人均可支配收入；2014 年起农村常住居民“一体化调查”采用新口径人均指标数据。

资料来源：笔者根据 2006～2022 年《陕西统计年鉴》，2006～2022 年《陕西省国民经济和社会发展统计公报》和《2021 年国民经济和社会发展统计公报》整理。

从农民收入的来源来看，陕西农村居民农外收入比重逐步提高，与全国相对差距缩小，但绝对额与全国差距持续拉大。根据 2006～2021 年《中国农村统计年鉴》数据，2020 年，全国农民农外收入占其纯收入的比重已达 76.6%，比 2005 年上升 21.7 个百分点。同年，陕西农民农外收入占其纯收入的比重已达 76.8%，比全国高出 0.2 个百分点，比 2005 年上升 21.6 个百分点。当前，陕西约有农民工 783.7 万人，比 2012 年增长了 18.2%（见表 4－6）。这些农民工提供了农民 1/3 的纯收入和大部分工资性收入，已成为农民脱贫增收的主要途径。

表 4－6　　陕西农村居民农外收入比重变化与全国比较

指标	2005 年		2011 年		2018 年		2020 年	
	全国	陕西	全国	陕西	全国	陕西	全国	陕西
农民人均可支配收入（元）	3255	2052.4	6977	5028	14617	11212.8	13316	17131
农外收入（元）	1785.4	1132.2	4457.4	3424	11127	8631.6	10206	13157
农外收入比重（%）	54.9	55.2	63.9	68.1	76.1	76.98	76.6	76.8

资料来源：笔者根据 2006～2021 年《中国农村统计年鉴》整理。

近十余年来，陕西农村居民收入增长不仅快于城镇居民增长，也高于全国农村居民收入增长水平，但与全国差距的绝对额还在持续拉大（见表 4－7）。这说明陕西农村劳动力转移就业质量和水平都有待提高。

表 4－7　　　　　　　　陕西与全国农村居民人均收入及增速

指标		2005 年	2011 年	2013 年*	2017 年	2019 年	2020 年	2021 年
人均收入（元）*	陕西	2260	5028	7092	10265	12326	13316	14745
	全国	3587	6977	9430	13432	16021	17131	18931
增速（%）	陕西	10.1	22.5	12.8	9.2	9.9	8	10.7
	全国	10.2	17.9	12.4	8.6	9.6	6.9	10.5

*注：2013 年以前农村常住居民人均指标数据为人均纯收入，2013 年后统一为人均可支配收入；2014 年起农村常住居民“一体化调查”采用新口径人均指标数据。

资料来源：笔者根据 2006～2022 年《陕西统计年鉴》，2006～2022 年《陕西省国民经济和社会发展统计公报》和 2006～2022 年《中国统计年鉴》数据计算整理。

综上所述，从农村劳动力转移就业及创新创业的总量与结构来看，陕西农村劳动力比重高、农业剩余劳动力数量大的特点比较突出，解决农村劳动力非农就业问题，仍然是陕西面临的严峻挑战。通过与全国平均水平及其他地区的比较，陕西农村劳动力转移就业水平远低于东部发达地区，今后陕西不仅要继续优化和调整产业结构，提高农业生产效率，还要加快开发农村剩余劳动力资源，提升农村劳动力转移就业及创业的质量和规模，才能不断提高农民增收致富水平，缩小城乡收入差距。

陕西地处西部欠发达地区，农村劳动力转移就业及创业水平远低于东部发达地区。当前，陕西农村劳动力向省外转移的比重较低，转移的速度和质量不高的状况仍然存在；农民工技能水平与技能培训不足问题也影响着农村劳动力的就业竞争力和就业质量。根据国家统计局陕西调查总队统计，文化程度较高的外出农民工中，参加职业技能培训的不足 30%。进入 21 世纪以来，陕西农村经济发展成效显著，但在面对资源、人口、环境等因素不断带来的压力时，不仅要注重提高农业生产效率，还要加快解决农村劳动力非农产业就业问题，当前陕西农村居民收入仍处于较低的水平，城乡收入差距不断扩大的趋势仍然严峻，因此，结合陕西地区实际情况探究当前农村劳动力转移就业及创新创业的新趋势新特点，推进农村劳动力转移就业创业及其创新创业人才培养模式创新意义重大。

4.2.2 陕西农村劳动力创新创业的新趋向和特征

陕西作为我国西部的农业大省，农业人口众多、农业剩余劳动力数量大仍然是当前陕西就业结构的主要特征。由于陕西区域发展不均衡，陕北陕南因产业发展的局限性以及农村多处经济欠发达的山区，其农村劳动力转移就业水平远低于关中地区，当地城乡发展之间的矛盾比较突出，制约着县域经济及小城镇建设的步伐，因此有必要进一步研究陕西农村劳动力转移就业与创业的微观特征，以典型地区研究作为解决农村劳动力转移就业问题的突破口。

4.2.2.1 样本选取与问卷设计

本书以发展比较均衡的关中地区及经济欠发达的陕南地区，作为研究农村劳动力转移就业及创新创业状况的代表，通过与当地主管部门领导及干部进行座谈和交流，并于2020年暑期和寒假期间对陕西关中的临潼区、白水县、三原县、凤翔县以及陕南的宁强、略阳及周边的勉县等地展开了实地调研和问卷调查。本调研以当地实现非农就业、返乡创业或自主经营者（包括农村致富带头人、能工巧匠、农民企业家等）作为调查对象。每县区随机抽取10个乡镇，每个乡镇随机抽取3个村，每个村随机抽取大约20个农户（各县区样本数量如表4－8所示），进行问卷调查和访谈。共发放问卷570份，回收有效问卷421份，有效率73.8%（见表4－8）。

表4－8　　调查样本的数量与分布

区域	关中				陕南		
	临潼	白水	三原	凤翔	宁强	略阳	勉县
样本量	58	66	62	60	53	57	65

结合文献研究、实地访谈收集的资料，问卷调查内容主要包括调查对象的基本信息、非农就业或创业状况、对就业培训的需求与认知、对转移就业及培训的满意程度、相关建议等五部分内容，共包含了36个问题。

（1）调研对象的基本特征

表4－9显示了调研对象的年龄和受教育程度等基本信息。

表4－9　　　　调查样本的基本信息（N＝421）　　　　单位：%

背景变量		百分比	背景变量		百分比
性别	1＝男	54.9	身份/职业	1＝非农就业者（外出打工）	36.1
	2＝女	45.1		2＝家庭经营者	35.9
年龄	1＝30岁及以下	27.6		3＝返乡创业者	13.3
	2＝31～40岁	31.6		4＝企业经营者	10.7
	3＝41～50岁	36.6		5＝村镇干部	4.0
	4＝50岁及以上	4.3	家庭人口	1＝2个	6.2
文化程度	1＝小学及以下	33.5		2＝3～5个	55.1
	2＝初中	48.6		3＝6～8个	24.7
	3＝高中、中专、职高	12.0		4＝8个以上	14.0
	4＝大专及其以上	5.9	家庭年收入	1＝2万及以下	29.2
打工年限	1＝没有	10.9		2＝2万～5万（不含5万）	49.2
	1＝偶尔（农忙务农/农闲打工）	27.3		3＝5万～10万（不含10万）	18.3
	2＝1～3年（不含3年）	22.6		4＝10万以上	3.3
	3＝3～5年（不含5年）	21.6	父母受教育程度	1＝小学及以下	37.5
	4＝5年及以上	17.6		2＝初中	47.6
打工经历	1＝1次	13.3		3＝高中、中专、职高	11.1
	2＝2次	29.3		4＝大专及以上	3.8
	2＝3次	23.9	父母身份/职务	1＝在家务农	51.8
	2＝4次	16.9		2＝家庭经营者	36.1
	3＝5次及以上	16.6		3＝企业经营者	6.2
				4＝村镇干部或公务员	5.9

资料来源：笔者根据调研数据整理计算所得。

由表4－9可以看出，首先，调查对象的年龄和性别分布比较均匀，具有一定代表性。其中40岁以下的调查者占59.2%，符合农村劳动力转移就业培训对象的要求。其次，调查对象的文化程度普遍不高，他们受教育水平多集中在初中，所占比例达45.6%，而大专及其以上仅占15.9%，很多30岁以下的农村青年如果不能从初中升入高中学习，基本上就丧失了继续接受教育的机会，其中小部分人会跟随家人在家务农或从事家庭经营，而大部分人则开始了随季节迁移的“流动型”打工模式。再次，打工经历在3次以上的调查对象将近60%，而打工年数在3年以上的却不到40%，其中超过60%的调查对象打工年数为1～3年，显示其转移就业的流动性较大。最后，从家庭收入状况可以看出，农村劳动力整体家庭收入较低，近80%的家庭收入在5万元以下，而其中收入2万元以下的将近30%，由此可见，在这种低收入水平下让其主动参与转移就业培训的可能性较小。在421个填写有效问卷的被调查者中，有68%的人没有参加过任何培训，其中又有近80%的人认为其对转移就业培训有不同程度的需要，说明农村劳动力在培训需求和培训行为选择上存在着矛盾。

（2）调查对象对转移就业培训的认知及满意程度

这是本调研的核心和重点内容。问卷设计包括农村劳动力非农领域就业及创业情况、对就业培训的需求和认知状况、对就业培训的满意程度、对政府支持的建议四部分内容共25个问题。对选项内容和数据运用描述性统计分析和Logistic计量模型，从农村转移劳动力角度分析他们的就业选择、对培训的参与行为和需求意愿，并进一步研究影响农村转移劳动力参与就业培训的主要因素，为完善陕西农村转移劳动力培养机制和培训模式提供有针对性的改进建议。

（3）农村创新创业人才的能力特征和素质构成调查

调研初期通过对当地村干部的访谈，并结合德尔菲法和文献研究结果，对农村创新创业人才所需的能力特征进行总结归纳，将农村创新创业者能力特征分为5大类26项素质标准。通过对问卷调查搜集数据的整理，进行描述性统计分析，并利用统计软件进行相关分析等处理，从而提炼培养农村创新创业人才的能力特征标准以及参考变量。

4.2.2.2 数据与结果分析

根据对农户的调查结果分析，本书分别从非农就业或创业状况、对就业培训的需求与认知、对转移就业培训的满意程度三方面总结当前陕西农村劳动力转移就业的趋势与特征。

（1）陕西农村劳动力非农就业（转移就业）现状

①就业的类型和区域。通过调查，我们发现在陕西省农村劳动力的就业类型中，本地务工所占比例最高，约为 34.7%；而离村就职所占比例最低，约为 2.7%；其余从事家庭经营和外出打工/外地创业的人员相对较高，分别约为 32.5% 和 20.2%；选择返乡创业的人员比例也比较低，约为 10%（见图 4－2）。

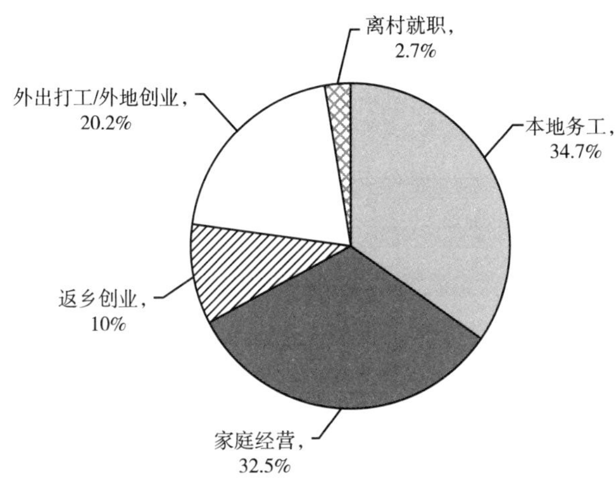

图 4－2　陕西省农村劳动力转移就业/创业的类型

资料来源：笔者根据调研统计数据整理所得。

对于农村劳动力就业区域的选择而言，在被调查的人员中选择在本乡打工的所占比例最高，约为 37%；而选择其他城市的最少，约占被调查总人数的 2%；选择乡外县内的占 15%；选择西安市、省外、省内县外的相对比较平均，分别占被调查总人数的 17%，14% 和 15%（见图 4－3）。

②就业/创业的领域和途径。被调查的农村劳动力选择就业/创业所选择的领域时，加工/制造业所占比例最高，约为 22.57%；选择其他领域的最低，约为 15.20%；在批发零售、建筑业，餐饮、旅游、运输业，家电/邮电通信维修业的所占比例相对较大而且比例相当，分别约为 19.95%，20.43% 和 21.85%（见图 4－4）。

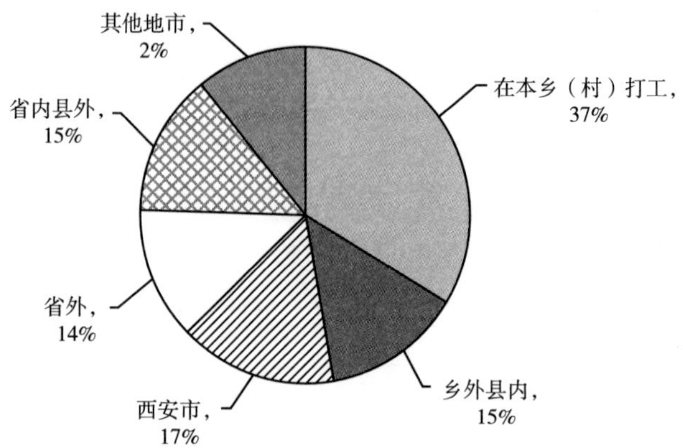

图 4－3　陕西省农村劳动力转移就业/创业的区域

资料来源：笔者根据调研统计数据整理所得。

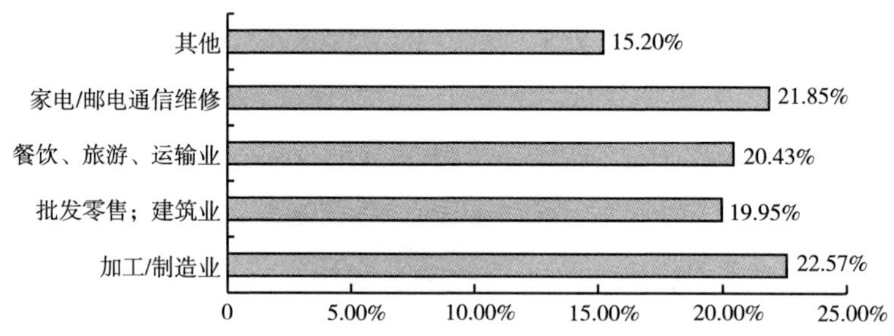

图 4－4　陕西省农村劳动力转移就业/创业的领域

资料来源：笔者根据调研统计数据整理所得。

通过调查我们发现，农村劳动力对于就业/创业途径的选择中熟人介绍为主要途径，约占被调查人数的 60. 33%；县政府提供的用工信息相对较多，约占 16. 39%；其余的就业中介介绍、政府组织劳务输出和各类媒体相对较少，分别占 7. 13%、5. 70% 和 8. 31%，其他途径的只占调查总人数的 2. 14%。

调研显示，农村劳动力在选择就业的领域和区域时，考虑的主要因素是收入的最多，占选择总数的 27. 8%；其次是合适的岗位或者项目，约占 19. 4%；就地就近、交通便利和能照顾老人小孩这三个因素所占比例相当，分别约为 14. 8%、12% 和 15. 2%；便于小孩受教育相对比例较低，只有 9. 5%（见图 4－5）。

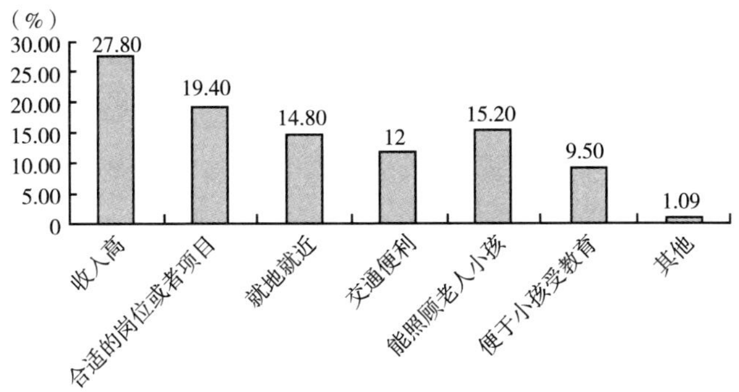

图 4－5　陕西省农村劳动力转移就业/创业时考虑的因素

资料来源：笔者根据调研统计数据整理所得。

③就业/创业的成功因素。调查显示，导致他们能找到满意工作或创业及经营成功的最重要的几个因素是个性坚毅执着、思维活跃和亲友帮助，分别约占选择因素总数的 17.58%、16.39% 和 18.29%；其次有文化/善于学习、经验丰富、敢于冒险所占比例相对较高，分别约占 15.68%、15.20%、10.93%；对就业/创业经营成功影响较小的因素是政府支持和技能培训，分别约占 4.28% 和 1.66%（见图 4－6）。

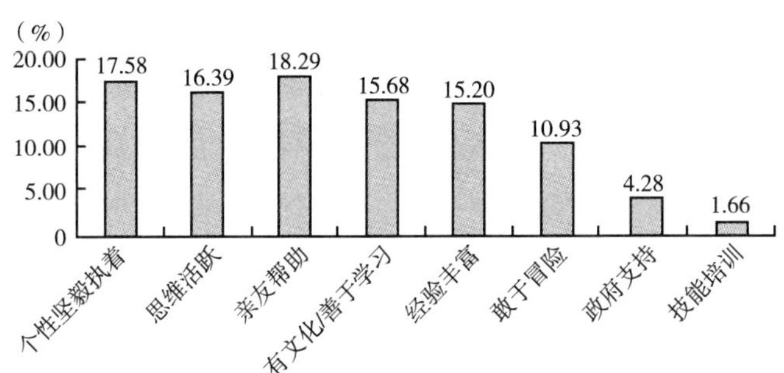

图 4－6　陕西省农村劳动力转移就业/创业成功的因素

资料来源：笔者根据调研统计数据整理所得。

④就业/创业的困难。通过调查发现农村劳动力在就业和创业的过程中既有各种推动成功的因素，同样也面临各种困难，其中最大的困难就是文化程度低无一技之长，约占调查总数的 23.75%；其次是缺乏资金支持约为 19.71%；生活成本高和难以融入城市环境受歧视相对所占比例较多，分别

为14.73%和18.71%，而对于交通不便费用高以及缺乏就业指导帮助相对不是主要困难，分别约占11.16%和11.8%（见图4-7)。

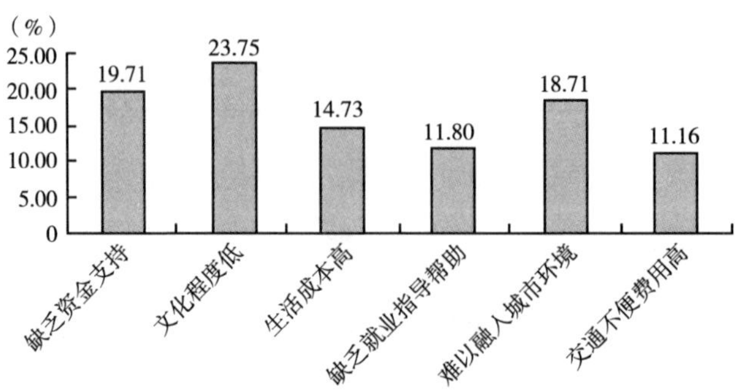

图4-7 陕西农村劳动力转移就业/创业中的困难

资料来源：笔者根据调研统计数据整理所得。

通过对就业/创业面临的最大困难的调查和分析，农民工就业/创业最大的困难就是文化程度低，因此，我们对农村劳动力文化素质低下原因进行了进一步的调查分析，调查中发现，大量农村青年在求学阶段，阻止其升学或求学的主要原因是费用高家里不支持，约占整体调查数据的31.12%；学习不好没考上和想早点出来打工相对而言所占比例也比较高，分别约占26.13%和27.79%；学习少离家远相对为不重要原因，只占12.35%（见图4-8)，分析发现中断学业、没有接受继续教育及培训，是造成农村劳动力文化素质低下、转移就业能力欠缺的重要原因，因此加强农村转移劳动力的就业培训，完善农村地区人才培养机制和体系建设就显得尤为重要。

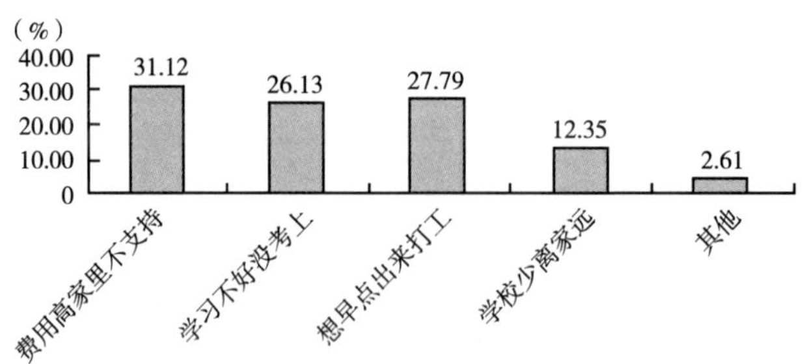

图4-8 陕西省农村劳动力停止升学或求学的原因

资料来源：笔者根据调研统计数据整理所得。

（2）对转移就业培训的参与及认知情况

①对培训的参与及了解程度。在被调查的农户中有32%的人参加了就业培训，其余68%的人没有参与培训。在参与培训的人员当中获取相关证书的占53.57%，约有46.43%的人没有获得证书。

②不参加培训的原因。通过调查发现参加培训的人数占总体被调查人数的比例相对较少，因此我们对不参加培训的劳动力针对不参加培训的原因进行了进一步调查，调查发现主要原因是内容简单用处不大，约占21.50；费用高、内容不对口、内容深、路程远和没时间相对比例较高，分别约为19%、12%、15%、12%和18%，其他原因占2%。

③对培训的需求程度及内容。被调查者中近80%的人认为其对转移就业培训有不同程度的需要，其中认为转移就业培训非常必要的有110人，占被调查人数的26.13%；而认为无关紧要的有28人，占被调查总数的6.65%。由此可见，农村劳动力对转移就业培训有着较普遍的需求。

调查显示，对于政府提供的免费培训学习机会，农户最想学习的内容为经营管理知识，约占整体调查结果的32.78%；农户对于实用专业技术培训和职业技能培训也比较想学习，分别约占29.69%和23.99%；对于其余的需求相对不是很大（见图4－9）。

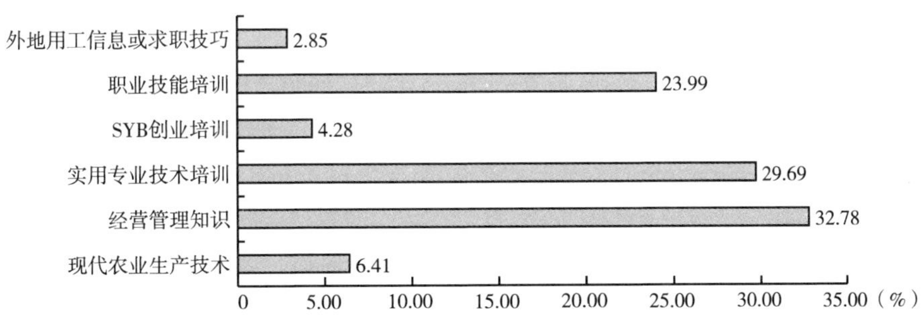

图4－9　陕西省农村劳动力培训最想学习的内容

资料来源：笔者根据调研统计数据整理所得。

而在农村劳动力通常获取技能的方式中，最常见的方式是在实践中自己摸索，约占调查结果的 43.02%；师傅带徒弟所占比例也相对较高，约为 27%。这也说明，未来陕西农村地区提高农村人才素质，健全农村劳动力转移就业培训体系的任务还十分艰巨。

（3）对就业培训的满意程度

①现有培训满足农户需求的程度。在培训过程中是否与培训机构产生过纠纷或投诉行为的调查中，有 22.3% 的被调查者与培训机构产生过纠纷；对于满足需求程度的调查，约有 44% 的农村劳动力认为培训能基本满足需求，不能满足和不清楚的分别约占 26.30% 和 24.77%，而完全满足的只占被调查人数的 4.89%。

②对现有就业或创业培训的满意程度。调查显示，农户对现有培训费用、内容、时间、地点、程序、学习机会、考核与奖励制度方面的评价见表 4-10，通过分析我们得出参与培训的劳动力对于与培训相关方面的满意程度基本均衡，每个项目中根本不合理的占被调查总数的比例最小，依次分别为 6%、6%、4%、3%、7%、4%。而在参与培训的人群中认为基本合理的最多，依次为 58%、49%、51%、51%、49%、50%、50%。在满意程度中认为很合理的人数在培训人数中所占比例相对较少。

表 4-10　　陕西农村劳动力对转移就业培训的满意程度　　单位:%

项目	满意程度（百分比）			
	很合理	基本合理	不太合理	根本不合理
培训费用	11	58	26	6
培训内容	16	49	30	6
培训时间	14	51	31	4
培训地点	17	51	30	3
培训程序	15	49	29	7
培训考核与奖励制度	18	50	29	3
培训和学习机会	21	50	26	4

资料来源：笔者根据调研统计数据整理所得。

对于是否愿意参加政府补贴或免费的培训的调查显示，愿意参加培训的人员有 369 人，约占调查总数的 87.65%，而不愿意参加的只占 12.35%，说明农村劳动力对于政府补贴和免费的培训有着较普遍的需求。

4.2.3　小结

结合上述对陕西关中和陕南农村地区的微观调查，可以发现当前陕西农村劳动力转移就业呈现以下几个特点：（1）陕西省农村劳动力整体文化程度不高，职业素质较低，职业技能缺乏；（2）农村教育与培训资源欠缺，农户获得转移就业培训的途径与机会较少，有近七成的农户没有参加过任何就业培训；（3）农村劳动力随季节迁移的“流动型”打工较多，就业的流动性较大，收入不高，转移就业的区域多在省内或县内，省外从业比重不足三成；（4）农村劳动力转移就业及创业的领域大多为农产品加工业、餐饮服务业、建筑业和零售批发等劳动密集型行业，这些行业大多从事简单重复体力劳动，进入门槛低，对劳动技能、文化程度要求低；（5）农户对现代农业经营及职业技能培训需求较高，农村现有就业培训与指导体系不健全，农户对现有培训项目及内容的满意度不高。

由此可见，陕西城乡发展之间的矛盾比较突出，县域经济与小城镇化发展水平比较落后，制约着农村劳动力转移就业与创业的有序持续发展，因此必须深入探讨陕西农村劳动力转移就业与创业中的瓶颈和障碍，加强对农村创新创业人才的培养，加快推进农村劳动力转移就业工作，才能促进陕西省农村劳动力的创新创业活动和增收致富进程。

4.3　陕西农村创新创业人才培养现状及存在的主要问题

随着新型城镇化建设以及“一带一路”建设目标的提出，为陕西农村经济发展带来新机遇的同时，也对陕西农村产业发展和农村人才培养模式的创新提出了新要求。本书基于新型城镇化建设及“一带一路”视角，阐述当前农村创新创业人才培养模式的现状，并通过实证研究，分析农村创新创业人才培养的影响因素，以探索未来农村人才培养模式的选择及优化路径。

4.3.1 农村创新创业人才培养模式现状

作为农村创新创业人才的储备力量，农村劳动力的教育与培训状况决定了其未来从事创新创业活动的素质和能力。根据主导力量的不同，当前农村转移劳动力的培养主要分为以下四种模式。

4.3.1.1 政府主导的学校教育模式

这种模式是指政府投资的农村基础教育和各种职业技术教育；职业技术教育又包括职业高中、中专、大专、大学等各种类型的学校教育。在当我国农村劳动力的教育培养过程中，这些被认为是最普遍采用的模式。

就目前我国农村人才培养状况来看，一方面，由于我国实行义务教育的年限相对较短（我国多数地区为 9 年，德国、荷兰、美国、英国、日本等发达国家都在 12 ~ 13 年）；在投入农村地区的教育经费、教育资源的配置方面还存在明显的城乡差距，面向农村的基础教育投入不足，中心城镇中小学较少、职业技术学校有限，学校师资力量薄弱且教学质量差，导致农村青年通过升学接受高等教育和职业教育的机会不平等。另一方面，我国农村家庭整体收入水平较低，也阻碍了农村青年在升学和接受继续教育培训方面的投入。笔者通过对 421 个关中农户的调研发现，他们受教育水平多集中在初中，初中及以下文化程度的人数比例高达 82%，而大专及以上的仅占 15.9%，很多 20 岁左右的农村青年如果不能从初中考入高中，加之缺少学习资金和继续受教育的机会，基本上就中断了学业，其中小部分人选择在家务农或从事家庭经营，而大部分人则开始了随季节迁移的“流动型”打工模式。众多农村转移劳动力受教育时间短，文化素质和职业技能偏低，导致其就业稳定性差，缺乏创新创业的能力和后劲。

4.3.1.2　以乡村为基础的村民自助学习模式

这种模式是指在村镇活动范围的师徒制，以及由农民专业合作社和村委会组织的各种经验交流型的学习模式。其中，师徒制是指农村青年向本地的生产能手或工匠拜师学艺，获取生存或谋生技能的一种广泛采用的方式，如农村青年中断学业后通过拜师学艺掌握木匠、泥瓦匠、修鞋补胎、修理钟表等技艺，从而实现外出打工挣钱的梦想。这也是适用于我国广大农村的一种快速有效的低成本学习方式，但是由于农村劳动力整体素质低下，师傅辈的农民自身文化素质也极其有限，且缺乏开阔视野和信息沟通，导致通过师徒制获得技能的外出打工者多从事以体力劳动为主的工作，收入较低、就业流动性大。

还有一种是以村委会和农民专业合作社为平台，通过村民之间相互交流、帮扶互助，学习成功者经验而形成的一种互助交流学习模式。例如，很多具有经济活力的农村中，村民之间会通过向本村致富能手、生产经营大户学习种养殖技术、经营管理经验、交流市场供求信息，由先富发挥示范带动作用，引导村民共同致富，即是该模式的典型代表。这是当前我国繁荣农村经济、促进农村创新创业人才聚集和培养的一种良性发展模式。但是由于我国各地农村资源、区域条件的差异，这种乡村互助学习模式大多由村民自发形成，形式松散、规模小、组织化程度低，缺乏系统、持续化与规范化的教学内容和操作程序。

4.3.1.3　政府扶持的基层农技推广模式

农技推广模式是政府提供相应的政策及项目支持，通过选派农业科技特派员，促使其深入农村生产一线与农户建立利益共同体，在实施农技推广和农技服务的基础上开展个人创新创业活动。该模式经过十几年的发展，其工作范围已覆盖我国 90% 的县（市、区），现有 72 万多名科技特派员长期服务于农村基层，直接服务农户 1250 万户，在引导农民调整农业产业结构，积极参与创新创业，提高农民就业水平、科技素质及收入水平过程中发挥着极其重要的作用，也成为当前农村地区开展“大众创新、万众创业”的重要平台。

目前我国通过科技下乡、专家指导来实施的农技推广模式在促进农村人才培养过程中还存在以下问题：一是将农业科技的教学、科研、推广紧密结合的机制不健全，还停留在单一的技术服务模式上，联合开展技术服务的机制没有建立。相关农业大学、农业科研院所和农业推广机构之间没有形成有效的协作机制，没能充分发挥农业企业、种植养殖能手对农村创新创业人才的引领和示范作用。二是农技服务的影响力和覆盖面有限，影响农户的数量有限，没能与农户结成利益共同体，没有建立稳定的合作与指导机制。三是服务内容局限于农业技术的推广与指导，服务未能覆盖从技术开发、技术指导，到信息传递、产品加工、物流仓储、购销及融资等农业全产业链的过程，没能使农户掌握系统的农业科技和信息，不能帮助农户获得规模经济效益；农业科技特派员发挥的作用有限，部分成员不能结合农民的需求提出有针对性的创新创业活动项目。

4.3.1.4 政府、企业与高校共同参与的职业技能培训模式

这种模式又称为联合培养模式，是由政府牵头、高校参与、社会力量或企业负责经营并提供各类培训服务，主要针对农村转移就业劳动力和各类下岗失业人员，旨在培养其职业技能、提高其就业创业能力的一种基层培训模式。目前各地市（区、县）普遍存在的各类职业技能培训机构、高校参与建设的各种培训中心均是这类联合培养模式的代表，这也是当前我国统筹城乡就业资源，加强农村转移劳动力就业指导与就业培训工作的一项重要举措。

就该模式的培训实施效果来看，根据笔者对陕西农村现有培训项目的满意度调查，农村转移就业及创业培训中普遍存在培训内容针对性不强、培训方式缺乏创新等问题，70%以上的被调查者认为培训内容和培训地点设计不合理，培训经费投入不足、培训渠道和培训网点少；36%的人认为培训内容与市场需求不对口。农村青年最想学习的内容，首选为向非农领域转移的经营管理知识及职业技能，其次为农业实用技术，如先进的种植、养殖

技术和农业科技；再次是农村创业成功者或致富能手的实践经验。而现有面向农村的就业创业培训在培训内容、培训主体、培训地点设计上缺乏创新，培训模式和途径单一，没能集中高校、科研院所、企业以及农村种养大户、农业产业化组织带头人等多种主体的力量和资源，同时也缺乏能够满足农村创新创业者需求、方便农民就地就近学习的多渠道、多层次教育培训体系。

以上模式在农村创新创业人才的培养和发展中发挥着各自重要的作用，但是在实施中也存在着比较突出的问题，这些问题需要借鉴国外成熟的农村人才培养经验和技术，并在我国发展现代农业和培养新型职业农民的实践中不断创新与改革，通过系统设计逐步完善。

4.3.2　陕西农村创新创业人才培养中存在的问题

为进一步掌握陕西农村创新创业人才培养中的现实困难及问题，本书组织了针对广大农村转移劳动力教育与培训意愿的调研，调研区域涉及关中及陕南地区 7 个县近 600 个农户，共发放问卷 570 份，回收有效问卷 421 份，有效率 73.8%。调研内容包括个人与家庭特征、非农领域就业或创业情况、对教育及培训的参与及认知状况、对教育与培训的满意度及相关政策建议五方面。作为农村创新创业人才的储备力量，农村转移劳动力的学习成长状况决定了其未来从事创新创业活动的素质和能力。调研显示，当前农村转移劳动力的教育及培训主要存在以下问题。

第一，培养对象受教育程度低，就业流动性大。众多农村青年受教育时间短，接受培训机会少，文化素质偏低，缺乏开阔视野和职业技能，导致其在外打工多从事以体力劳动为主的工作，收入低、稳定性差。而流动性大以及过早的、长年在外流动打工也直接影响了他们接受教育及培训的意愿和行为。在被调研的 421 个关中农户中，他们受教育水平多集中在初中，初中及以下文化程度比例高达 82%，而大专及以上仅占 15.9%，很多 30 岁以下的农村青年如果不能从初中考入高中，基本上就丧失了继续受教育的机会，其中小部分人会在家务农或从事家庭经营，而大部分人则开始了随季节迁移的“流动型”打工模式。被调研者中打工经历在3次以上的将近60%，而其中超过60%的人打工年限为1～3年，显示其转移就业的流动性较大。可见，职业素质低下导致农村劳动力转移就业稳定性差，而频繁流动又进一步阻碍其素质提升和参与培训。

第二，农民职业技能缺乏，教育培训投入不足，收入不高。农村家庭用于教育培训的投入较少，导致农村劳动力就业能力缺乏，收入水平较低，这成为阻碍农村创新创业人才培养及就业创业的重要因素。从调查对象的家庭特征变量来看，农村家庭收入整体水平较低，近80%的家庭收入在5万元以下，其中收入在2万元以下的超过50%，由此可见，在这种低收入水平下让其主动参与转移就业技能培训或继续升学的可能性较小。农村家庭人口在3～5人的农户占大多数，比例达55.1%，5人以上的家庭占比38.7%，家庭人口较多增加了其经济负担，势必会减少在就业培训上的投入，阻碍农村青年继续受教育，从而减少其就业或创业所需的人力资本积累。而农户职业技能的缺乏，直接导致外出务工者只能从事苦、脏、累、简单的重体力劳动，并影响其收入水平和工作稳定性。

第三，政府投入经费不足，农村职业教育及就业培训资源欠缺，仍然是当前农村劳动力培养中的突出问题。面向农村的基础教育投入不足，中心城镇中小学少、职业教育及培训网点有限，且学校师资力量不足教学质量差，导致农村地区的教育机会不平等。农民获取知识和技能的渠道单一，缺乏接受继续教育、就业培训或高等教育的机会。上述问卷调查显示，82%的转移就业农村劳动力为初中及以下水平，接受过技能培训的比例仅为31.9%，这充分说明陕西农村劳动力的受教育机会和培训机会均偏少。同时，城乡分割的劳动力市场导致面向农村的就业培训与就业指导体系不健全，针对农村青年的现代农业科技创新创业教育也缺乏长效机制和稳定的师资队伍，这些进一步从客观上制约了农村劳动力转移就业的意愿和行为。

第四，转移就业培训及创业培训模式缺乏创新，培训内容针对性不强。对农村现有培训项目的满意度调查显示，70%以上的被调查者认为培训内容和地点设计不合理；大多数人认为培训内容与市场需求不对口，他们最想学习的内容，首选为向非农领域转移的经营管理知识及职业技能，其次是实用专业技术，如先进的种植、养殖类农业科技；再次是农村创业成功或致富能手的实战经验。而现有面向农村的就业创业培训在培训内容、培训主体、培训地点设计上缺乏创新，培训模式和途径单一，没能发挥高校、科研院所、企业以及农村种养大户、农业产业化组织带头人等多主体的力量，缺乏能够满足农村青年创新创业需求、方便农民就地就近学习的多元化、多层次教育培训体系。

上述问题加大了陕西农村劳动力转移就业的障碍和难度，也影响着新型农村劳动力未来转移就业或创业的动力和成功率。

4.4　农村创新创业人才的能力特征及培养目标体系

4.4.1　农村创新创业人才的能力构成及特征

创新创业人才在经济发展中起着至关重要的作用，有关创新创业人才的研究大多集中于科技创新创业人才或科技型企业家，学术界对于农村创新创业人才并没有给出明确的定义。笔者认为农村创新创业人才同时具有创新与创业的特征，他们是农村劳动力中具有首创精神、冒险精神和创业动力，能把创新意识、创新成果转为创业成果的人才；是利用自身所积累的知识、能力和经验，有效整合资源，在转变农业生产方式、繁荣农村经济进程中表现突出和具有示范作用的先进代表。只有把握了他们所具有的素质特征及能力，才能甄选和培养更多的农村创新创业人才，充分发挥农业科技创新的引领带动作用，解决更多农村富余劳动力的就业和创业问题。因此，农村创新创业人才应具有以下三个共同特征。

一是良好的个性品质。个性品质是从事创新创业活动者的动力特征，它决定了具有哪些特征的创新人才更有动力去创业，是区分创新创业人才与其他人群的特征。相对于一般创新创业人才而言，农村创新创业人才要有强烈的利用农业技术创新成果去实现向非农领域转变和提高农业经济效益的动力，要有强烈的创业动机去实现自我价值和致富；需要同时具备科技创新人才和企业家的双重特征，要能实现从创新意识到行动、从科技创新成果到市场和企业的转化。本书认为农村创新创业人才的具备的个性特征应包括勇敢、开放和执着坚韧的个性，以及富有责任心、冒险精神、勇于探索和主动进取的工作态度两方面。

二是拥有一定资源禀赋。这是实现创新创业活动所需的支撑条件，它决定了农村创新创业人才要想成功创业，需要具备哪些特定的资源。资源禀赋丰富的个体更容易感知创业机会，具有更高的学习成长愿意与风险承担能力，更有能力抓住机会应对不确定性并获得成功。资源禀赋包括个体所拥有的人力资本和社会资本两种形式。人力资本是个体在先前工作中积累的知识、技能与经验。社会资本是指个体现有的稳定社会关系网络和结构中的资源潜力。农村创新创业人才应具备的资源禀赋包括：具有一定知识基础（如高中以上文化），又有一技之长，如掌握某种植养殖技术；善于学习和了解一些关于市场和服务方式、经营管理手段、技术应用和转化的知识；并具有一定非农就业创业经验及人际关系网络。唯此才能保持发展后劲，适应现代农业及产业化发展的需要。

三是具备创业能力和学习能力。农村创新创业人才要想成功创业，还需要具备一些特定的创业能力及成长能力，创业能力主要表现为识别机会的能力和组织管理能力。当个体感到自己欠缺某些方面的创业能力时，可以通过积累相应的知识信息和工作经验来提升创业能力。因此，农村创新创业人才应具备组织经营能力和学习创新能力两种创业能力。组织经营能力包括信息搜寻能力、分析决策能力、人际沟通和谈判能力、组织协调能力和承担风险能力；学习创新能力包括学习新知识、接受新观念的能力，有继续教育和培训经历、发现和解决问题能力、技术应用和转化能力等。具备上述特征才能不断利用农业科技创新成果，提高自身创造力以顺利开展创业活动。

创新创业活动的外部环境特征，与创业成功之间也存在很强的关联性，具体包括家庭文化氛围、价值观念、父母职业及创业经历、社会环境、政策法规等支持因素，这些将直接激发和影响农村创新创业者的学习成长意愿、创业意识和行为。

4.4.2　农村创新创业人才的能力特征和素质构成调查

为了进一步考察农村创新创业人才的素质构成与重要性情况，本书项目组于 2020 年暑期组织了以陕西关中农村地区科技示范户、农民专业合作社负责人、农民企业家、致富带头人以及当地村镇干部、转移就业及创业人员为对象的调研。通过前文对农村创新创业人才的能力构成及特征分析，农村创新创业人才的特征可概况为个性品质（个性与工作态度）、资源禀赋（相关技术知识与经验）、组织经营能力和学习创新能力四大类个人特质因素。本书项目组以此为框架设计了农村创新创业人才素质特征调查问卷。同时，本书项目组通过对当地农村创新创业人才的入户访谈数据与对当地村干部进行访谈的调查结果发现，在这些农村创新创业人才的身上具备了一些共同的特质，主要包括较强的敢为性、责任心、人际沟通与谈判技能及很出色的合作与适应能力。根据创新创业人才身上的这些特质及相关能力，本书项目组通过查阅资料取证后将他们取得事业较大成功的一些影响因素与本身固有的特质结合在一起，共同组成了五大类素质要素、26 项素质指标，最终构成了创业人才能力特征及素质构成问卷。

问卷每个选项使用五级量表进行测量，从“非常重要”“很重要”“比较重要”“一般重要”到“很不重要”分为 5 个等级，分别赋值“5、4、3、2、1”，分数越高代表重要程度越高。通过入户访谈和问卷调查，依据随机抽样的原理，本书项目组共发放问卷 60 份，回收筛选有效问卷 40 份。通过对调研获取数据进行整理，计算各维度的均值和标准差，由此验证农村创新创业者及职能管理者对上述个人特征的认可程度及重要性排序。统计分析结果如表 4 – 11 所示。

表 4-11　　农村创新创业人才能力特征（素质构成）调查结果

类别	素质序号	指标标准	非常重要	很重要	比较重要	一般重要	很不重要	均值（分）
个性品质	1	敢为性	13	13	11	3	0	3.900
	2	开放性	5	15	15	5	0	3.500
	3	执着	5	22	11	2	0	3.750
	4	坚韧	3	20	14	3	0	3.575
均值	3.68125							
工作态度	5	主动性	8	7	16	9	0	3.350
	6	进取心	18	8	11	3	0	4.025
	7	勇于探索	12	14	10	3	1	3.825
	8	责任心	19	9	8	4	0	4.075
	9	冒险精神	5	17	8	9	1	3.400
均值	3.7350							
经营与组织技能	10	信息搜寻能力	2	18	9	10	1	3.250
	11	技术应用与实践操作能力	7	13	8	12	0	3.375
	12	记忆与概括能力	6	14	16	4	0	3.550
	13	决策、分析能力	14	11	11	3	1	3.850
	14	人际沟通、谈判技能	19	11	3	7	0	4.050
	15	组织、协调能力	15	13	10	2	0	4.025
	16	合作、适应能力	17	12	7	4	0	4.050
	17	承担风险能力	9	15	9	7	0	3.650
均值	3.7250							
学习与创新能力	18	接受新观念	2	16	12	10	0	3.250
	19	继续教育和培训	7	8	16	9	0	3.325
	20	总结和发现问题	9	13	14	3	1	3.650
	21	迁移应用能力	5	10	12	12	1	3.150
均值	3.34							
技术知识与经验	22	高中以上学历	6	6	7	13	8	2.725
	23	农业技术知识及培训经历	5	12	12	8	3	3.200
	24	非农就业、创业经验	5	11	7	10	7	2.925
	25	相关专业知识	5	14	7	11	3	3.175
均值	3.01							
	26	计算机网络操作能力	9	9	17	4	1	3.525
均值	3.525							

资料来源：笔者根据调研统计数据整理。

统计结果显示，农村创新创业人才应该具备的最重要的素质特征依次是责任心（4.075 分），人际沟通、谈判技能和合作、适应能力（分值均为 4.050 分），进取心和组织协调能力（分值均为 4.025 分），敢为性（3.900 分），决策、分析能力（3.850 分），勇于探索（3.825 分），除高中以上学历（2.725 分）和非农就业、创业经验（2.925 分）得分较低外，其他几项素质特质得分基本接近。

从个性品质特征来看，最重要的是敢为性（3.900 分），其中，有 13 人认为敢为性非常重要，13 人认为敢为性很重要。次重要的是执着（3.750 分），共有 5 人认为执着非常重要，22 人认为其很重要。相比较而言，坚韧（3.575 分）和开放性（3.500 分）的重要程度要稍低一些。

从工作态度特征来看，最重要的是责任心（4.075 分），其中，有 19 人认为责任心非常重要，有 9 人认为其很重要。次重要的是进取心（4.025 分），共有 18 人认为进取心非常重要，有 8 人认为其很重要。勇于探索（3.825 分）和主动性（3.350 分）与前两者相比重要程度稍低些。

从经营与组织技能特征来看，最重要的是人际沟通、谈判技能和合作、适应能力（分值均为 4.050 分），其中，有 19 人认为人际沟通、谈判技能非常重要，有 11 人认为其很重要；有 17 人认为合作、适应能力非常重要，12 人认为其很重要。次重要的是组织、协调能力（4.025 分），共有 15 人认为组织、协调能力非常重要，有 13 人认为其很重要。决策分析能力（3.850 分）和承担风险能力（3.650 分）得分稍低些，信息搜寻能力得分最低（3.250 分）。

从学习与创新能力来看，最重要的是总结和发现问题能力（3.650 分），其中，有 9 人认为责任心非常重要，有 13 人认为其很重要。次重要的是继续教育和培训（3.325 分），共有 7 人认为继续教育和培训非常重要，有 8 人认为其很重要。接受新观念（3.250 分）和迁移应用能力（3.150 分）得分稍低些。

从技术知识与经验和其他技能来看，最重要的是农业技术知识及培训经历（3.200 分），其中，有 5 人认为责任心非常重要，有 12 人认为其很重要，非农就业、创业经验为（2.925 分），高中以上学历（2.925 分）得分最低。

统计分析显示，在农村创新创业人才培养和教育方面，应注重责任心，人际沟通、谈判技能，合作、适应能力，组织、协调能力，敢为性，决策、分析能力与探索精神等方面能力的培养，在设计针对农村劳动力转移就业的培训项目时，应始终坚持因材施教原则、实践性原则和延续性原则，紧紧围绕创新创业人才的培训需求，如经营管理知识需求、职业技能培训需求、实用专业技术培训需求等来确定培训项目，并逐步完成培训内容的开发，实施过程的设计，评估手段的选择，培训资源的筹备及培训成本预算等多项工作。在培训内容的开发阶段应做到理论知识与实践活动的有效结合，这不仅能提高农村创新创业人的积极性和主动性，更能提高整体的培训效果。

4.4.3　农村创新创业人才素质构成及能力培养目标体系

通过对农村创新创业人才的能力特征和素质构成调查发现，农村创新创业人才应具备特征的重要程度（均值得分）依次是：责任心（4.075 分），人际沟通、谈判技能和合作、适应能力（分值均为 4.050 分），进取心和组织协调能力（分值均为 4.025 分），敢为性（3.900 分），决策、分析能力（3.850 分），勇于探索精神（3.825 分）等。因此，农村创新创业人才的培养应以此为依据建立培养目标（见表 4－12），全面提高农村学校教育和培训质量，以实现农村劳动力整体技能提升计划，拓宽农民转移就业和创业渠道。

表 4－12　　农村创新创业人才能力培养的目标体系

	能力层次及要素		培养目标与手段	
农村创新创业人才能力培养的三个层次	认知学习层次	勇于探索精神 主动学习意识 探究学习能力 信息搜集能力	素质培训	义务教育、网络教育 职业教育、职业培训 创业培训与指导 经验交流与农村互相学习
	理论学习层次	农业科技知识 农产品营销知识 就业与创业技能 经营管理知识与技能	知识培训	科技“三下乡” 农技推广与指导 科技服务与创新 网络电商培训 农业龙头企业订单式培养
	应用操作层次	人际沟通与谈判技能 经验管理能力和决策技能 解决问题能力 应用创新能力	技能培训	成果转化与创业实践 农业示范区及企业经营 农业示范户自主创业 转移就业与创业实践

根据上述分析，农村创新创业人才的能力培养可通过认知学习、理论教学和应用操作层次培养目标的确立和实施逐层深入。其中，认知学习层次主要侧重于探索精神、主动学习意识和信息搜集能力的培养；理论学习层次主要侧重农业科技知识、就业与创业技能和经营管理知识与技能的学习；应用操作层次主要侧重人际沟通与谈判技能、经验管理能力和决策技能、解决问题能力的培养。

在具体的教学和培养层面，从对应的素质培训、知识培训和技能培训三个层次，本着理论与实践相融合，专业知识与市场信息相结合的原则，加强政府支持和引导，推进高校、科研院所、地方龙头企业、农民专业合作社与农业示范区的多方合作，构建“立体多元”的农村创新创业人才培养体系，稳步推进政府义务教育、网络教育、职业教育和对农村地区对口支援的创业培训与指导等培养方式；大力开展农民与科研院所、与企业的互动合作，推进科技“三下乡”、农技推广与指导、网络电商培训、农业龙头企业订单式培养等多种形式；重点推进农村科技成果转化、农业示范区及企业经营、农业示范户自主创业、转移就业与创业实践等综合技能培养形式，以逐步改善当前农村劳动力受教育程度低、职业技能缺乏、教育资源欠缺的状况，提高农村劳动力的整体素质和就业创业能力。

4.5　陕西农村创新创业人才就业培训意愿及其影响因素的实证分析

根据国内外同类研究的经验以及有关农村劳动力转移就业领域的研究成果及相关专家建议，并结合前期调研和访谈获取的资料，本书选取农村转移劳动力作为农村创新创业人才的代表，通过 Logistic 回归模型预测分析农村劳动力转移就业培训选择决策行为，由此研究影响陕西农村创新创业人才就业培训意愿的主要因素。

4.5.1 变量选择

通过对陕西农村劳动力转移就业状况的调研，笔者首先从调研对象的个人与家庭特征、非农领域就业或创业情况、对教育及培训的参与和认知状况、对教育培训的满意度及相关政策建议五方面收集了数据和信息，其次，以此构建影响农村劳动力转移就业培训意愿的因素框架（见图4－10）。其中，一是个人特征和家庭特征因素，分别选取了年龄、性别、父母受教育程度、父母身份/职业、家庭收入及人口状况等先赋性指标，以及本人教育程度、打工年限及打工经历、职业/身份等后天获致性指标；二是转移就业或创业的领域、区域、类型、途径等工作经验因素；三是农户是否参加、了解转移就业培训项目以及对现有培训机制和政策的满意度等指标，这是从农户视角了解机制、政策等外生变量对其教育培训意愿的影响；四是现有培训机制、政策、政府支持和教育培训投入等外部环境因素，即外在不可控因素。而前三类因素均为内在可控因素。最后，通过 Logistic 回归模型检验，进一步探索影响农村劳动力转移就业的主要因素及影响程度，进而提出有针对性的政策建议。

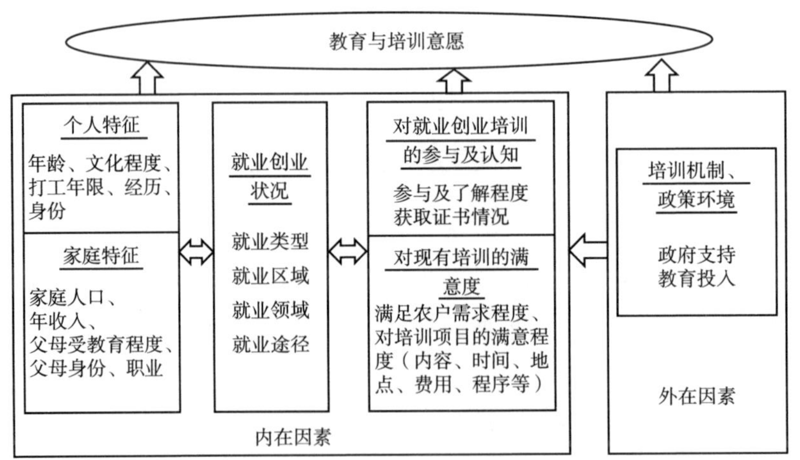

图4－10　农村劳动力教育与培训意愿影响因素

资料来源：笔者根据调研设计和研究目标绘制。

将因变量设为农村劳动力对转移就业培训的行为选择与意愿，即农村劳动力是否愿意向非农领域和乡镇转移就业并有条件转移，如回答是，记 Y = 1，否则记 Y = 0；解释变量是农村转移劳动力的个体特征、家庭状况、转移就业选择及对培训的认知等因素，利用 Logistic 模型分析各解释变量对农村劳动力转移就业培训行为选择的影响及影响程度。

自变量即解释变量，设为农村劳动力基本信息（个人特征及家庭状况）、转移就业情况、对就业培训的认知与需求、对就业培训及政策的满意程度五类因素。根据研究目标和对问卷调查数据的归纳整理，解释变量又细分为23个因素变量（见表4－13）。

表4－13　　农村劳动力转移就业培训决策模型的变量与取值

变量类型	变量名称	变量取值说明
农村劳动力个人特征	年龄 X1 文化程度 X2 打工年限 X3 身份/职业 X4	同表4－9
	打工经历 X5	1 = 1 次；2 = 2 ~ 4 次；3 = 3 ~ 5 次及以上
	个性倾向 X6	1 = 敢于冒险、好奇心强；2 = 追求安稳平静
农村劳动力家庭特征	父母受教育程度 X7 家庭人口 X8 家庭年收入 X9 父母身份/职务 X10	同表4－9
转移就业情况	转移就业类型 X11	1 = 本地务工；2 = 家庭经营； 3 = 返乡创业；4 = 外出打工/创业； 5 = 离村就职
转移就业情况	转移就业区域 X12	1 = 本乡打工；2 = 乡外县内；3 = 西安市；4 = 省外；5 = 省内县外；6 = 其他
	就业/创业的领域 X13	1 = 加工/制造业；2 = 批发零食、建筑业；3 = 餐饮、旅游、运输业；4 = 家电/邮电通信维修；5 = 其他

续表

变量类型	变量名称	变量取值说明
对就业培训的需求与认知	需求程度 X14	1 = 非常需要；2 = 比较需要；3 = 需要；4 = 不太需要；5 = 无关紧要
	了解程度 X15	1 = 非常了解；2 = 比较了解；3 = 一般了解；4 = 不太了解；5 = 根本不了解
对就业培训的满意程度	满意程度 X16	1 = 非常满意；2 = 比较满意；3 = 满意；4 = 不太满意；5 = 完全不满意
	培训费用是否合理 X17 培训内容是否合理 X18 培训时间是否合理 X19 培训地点是否合理 X20 培训审批程序 X21	1 = 很合理；2 = 基本合理；3 = 不太合理；4 = 根本不合理
	是否发生培训纠纷 X22	1 = 产生过；2 = 没有产生过
	培训和学习机会是否充足 X23	1 = 很充足；2 = 基本充足；3 = 不太充足；4 = 很少
政府支持	政府补贴或免费	是否愿意转移就业； 1 = 是；0 = 否

注：根据调研设计和研究目标、提炼并标准化处理，表中“变量取值说明”的内容见前文表 4 - 9 调查样本的基本信息。

资料来源：笔者根据调研设计和研究目标提炼并标准化处理。

4.5.2 构建 Logistic 回归模型

本调研选择两项 Logistic 回归模型研究影响农村劳动力转移就业及培训的主要因素。Logistic 适用于多分类无序反应变量的回归分析，可以有效处理非线性问题，一般可通过调用 SPSS 软件中的 Logit 回归模块完成。通过 Logistic 回归可找出对因变量的发生概率有影响的自变量，以判断分析出自变量组合条件下因变量的发生概率。Logistic 回归模型如下：

$$P_i = F(Y) = F(a + \sum \beta_j X_{ij} + \varepsilon) = \exp[a + \sum \beta_j X_{ij}] / \{1 + \exp[a + \sum \beta_j X_{ij}']\} \quad (5-1)$$

$$Y = f(x_1, x_2, x_3, \cdots, x_n) + \varepsilon = a + \sum \beta_j X_{ij} + \varepsilon \qquad (5-2)$$

其中，在式（5－1）中，P_i 表示第 i 样本农户作出某一特定选择的概率；β_j 为第 j 项影响因素的回归系数；X_{ij} 表示第 i 个样本农户的第 j 项影响因素；a 为常数项；ε 为随机干扰项。

在式（5－2）中，Y 为农村劳动力参加教育与培训的意愿，X＝（x_1，x_2，x_3，…，x_n）为影响因素，n 的取值为 23，其他同式（5－1）。利用 SPSS19.0 对数据进行多项 Logistic 回归处理，并计算结果预测影响农村劳动力转移就业的因素及影响程度。

4.5.3　模型结果与分析

利用 SPSS19.0 对数据进行多项 Logistic 回归处理。

首先，通过模型适合度分析进行模型检验，发现统计量显著程度 sig 为 0，说明无效假设不成立，样本不全为 0，比较适合 Logistic 回归模型。其次，在拟合优度测试中，统计量显著程度都大于 0.05，说明模型适合，即模型预测频率与观察频率无显著差异。最后，我们得出了 23 个因素变量的参数估计及显著性检验结果，计算结果如表 4－14 所示。

表 4－14　　影响农村劳动力转移就业培训的 Logistic 模型回归

因素变量	β	Wald	*df*	Sig.	OR 值（Exp（β））
常数项	56.763	0.001	1	0.046	
年龄	－17.413	0.001	1	0.981	2.739
文化程度	2.674	5.144	1	0.023*	14.498
打工年限	－1.328	2.414	1	0.120	0.265
打工就业经历	－1.601	2.339	1	0.126	0.202
身份/职业	0.386	0.019	1	0.891	1.471
家庭人口	－1.703	6.259	1	0.012*	9.781
家庭收入	2.372	1.150	1	0.284	10.715
父母教育程度	－13.770	0.000	1	0.987	1.046

续表

因素变量	β	Wald	df	Sig.	OR 值（Exp（β））
父母身份/职务	-3.241	1.844	1	0.174	0.039
您的个性倾向	-1.518	3.058	1	0.080	0.219
就业/创业的类型	-10.794	0.000	1	0.992	2.052
就业/创业的区域	5.100	4.512	1	0.034*	42.957
就业经营的领域	2.560	6.348	1	0.012*	0.077
培训需求程度	2.485	2.303	1	0.029*	0.083
了解程度	1.543	1.381	1	0.240	0.214
满意程度	1.889	1.024	1	0.312	6.613
培训费用	-1.250	1.348	1	0.046*	0.286
培训内容	-1.017	0.472	1	0.492	0.362
培训时间	1.450	1.694	1	0.193	4.265
培训地点	0.821	0.705	1	0.401	2.273
培训程序	2.915	3.103	1	0.048*	6.440
培训和学习机会	13.934	0.000	1	0.039*	8.882
是否发生培训纠纷	-0.612	0.526	1	0.468	0.542

资料来源：笔者根据调研统计分析数据所得。

上述结果显示，文化程度、家庭人口、就业创业的区域、就业经营的领域、培训需求程度、培训费用、培训程序、培训和学习机会八个变量值的显著性水平 sig 小于 0.05，说明这八个因素在检验值 5% 的水平上显著，而其他因素的检验值均不明显。这八个因素对于农村劳动力参与转移就业培训有重要的影响作用。

第一，文化程度影响农村劳动力参与培训的积极性。根据表 4-14 所示，其回归系数为 2.674，显著性程度 0.023 较高。故文化程度对农村劳动力参与转移就业培训的影响较大。很多农村转移劳动力综合文化素质偏低，导致其就业流动性大、就业层次和工资水平低，进一步阻碍了其素质提升和参与培训。因此，组织农村转移劳动力的就业培训时权衡个人及家庭文化程度，提高农村地区的基础教育水平非常重要。

第二，家庭人口的数量影响着农村劳动力参与转移就业培训。家庭人口的显著性程度为0.012，非常高，回归系数为-1.703，说明家庭人口对农村劳动力参与转移就业培训的意愿呈反方向影响。家庭人口越多，需要投入的教育培训费用越高，就会加重农户的经济负担，且农户家庭收入有限，这会影响他们参与教育培训的积极性，降低农村转移劳动力就业培训的参与率。

第三，就业创业的区域也影响着农村转移劳动力对就业培训的选择意愿。就业创业区域的显著性程度0.034较高，对农村转移劳动力参与就业培训的意愿影响较大。调研显示，农村劳动力越是趋向外地打工或从事自主经营及创业，就越需要掌握一些现代农业技术知识及经营管理知识，接受职业技能培训的需求和意愿就更大。

第四，就业经营的领域极大影响着农村转移劳动力对就业培训的意愿。就业经营的领域显著性程度为0.012，非常高，当前农村劳动力非农就业的主要领域大多为当地农产品加工业、餐饮服务业、建筑业和零售批发等行业，这些行业大多从事简单重复体力劳动，进入门槛低，对技能、文化程度没什么要求。因此健全农村劳动力的转移就业培训体系，强化职业技能鉴定和就业准入制度势在必行。

第五，农村劳动力对转移就业培训的需求程度促进其参与培训。需求程度的回归系数为2.485，与农村劳动力转移就业的培训意愿正相关，且显著性水平0.029较高。可见，对相关培训的需求程度越高，其参与积极性越高。陕西省人力资源和社会保障部门专门设立农民工工作处的一个目的就在于解决农村劳动力技能缺乏困难，满足他们对于就业培训的需求。因此，切实了解农户的需求，关注他们对就业培训和就业指导的意愿，从而开发有针对性的培训项目，才能改进和增强培训效果。

第六，培训费用制约着农村劳动力参与转移就业培训。培训费用的显著性程度为0.046，回归系数为-1.250，说明培训费用对农村劳动力转移就业培训的参与意愿呈反方向影响。其主要原因是参与就业培训的费用越高，就会直接增加农户对自身人力资本投资的成本，而农村劳动力收入本来就较低，这更影响他们参与的积极性，阻碍其素质提升行为。

第七，培训审批程序影响农村劳动力参与转移就业培训的积极性。培训程序的显著性程度为0.048较高，回归系数为2.915，说明当农村劳动力参加政府组织的免费培训或补贴式培训时，培训审批程序越合理且简单方便，他们参与培训所花费的机会成本就越小，就越容易激发其参与就业培训的热情。

第八，培训和学习机会对农村劳动力参与转移就业培训的影响较大。培训与学习机会的显著性程度0.039较高，并对农村劳动力能否参与培训产生直接影响。培训机会和培训机构越多，越便于农村劳动力就地就近接受培训，政府加大对农村欠发达地区基础义务教育和职业教育的投资力度，增加更多的免费培训项目和培训网点，对于调动农村劳动力学习培训的积极性有重要的作用。

通过上述对陕西农村创新创业人才培训学习意愿及其影响因素的实证分析，可以发现，文化程度、家庭人口和培训费用制约农村劳动力参与教育与培训的积极性；就业创业的区域和领域影响着农村劳动力对就业创业培训的选择；农户对于教育培训的需求程度对其接受教育培训有明显促进作用；学习与培训机会、政府对农村人才培训的补贴和资金扶持对农村劳动力参与教育培训的影响较大。而现阶段我国农村的教育培训机会和资金扶持力度还远不够。因此，农村创新创业人才培养要综合考虑上述八方面因素进行系统设计和创新。

4.6 陕西农村创新创业人才培养模式的创新与改进

在新型城镇化建设加速发展以及“一带一路”新政策下，为了适应新的国际国内发展环境，改善当前农村劳动力受教育程度低、职业技能缺乏、教育资源欠缺的状况，促进陕西农村创新创业人才的成长与发展，除了不断完善原有培养模式外，还应当以开阔的视野加强系统设计和国际合作。必须通过政府引导、多方参与，构建“立体多元”的农村创新创业人才培养模式

（如图 4－11 所示），以提高农村劳动力的整体素质和就业创业能力。

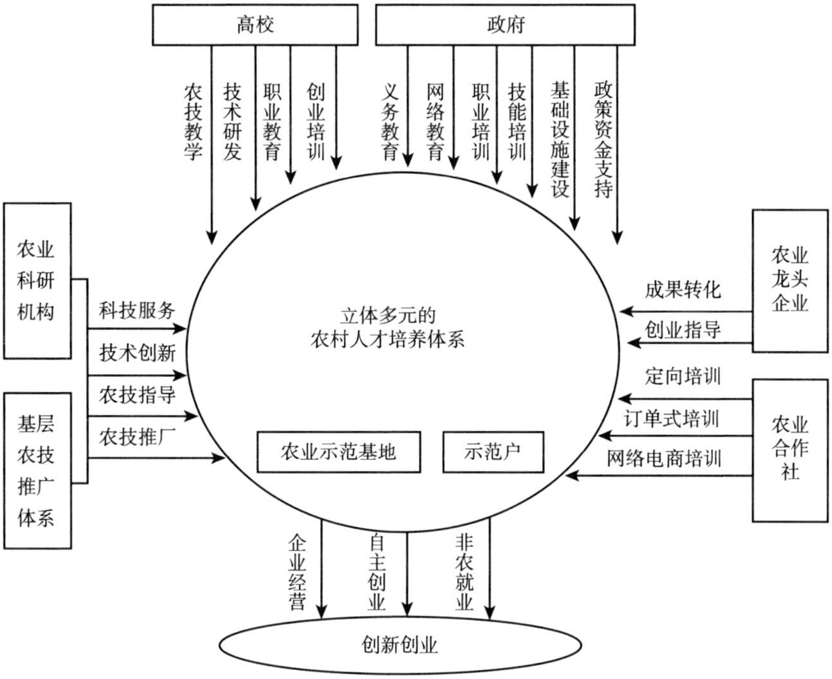

图 4－11　农村创新创业人才培养模式选择

资料来源：笔者根据研究思路和研究结果绘制所得。

4.6.1　加强农村学校教育和职业教育体系顶层设计与规划

国家在政策层面要加强农村学校教育和对新生代农民的职业培训力度，提升农村劳动力整体素质和职业技能。应加大对农村教育事业投入，通过给予地方政府奖励或补贴，提高农村学校教学质量，加快发展高中阶段教育，以未能继续升学的初高中毕业生为重点，推进中等职业教育和职业技能培训全覆盖，逐步实现农民职业教育免费。着手延长全民义务教育年限，向德国、荷兰等国家学习，高中之后接受农业职业教育，大力培养农村实用人才和新型职业农民。同时，全面推进农村基础教育设施建设，扩大农村优质教育资源覆盖面，提高重点高校招收农村学生比例，逐步缩小城乡教育差距，给农村学生提供更多受教育机会和途径。

4.6.2 创新面向农村的职业技能培训和创业培训体系

应建立“政府扶持、多方参与”的培训投入机制和人才培养体系，推动职业院校、高校与各类具备资质的职业培训机构建立相互衔接的校企合作平台，开展各类职业培训、岗位技能提升培训、高技能人才培训和创业培训，满足不同类型农村劳动力转移就业需求。同时推进企业、农业院校、农技推广及培训机构的合作，开发符合农村产业发展需求和企业需求的职业技能培训项目，推广面向用人单位需求的订单式培训、定向培训、定岗培训等方式，逐步规范企业用工制度，建立“先培训，后就业”“持证就业”等技能签订和劳动用工制度，对符合规定的“持证就业”产业工人比例的企业给予补助或奖励，逐步建立政府扶持、用人单位出资、培训机构减免经费、农民职业培训补贴的农村人才培训机制，使农民掌握在城镇和非农领域就业必需的职业技能，提升培训的针对性和有效性。还要借鉴国外 SYB 创业培训模式，利用先进的生产经营技术、农业机械、农业科技交流等手段进行创业致富培训，通过传授创业知识与技能，增强受训者的自主创业能力，并依托各类农业科技园区搭建的创业平台，以农村种养大户、农业产业化组织为龙头，创办农业科技创业基地，引导农民开展创业实践活动。

4.6.3 大力发展“农技推广”与“农业合作组织”相结合的人才培养模式

通过政策扶持和引导，将服务基层农村的农技推广工作与农民专业合作组织紧密联系，把促进农业生产力与培养农村创新创业人才相结合。借助政府农业支持计划，建立能够联系政府、农业科研机构、农业类大学、农业企业与种植养殖能手的农技推广体系，使之在农村人才培养与农业产业化进程中发挥作用。通过构建农业教育、科研、推广“三位一体”的农技推广与培训体系，建立大学科研机构与县、乡农技推广站对接的农业研究与教育中心，以当地农业产业发展需求和农业合作组织为基础，对农户开展农技指导、科技培训，使农业科研适应农业生产需要并迅速转化为生产力。通过基层农技推广体系牵头组织农民合作结社，帮助农户掌握必要的技术和信息，共同开发创新创业项目，获得规模经济效益；而农业专家和科技特派员参与农民专业合作社的经营运作中，也可以有效掌握农民的需求，提高农民整体素质和农业合作组织的发展水平，以农业合作社为平台，开展项目申报和创新创业活动。

4.6.4　促进农村数字化教育资源的开发与应用

对农村教育培训事业的投入不仅要加强资金和政策的支持，还要不断创新农村人才培养的方式和内容。农村劳动力文化素质、职业能力低下的一个重要原因就在于教育资源匮乏和信息闭塞，因此应全面推进基础教育数字资源的开发与应用，开发基于网络教育、远程教育、送教下乡等的多元化、多层次农村教育培训体系；加快基层乡镇网络基础设施建设，推进“互联网 + 农村”专项培训扶持计划，开发各具特色的农村电商培训和创业培训，提高教育及培训的覆盖面和可获得性，逐步提升农村劳动力的职业素质和就业创业能力。同时应建设一系列包括农村能人库、创业项目库、农民企业家库、国内外农业科研成果库等内容的信息数据库，为农户提供便捷的信息参考和预测服务，满足农村青年创新创业的多样化需求，提升农村地区整体教育水平及信息服务水平。

4.6.5　加强农村人才培养中的国际合作和区域合作

在“一带一路”倡议下，创新农村人才培养模式还要注重国际合作。以“共商、共建、共享”为主要原则的“一带一路”建设将我国与共建国家相互对接，为我国农村创新创业人才培养和发展提供了广阔的机遇和视野。各地方政府应以共同开发的农业科技园区、农业产业基地建设为平台，充分利用各国在资本、技术、产品等方面的交流与合作，推动我国农村人才的培养和国际转移，培养具备国际视野、符合发展现代农业、外向型农业需求的高素质农业创新人才。同时“一带一路”沿线贯穿我国西部大部分省份，应探索西部大开发合作培养人才的新模式，在促进项目合作和人才交流中，带动地方经济发展，为农村创新创业人才提供更多的就业空间和发展平台。

4.7 结 论

农村创新创业人才在促进农村经济发展、农业产业化和农民增收进程中发挥着重要作用。加强农村创新创业人才培养对于推进农村劳动力转移就业、缩小城乡差距和陕西区域经济协调发展具有重要的意义。随着新型城镇化进程的加速，陕西农村创新创业人才的培养将面临很多新要求和新挑战。本章在阐述当前农村创新创业人才培养模式的现状和问题的基础上，通过实证研究，分析农村创新创业人才培养的影响因素，以探索未来农村人才培养模式的选择及优化路径。主要观点有以下五个方面。

第一，通过对陕西农村创新创业人才的发展轨迹与就业现状分析，现阶段农村人才培养及转移就业培训中主要存在以下问题：首先是农村劳动力受教育程度低和就业流动性大，成为阻碍其素质提升和参与学习培训的重要原因。其次是农村教育资源欠缺，学习机会不平等，就业培训与就业指导体系不健全。政府投入经费不足，培训资源欠缺仍然是当前农村劳动力就业培训中的突出问题。最后是转移就业培训模式缺乏创新，培训项目和培训内容针对性不强。这也成为农村转移劳动力不愿意参加就业培训的一个重要原因。为提高农村劳动力整体综合素质，还须进一步改善现有农村劳动力转移就业培训与创新创业人才培养模式。

第二，通过对农村创新创业人才的能力特征和素质构成调查，农村创新创业人才应具备特征的重要程度依次是：责任心，人际沟通、谈判技能和合作、适应能力，进取心和组织协调能力，敢为性，决策、分析能力，勇于探索精神等。因此，农村创新创业人才的培养应以此为依据建立培养目标，全面提高农村学校教育和培训质量，以实现农村劳动力整体技能提升计划，拓宽农民转移就业和创业渠道。

第三，通过陕西农村创新创业人才培训学习意愿及其影响因素的实证分析发现，农村创新创业人才培养要综合考虑文化程度、家庭人口、培训费用、就业创业的区域和领域、学习与培训机会、农户对教育培训的需求程度等方面的因素进行系统设计和创新。

第四，基于新型城镇化建设及“一带一路”视角，现有农村创新创业人才培养除了不断完善原有培养模式外，还应当以开阔的视野加强农村学校教育体系的顶层设计、创新农村职业技能培训和创业培训体系、发展“农技推广”与“农业合作组织”相结合的人才培养模式、促进农村数字化教育资源的开发、加强人才培养中的国际合作和西部合作。

第五，本书研究从选题内容和研究方法上具有一定的创新性。首先，在研究选题上以陕西关中农村劳动力就业与学习意愿调查为切入点，进行陕西农村创新创业人才培养模式研究，选题及对象富有创新；其次，从研究内容上建立了农村创新创业人才的分类体系，并结合农村青年就业选择、培训学习意愿及其影响因素的研究，构建符合农村劳动力个人意愿和区域、产业发展要求的创新创业人才的素质特征模型和培养模式，对于指导农村开展科技创新创业、完善农村创新创业人才培养机制、促进农村劳动力转移就业及创业工作具有典型意义；最后，研究方法上的创新在于运用多分类 Logistic 回归模型量化分析了农村创新创业人才就业和学习意愿选择影响因素及其相互关系，并进行模拟估计和诊断，实证研究陕西农村创业人才培养存在的问题及政策优化途径。

研究展望：从研究范围和研究对象来看，本书研究还需加强与发达地区及国家的比较研究和经验借鉴，以弥补本地研究在农村人才培养和创新创业方面的不足。后面第六章我们将继续在“互联网 +”背景下的农村劳动力就业创业及增收途径等方面进一步探讨和研究。

参考文献

［1］蔡昉．民生经济学："三农"与就业问题的解析——中国经济 50 人论坛丛书［M］．北京：社会科学文献出版社，2005.

［2］杜育红，梁文艳．农村教育与农村经济发展：人力资本的视角［J］．北京师范大学学报（社会科学版），2011（6）：24 – 28.

［3］樊纲，马蔚华．农业转移人口市民化与中国产业升级［M］．北京：中国经济出版社，2013：163 – 165.

［4］郭晓丽，付国伟．国外高等农业教育支撑农村建设的经验及启示［J］．山西农业大学学报（社会科学版），2011（7）：15 – 18.

［5］李金龙，修长柏．农业科技特派员制度的国际借鉴研究［J］．科学管理研究，2015（10）：91 – 95.

［6］刘岱．浅谈德国农业人才教育体系［J］．中国职业技术教育，2012（4）：33 – 36.

［7］刘金辉．农业成中国与"一带一路"沿线国家合作新亮点［EB/OL］．新华社，http：//www. ha. xinhuanet. com/2016. 3. 30.

［8］肖为群，樊立宏．创新创业人才成长：一个整合框架分析［J］．科技管理研究，2014（10）：7 – 10.

［9］赵路．农村创新创业人才培养研究［J］．科学管理研究，2015（10）.

［10］赵路．农村创新创业人才特征与培养研究［J］．科技管理研究，2016（1）：48 – 49.

［11］赵路．农村劳动力转移就业的制约因素和对策探讨．宏观经济管理［J］．2012（7）.

［12］赵路．一带一路背景下农村创新人才培养模式研究［J］．科学管理研究，2017（6）：85 – 88.

［13］Shane S S. The Promise of Entrepreneurship as a Field of Research［J］．Academy of Management Review，2000，25（1）：217 – 226.

［14］Chandler G N，Hands S H. Market Attractiveness，Resource-based Capabilities，Venture Strategies，and Venture Performance［J］，Entrepreneurship Theory & Practice，2003（9）：331 – 349.

[15] Kreiser P M, Marino L D, Mark W K. The Impact of Environmental Hostility on the Dimensions of Entrepreneurial Orientation [J] . Academy of Management Proceedings, 2002 (6): 31 –36.

[16] Morris M, Schindehutte M. Values as a Factor in Ethnic entrepreneurship: A Comparison of Seven Sub-Cultures [M] . Babson College, 2002 (11): 56 –63.

| 第 5 章 |

城乡统筹背景下陕西农村劳动力转移就业研究

农村劳动力转移就业是推进农业现代化、农村工业化和城镇化的客观要求，也是促进农民增收和缩小城乡差距的重要途径，推进农村劳动力合理有序转移也是转变农业生产方式、优化产业结构的必然要求。陕西农业剩余劳动力数量较大，面对经济结构转型下的巨大就业压力，推动农村劳动力合理有序转移意义重大。本章通过近十多年的文献研究，从宏观层面阐述我国农村劳动力转移就业的总量与结构特征，通过实地调研和问卷调查，分析陕西农村劳动力转移就业的微观特征和新趋向；剖析制约陕西农村劳动力转移就业的制度性障碍及问题；并结合实证分析成果最后提出，新时期，陕西应顺应新型城镇化发展的规律，以统筹城乡经济社会发展为目标，从宏观和微观层面进行科学统筹规划，从劳动力需求和供给两方面进行变革和创新。

5.1 引 言

5.1.1 研究背景与研究意义

随着我国工业化、城市化和农业现代化的发展，农业人口大量涌入城市，2011 年我国农村人口占总人口的比重首次低于 50%。农村劳动力转移就业人数增加，是农村人力资源开发的结果，也是缩小城乡差距、促进农民增收和城乡协调发展的重要途径。农村劳动力从农业向非农业、从农村向城市转移，是全球经济发展过程中的普遍规律，也是多数国家解决农村劳动力充分就业的重要途径。当前以产业结构调整、农业现代化、产业化以及城镇化建设为契机，促进城乡协调发展，实现农村劳动力充分就业，促进农村劳动力持续有序转移，是我国一项长期而艰巨的任务。近年来，随着产业结构升级的挤出效应及城乡就业大军的叠加，当前农村劳动力转移就业形势异常严峻。我国政府高度重视农村劳动力转移就业工作，党的十七大报告明确指出："以促进农民增收为核心，多渠道转移农民就业，是发展农村经济，建设社会主义新农村的重要目标之一。"21 世纪以来，中央一号文件已连续 20 年对农村劳动力转移和农民工工作作出相关部署，国务院还建立了农民工工作联席会议制度。农村劳动力转移就业是农村人力资源优化配置的主要内容，也是全面解决"三农"问题、实现城乡经济繁荣的重要手段。因此，研究西部农村劳动力转移就业的途径和长效机制，对于加速农业现代化、农村工业化和城镇化进程，缩小收入差距、城乡差距，促进西部农村经济繁荣与区域协调发展具有深远的意义。

陕西地处我国中西部地区，农业人口众多，经济发展相对滞后，农村剩余劳动力数量较多，农村劳动力转移就业压力大。受制于基层农村的经济发展和教育水平，农村劳动力转移就业能力较低，与产业结构调整的需求矛盾突出。目前，陕西农村劳动力转移就业水平远低于东部发达地区，农村劳动力转移就业的质量、层次和稳定性都不容乐观。如何借助产业转移、产业承接契机，加强与京津唐、长三角、珠三角等省外经济发达、用工需求旺盛地区的联系，建立紧密的城乡对接机制，促进农村劳动力合理、有序和持续转移，是陕西省面临的一项重要而紧迫的问题。因此，探讨新时期陕西农村劳动力转移的新趋向和新思路，对于推进陕西农村剩余劳动力合理有序转移具有重要的现实意义。

目前对于陕西农村劳动力转移就业的研究较多关注现象和问题的描述，进行现状、特征、影响因素和长效机制的系统研究还不多见。本章立足统筹城乡就业的大背景，结合陕西关中、陕南地区在灾区重建过程中建立的东西互动和城乡对接机制，以当地农村转移就业劳动力为研究对象，探索城乡对接中影响农村劳动力转移就业的典型因素和主要问题，以期为加快陕西农村劳动力转移就业相关政策的制定提供科学依据。理论上本章将充实和丰富以往对于农村劳动力转移和就业问题的研究。由于中国长期以来形成的城乡二元结构使农村和城市的社会保障体系完全不同，本章的研究在实践上也可为进一步完善我国城乡统筹社会保障制度与就业培训体系提供借鉴和奠定基础，并为政府相关部门制定有针对性的公共政策提供必要的参考依据。

5.1.2 国内外研究综述

农村劳动力转移主要是指在经济发展过程中，农业劳动力向非农产业、农村居民向城镇居民转移的过程。农村劳动力转移是世界经济社会发展的必经阶段，国外对农村劳动力转移的理论研究渊源已久，不同时期的研究者从多角度分析了农村劳动力转移的原因、途径以及各国农村劳动力转移的实践。

关于农村劳动力转移的原因。古典经济学创始人威廉·配第认为，世界各国经济发展水平的差异在于产业结构的不同，不同产业间的收入差异促使农村劳动力向非农业部门流动；他根据英国的实际情况指出，工业比农业、商业比工业的利润多得多，因此劳动力必然由农转工，再由工转商。亚当·斯密从城乡间不断强化的商业联系和劳动分工的角度研究劳动力转移，认为农村劳动力转移是市场扩展的自然结果。美国芝加哥学派经济学家西奥多·舒尔茨从人力资本投资角度解释了劳动力迁移行为，于 1960 年提出了“迁移成本—效益”理论：劳动力迁移是人力资本投资的一种形式，由于人力资本投资要支付成本，因而只有劳动力迁移的预期收益大于迁移成本时，其在产业间、地区间的转移才会发生。

关于农村劳动力转移的途径和结果。1954 年，美国经济学家阿瑟·刘易斯在《劳动力无限供给下的经济发展》一文中提出并建立了农业劳动力转移的“二元结构模型”：劳动力在无限供给条件下从二元结构的传统农业部门向现代工业部门转化；伴随着工业部门的逐渐壮大，二元经济结构逐渐过渡到稳定增长的工业化发达经济。英国经济学家柯林・克拉克印证了配第的研究后进一步提出：随着人均收入的提高，劳动力在三次产业间渐次转移，第一产业就业人员逐步减少，第二产业、第三产业就业人员不断增加，劳动力就业结构的变化趋势与产业结构变动方向一致。在人均 GDP 为 5000 ~ 10000 美元阶段，第一产业从业人员的比重将降到 20% 以下甚至低于 10%；第二产业的就业比重在 30% 上下保持相对稳定，而第三产业成为主导，就业贡献和经济贡献都超过 50%。这就是经济学中著名的“配第—克拉克定律”。

从国外农村劳动力转移的实践来看，农村劳动力转移是世界经济社会发展的必经阶段。英国农村劳动力转移直接源于工业化，政府干预起助推作用，最终导致农业的衰退而形成了英国圈地式的强制性转移模式；美国在工业化的同时实现了农业现代化，农村劳动力转移与农业发展、工业化、集中式的城市化互为推动，农村劳动力在大规模工业化条件下自发地转向非农产业，形成了美国自由迁移式的转移模式；日本通过发展农业合作化、农村工业化和发达的农民职业教育体系成功解决了农村劳动力转移问题；韩国以外向型经济政策、劳动密集型为主的企业结构，以及空间集中的城市发展战略和超前的教育投入，使农村劳动力顺利转移到城市非农产业中，实现了工农整合发展。

从我国的情况来看，农村劳动力转移滞后于工业化，转移过程中农民职业转移与身份改变、地域迁移相分离，分散式的小城镇构成转移的主要载体。国内学者从不同角度展开了相关研究：第一，从人力资本积累角度研究了农村剩余劳动力转移的影响因素。认为教育、在职培训、社会福利等影响人力资本积累的因素，是制约农村劳动力转移的主要原因（罗明忠，2009），而预期收入差距和人力资本存量等长期因素对劳动力转移的影响较大（李迎成，2010）。农村劳动力转移是流出地的推力和流入地的拉力共同作用的结果，而国家的政策、制度、市场环境及劳动力自身的人力资本素质和转移能力是影响农村劳动力转移过程的重要因素和中间环节（张雅丽，2009）。第二，从城乡协调发展和“三化互动”角度探讨了农村劳动力转移的路径。提出要以土地流转、人地分离为推动力，通过本地工业化、农业现代化和城镇化“三化互动”及其整体推进，实现农村剩余劳力有序转移和农村剩余劳动力的充分就业（程芳，2011）。第三，从农村劳动力持续转移角度研究了我国相关政策及制度缺陷。我国当前实行的城乡分割的二元经济结构，制约农村剩余劳动力素质提高和向城镇转移的户籍制度、就业制度、升学制度等尚未从根本上改变，加之我国当前的土地产权制度安排，不利于经营者进一步投资从而提高单位土地产出率，制约了土地流转、集中，制约了劳动力从传统农业部门向现代非农部门流动，造成了社会福利损失。同时，我国城镇化发展水平与农村剩余劳动力转移的需求脱节，矛盾突出（李体欣和宋玲妹，2010）。也有学者在世界金融危机背景下研究了农民工返乡问题，认为造成我国“民工荒”与劳动力过剩并存现状的主要原因，是劳动力市场的结构性矛盾、劳动力市场供求规律及阻碍劳动力自由流动的户籍、社会保障等制度性障碍（王琴和谭志松，2010）。第四，很多学者因地制宜开展了本省、本地农村劳动力转移的具体研究。国家统计局与一些发达省份学者就浙江省农村劳动力转移就业轨迹及政策展开了研究（梁永郭等，2010）；广东省以惠东县莆田村的经验为例，研究了从“村民变工人”这一劳动力农业产业内转移及其推进模式（罗明忠，2011）；马轶群、彭连清等（2010，2007）分别以长三角、珠三角地区为例，探索了经济结构差异下沿海地区产业转移与欠发达地区农村劳动力转移模式的演变问题；陈宗胜、张务伟等（2008，2006）通过对天津市农村和山东省 17 地市的实证分析，探讨了农村劳动力就地转移、异地就业和自主经营三种非农就业途径的影响因素；李新平和徐睿（2010）以成都城乡统筹试验区为背景，分析了产业承接与农村劳动力就近转移的关系。

综上所述，国外的农村劳动力转移理论是建立在城乡具有统一的劳动力市场以及城市对劳动力具有无限吸纳力基础上的，虽然与我国的实际情况并不相符，但随着理论的持续研究和实践的发展，对中国解决农村剩余劳动力转移问题仍具有重要的指导意义。国内的研究贴近实情，但对近年来欠发达地区农村改革发展与农村劳动力转移的关系关注不够。这给本章留下了研究的空间，本章以陕西灾后重建所建立的城乡对接机制为视角，分析陕西农村劳动力有序转移的困难及影响因素，并结合陕西关中及陕南地区实际情况探究当前农村劳动力转移的新趋势、新特点及对策，力图探索城乡统筹背景下具有较普遍意义的研究成果。

5.1.3　研究思路与研究方法

本章从调查和研究陕西农村劳动力转移就业现状、特征及障碍和制约因素入手，重点分析我国及陕西农村劳动力转移就业的现状和趋势特征，进而提出新时期陕西农村劳动力转移就业的现实路径及对策建议，以达到促进陕西农村经济和区域协调发展的目的。研究内容和研究思路如下。

5.1.3.1　研究的主要内容

本章研究的主要内容包括四个部分：一是推进农村劳动力转移就业的重要性，充分阐述合理引导农村劳动力就业，对于转变农村生产方式、调整产业结构，以及加速工业化和城镇化进程的重要意义。二是我国农村劳动力转移就业的背景与现状分析，通过对我国和陕西农村劳动力转移就业的实地访谈和问卷调查，进一步总结基层农村劳动力转移就业的微观特征，为后续研究提供支撑。三是制约陕西农村劳动力转移就业的障碍与问题分析，基于国内外同类研究结果，并结合前期调研基础以及对陕西农村劳动力转移就业影响因素的实证分析，系统分析陕西农村劳动力转移就业的各种障碍与问题，以便为下一步探索推进农村劳动力转移就业的长效机制与对策提供依据。四是推进陕西农村劳动力转移就业的对策建议，提出新时期应分别从宏观战略层面、制度建设和保障措施层面进行科学的统筹规划，加快推进农村劳动力转移就业的一系列对策措施，以为政府制定相关政策决策提供参考。

本章研究的重点难点：研究的预期目标是以陕西关中和陕南为例，提出促进农村劳动力转移就业的可行性思路。重点之一是系统分析制约陕西农村劳动力转移就业的因素，通过比较分析历史文化观念、经济现状、体制环境、组织与投入的影响，为政府决策提供坚实的理论基础和指导。重点之二是总结符合欠发达地区实际情况的农村劳动力转移途径以及促进城乡经济发展的农村劳动力转移就业机制和模式，并提出有针对性和可操作性的措施。

农村劳动力流动管理组织化、信息化程度较低，并且农村劳动力转移就业统计口径的差异，如何选取关键性评价指标、特征变量和科学设计调查问卷，通过定量分析辅之定性分析，保证对当地农村劳动力转移就业现状与趋势给予客观准确的判断，并得出具有一般性的结论，是本章研究的难点所在。

5.1.3.2 研究思路与实施路径

本章的基本思路和方法如图 5 -1 所示。

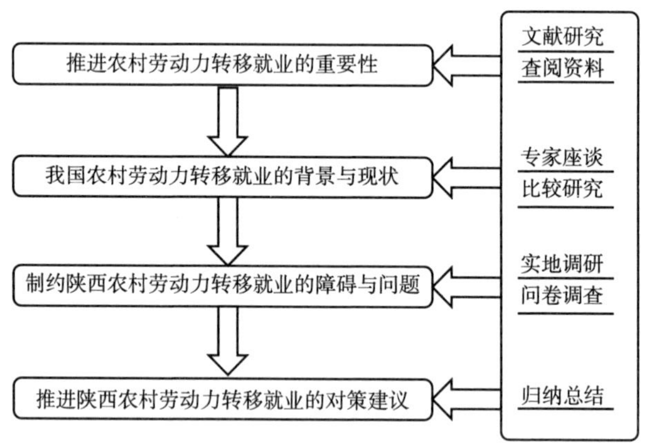

图 5 -1 研究思路与研究方法

资料来源：笔者根据研究思路绘制所得。

本章内容以文献研究和实地调研为基础，重点对我国及陕西 2010 年以来农村劳动力转移就业的趋势与特征等状况进行系统分析。具体研究方法包括以下几种。

（1）实地调研法

利用问卷调查、小组访谈和个人访谈等方式，汇集第一手资料，获取宏观数据（本章研究中采用的历年统计数据）中没有涵盖的而又为本章研究所必需的微观数据，如了解当地农村劳动力需求与供给状况、就业状况、企业及农户的教育培训投入、困难与所需条件等，以研究影响陕西农村劳动力转移的因素和就业趋势。

（2）统计分析法

通过统计年鉴、文献研究和实地调研获取数据，进行描述性统计分析和多元回归分析。采用模型分析和数值推算，深入分析陕西农村劳动力转移就业的影响因素和发展趋势。

（3）比较研究法

通过对陕西不同阶段劳动力转移就业数据的比较分析，以及与全国不同地区水平加以比较，总结陕西农村劳动力转移就业在总量与结构方面的趋势与特征并探索其中的差距与问题，以提出相应解决途径与对策。

5.2　推进农村劳动力转移就业的重要性

随着我国工业化、城镇化和现代化进程的加快，农村劳动力转移就业是提高农民收入水平、缩小城乡差距的重要途径，是促进城乡经济繁荣与社会稳定的重要环节。我国农业人口众多，剩余劳动力数量较大，农村劳动力转移就业压力大，以产业结构调整、农业现代化、产业化以及城市化建设为契机，以统筹城乡经济社会发展为目标，促进农村劳动力持续有序转移，实现农村劳动力充分就业，促进农村建设、农业发展和农民增收是我国一项长期而艰巨的任务。

当前农村劳动力已融入我国工业化、现代化和城市化进程中的方方面面，越来越多的农村劳动力进城务工，在各个城市和各个行业的发展中扮演着重要的角色，发挥着举足轻重的作用，为各地区经济社会发展作出了巨大贡献。陕西是西部农业大省，由于地理区域、自然资源各异，各地区的产业结构和经济社会发展水平差距较大，农村劳动力过剩与城乡就业机会不足的矛盾比较突出。因此，深入研究陕西农村劳动力转移就业发展中的问题，探索推进陕西农村劳动力转移就业的对策，具有重要的理论意义和现实意义。

5.2.1 推进农村劳动力转移就业是缩小城乡差距、促进城乡协调发展的重要途径

农村劳动力向城市转移就业，是不以人为意志为转移的经济规律，是城市化的客观要求，也是工业化发展的必然结果。一方面，由于土地规模的有限性与不可再生性，决定了农村种植业规模不可能持续扩大，农业效率不断降低，农村剩余劳动力必须向城市转移；另一方面，工业化、产业化和规模化经营，使得农民的耕地大量减少，这也进一步增加了农村剩余劳动力。因而农民源于土地和农业的收入在减少，只有不断提高工资性收入、经营性收入或财产性收入等其他收入才能弥补，而向非农产业转移就业和进城务工正是解决这一问题的有效途径。

城市化的发展使农村劳动力由从事第一产业向第二产业、第三产业转移，农村劳动力的非农收入比重逐渐增加，其总体收入水平不断提高，逐步缩小了城乡收入差距。以西部地区的代表陕西为例，其城镇化率和城乡居民收入比均接近于全国平均水平。根据陕西省统计局历年《陕西统计年鉴》数据，2010 年以来，陕西农村居民收入增长一直快于城镇居民收入增长。2021 年，农村居民人均可支配收入 14745 元，其名义增速和实际增速分别高于城镇居民 3. 2 个和 3. 0 个百分点；其收入构成中的工资性收入、转移净收入增长均高于城镇居民。其中，农村居民人均工资性收入和转移净收入增长比城镇居民分别高 6. 9 个和 3. 4 个百分点，这主要是来自农村向非农行业转移就业劳动力持续增加，进入城市打工的农民工数量不断增加，农民工务工较多的第二产业、第三产业工资增长较快。这使得陕西城乡差距（即城乡居民收入比）由 2012 年的最高值 3. 6 下降到 2021 年的 2. 76，减少了 0. 84；与此同时，陕西农村居民收入增幅总体高于全国水平，农村居民收入与全国平均水平的相对差距也在逐年缩小。这些充分显示，陕西农村劳动力转移就业极大促进了城乡经济的繁荣，带动了农民的增收致富，对缩小城乡差距、促进城乡协调发展具有重大的现实意义。

5.2.2　促进农村劳动力合理有序转移是增添农村发展活力、促进农民增收的重要手段

农村劳动力转移就业是实现农民增收的重要手段，也是实现农村劳动力充分就业、促进陕西城乡经济繁荣与社会全面进步的重要环节。农村劳动力进城务工主要是以城乡收入的差距和城市能够提供的就业机会及增收机会为前提的。农村劳动力转移对劳务输出地的主要贡献是带回了资金，并带动农民收入增加。农村劳动力进城务工是农村劳动力就业创业和增收的主要渠道。根据国家统计局农村住户调查数据，农民收入中来自劳务报酬的工资性收入的增长呈现逐年大幅增长的趋势。根据陕西省统计局《2022 年陕西统计年鉴》和《2022 年中国统计年鉴》数据，2021 年，陕西农村居民的工资性收入占其总收入的比重已达41.4%，比2005 年上升4.5%，比全国平均水平高1.1%，比上年增长 0.9%。这主要是农民工返乡和就近就地务工增加使全省农民工数量比上年增长 5.2%，农民工月均收入水平增长 6.5%，两项因素叠加带动农村居民工资性收入较快增长。目前，我国有 2.9 亿多农村劳动力进入城市就业或创业，这些农民工提供了农民 1/3 以上的可支配收入和大部分货币收入，已经成为农民增收的主要途径。

同时，农村劳动力向非农产业转移也使农业生产效率得以改善，使农村人力资源得到优化配置。农村转移劳动力在城市就业或创业，不仅给乡村带回了资金，也带回了城市先进的生产经营理念和经营管理知识，他们或在城市创业或返乡创业，通过自主创业，带动农村家庭经营以及农业产业化的发展，促进农产品生产、加工和服务向纵深化、集约化和规模化发展，这些极大增强了农村经济发展活力，促进了农业现代化和产业化的发展。同时，农村转移劳动力对劳务输出地的财政收入、经济增长和推动贫困地区农民脱贫致富也作出了重要贡献，并最终有利于全面解决“三农”问题、促进城乡和区域经济的协调发展。

5.2.3　农村劳动力合理有序转移也是转变农业生产方式、优化产业结构的必然要求

传统的农业生产方式粗放、低效、专业化水平低。通过农村劳动力转移就业，有助于农村创新创业人才的培养和合理流动，给农村欠发达地区引入先进的信息、技术和经验，大力发展现代农业、集约农业和精细化农业，从而提高农业生产效率，提升农业增值水平。因此，引导农村劳动力转移就业对于转变农村生产方式，加速陕西的工业化和城镇化进程意义重大。

产业结构的合理化是以第二产业、第三产业的发展水平以及农业结构的优化来衡量的。农业结构优化过程具体表现为，在农林牧渔业中，农业（种植业）的比重逐步下降，在种植业结构中，粮食作物比重的下降和经济作物比重的逐步上升。陕西是经济欠发达的农业省份，农业人口众多，经济发展相对滞后，农民收入水平较低。改革开放以来，关注农民的非农化过程，使离开土地的农民实现充分的非农就业，是陕西经济社会发展的重大课题，一直以来，整个陕西第二产业、第三产业的比重落后于全国平均水平，在全国的比重也远远落后于中东部地区，陕西第二产业、第三产业的比重应大力提高，农业结构也有待优化。2022 年，陕西第一产业比重高于全国平均水平 0.6%，而第三产业比重和城镇化率分别为 43.5% 和 64%，发展水平低于全国均值，与发达地区相比也还有很大差距。

因此，转变农业经济增长方式，加快农业结构转型升级和产业结构的优化，仍是当前和今后一段时期陕西需要持续改进的方向。借助农村劳动力合理有序转移，提高陕西农村转移劳动力的现代农业科技水平、经营管理能力和创新创业能力，以农村人力资本的提升逐步推动农村生产经营中其他各项资源和要素的优化配置，从而优化农业结构，提高农业工业化发展水平和效益，并通过发展乡村旅游业、观光农业等项目带动农村商贸流通和现代服务业的发展，最终实现农民增收、产业集聚、多业并举的繁荣局面。

5.3　我国农村劳动力转移就业的背景与现状分析

5.3.1　农村劳动力转移就业的背景

农村劳动力转移是全球经济社会发展的必经阶段，主要是指在经济发展过程中农业劳动力向非农产业、农村居民向城镇居民转移的过程。21 世纪以来，中央一号文件已连续 20 年对促进农民转移就业与增收工作提出指导意见。2023 年中央一号文件又明确提出拓宽农民增收致富渠道，促进农民就业增收和农业经营增效的相关部署，再次表明党中央对加强“三农”工作、促进农民转移就业与增收的高度重视，并在新时代赋予农民“共同致富”的新要求。农村劳动力转移就业是农村人力资源优化配置的主要内容，是缩小城乡差距的重要途径，也是全面解决“三农”问题、实现城乡经济繁荣和社会稳定的重要措施。

根据世界发达国家的经济发展轨迹，农村劳动力转移直接源于工业化和市场扩展，他们在工业化的同时实现了农业现代化，农村劳动力转移与农业发展、工业化、集中式的城市化互为推动，实现了农村劳动力在产业间、地区间的自由迁移。我国农村劳动力转移主要由政府制度变革而非工业化的推动，起步时间滞后于工业化。新中国成立之后中国选择了优先发展重工业的赶超战略，于 19 世纪 50 年代末期实行的户籍制度对农民流动作出了严格规定。1978 年以前，广大农民只能在农村从事农业劳动，不能转向非农业或迁移到城市，到了 20 世纪 80 年代，随着农村家庭联产承包责任制的实施，农业产出迅速增加，大批农村劳动力从农业中释放出来，城市的发展以及乡镇企业、个体私营经济的繁荣，为农村劳动力创造了大量就业机会，广大农民开始转向乡镇企业等从事非农兼业活动。此后随着市场经济的发展，大批农民开始向城镇转移，形成了分散式的以小城镇为主要载体的转移方式。进入 20 世纪 90 年代，户籍制度依然存在，但对农民流动的限制已经逐渐减弱，由于农业产出低、现代化程度低和农业比较利益低，不断扩大的城乡收入差距成为农村劳动力向城市迁移的主要拉动力。

根据国家统计局《2012 年～2023 年中国统计年鉴》数据，2011 年，我国总人口 13.47 亿人，农村人口 6.56 亿人，比 1995 年减少 2.1 亿人，农村人口占总人口的比重首次低于 50%，而第一产业从业人员占比也下降到 34.7%，比 1995 年下降 17.5 个百分点。2011 年至 2022 年，我国农村人口减少约 1.59 亿人，农村人口占总人口的比重由 48.17% 下降到 34.78%，下降 13.4 个百分点。2022 年第一产业从业人员占比 22.9%，比 2011 年下降 11.8 个百分点。根据“配第—克拉克定理”，农业在国民经济总量中占比会随着经济发展而逐渐缩小，农民逐渐向工业和服务业转移。发达国家农业就业人口占比通常在 10% 左右甚至更低水平，我国距此还有较大差距。

因此，结合宏观分析和实地调研，选取城镇化发展和现代农业生产方式处于高速发展转型期的陕西为代表进行研究，针对陕西农村劳动力转移就业的微观特征和具体问题，探索新时期以统筹城乡经济社会发展为目标的农村劳动力转移就业的新思路新举措就显得尤为重要并具有典型意义。

5.3.2 农村劳动力转移就业现状分析

农业人口大量涌入城市，成为推动中国经济社会发展的重要力量。然而面对我国农业人口众多、剩余劳动力数量大、区域发展不平衡的现状，加之产业结构升级的挤出效应以及城乡就业大军的叠加，使得当前农村劳动力转移就业形势异常严峻，并呈现以下特点和趋势。

第一，农村劳动力数量大，且分布不均衡，地区差异大，限制了农村劳动力转移的规模和效率。我国是世界人口大国，根据国家统计局《2007 年中国统计年鉴》数据，1995 以前农村人口占总人口的比重一直高达 70% 以上，而农村劳动力人数也占全国劳动力总数的绝大比重。在有限的土地资源条件下，随着农村人口的逐年增加和农业科技的不断发展，人均占有资源严重不足，使得大量农民逐渐从农业中分离出来，成为剩余劳动力。从 1992

年到2023年的30多年，中国每年的农村劳动力增量很大，随着农村劳动力大规模向城市和非农产业转移，在2004年前后农村劳动力的增量逐渐减少，但农村劳动力的存量仍然较大，农村劳动力数量仍占劳动力总数的近2/3。根据农业部、人力资源和社会保障部的估算，2006年中国农村剩余劳动力有约1亿人，“十一五”期间农村剩余劳动力增加1.5亿人以上。同时，我国农业人口地区差异大，中部地区人口多，剩余劳动力较多，西部地区人口少，农村劳动力转移较少；由于地区经济发展不平衡，中西部地区农村劳动力剩余率较高，局部地区高达40%以上，而东部地区因民营经济和外向型制造加工业发展迅速，农村劳动力剩余率较低。因此，我国中西部地区农村剩余劳动力规模较大，转移任务较重，在一定程度上影响了农村劳动力转移就业的速度和均衡发展。

第二，农村劳动力总体素质较低，与产业调整的需求矛盾突出，转移就业能力受限。受制于我国农村的教育发展水平及经济现状，当前农村劳动力以初小文化程度居多。根据国家统计局2011～2022年《农民工监测调查报告》数据，农村从业劳动力中，初中文化程度比重最高，占55.2%，初中及以下文化程度的比重近70%；高中文化程度占17.0%，大专及以上占13.7%，大专及以上学历农民工占比较十年前提高约10个百分点；结合本书调研及统计推算，农村从业劳动力平均受教育年限8.2年，外出农民工的文化程度高于农村从业劳动力的平均水平，平均受教育年限为9.4年，总体水平相当于初中三年级。根据教育部职业教育发展中心（网站）来自易红梅等学者的一项关于“职业教育与农业劳动生产率提升”的研究数据，2016年世界各国农民按教育程度划分，发达国家农业劳动力多数受过高中及以上教育，占比超过60%，而中国同比仅有8.3%；2019年我国农村劳动力中受过高中及以上教育占比已达45%，但是仍旧落后于发达国家。从发达国家的经验来看，农民的教育和培训等人力资本投入对农业农村的现代化发展至关重要。我国农村劳动力文化教育水平和从业技能偏低，与当前城镇化和产业转型升级的需求不相适应，许多原来吸纳农村劳动力的乡镇企业也在不断革新技术和改进管理，对农村劳动力的吸纳能力逐年减弱，导致大量农村劳动力供大于求，形成结构性失衡。同时，我国农业劳动力年龄偏大，导致后继劳动力资源匮乏。据国家统计局 2011～2022 年《农民工监测调查报告》数据，2011 年 50 岁以上农民工所占比重为 14.3%，2022 年则达到 29.2%。现实中，面向大龄农民工的就业机会越来越少，例如有企业将“50 岁以下”作为招聘保洁员和服务员的硬性年龄指标，此前也有多地发布超龄建筑工“清退令”；而全国农业从业人员中 50 岁以上的占 32.5%，中西部一些地区 80% 的农民都是 50～70 岁的老人。一般农村劳动力年龄越大，从事农业的比例越高，农村劳动力的低素质化和老龄化影响了其转移就业能力，也将继续影响其转移就业的方向和区域。

第三，就业结构滞后于产业结构，农村劳动力从第一产业渐次向第二产业、第三产业转移的速度过慢；工业化与城镇化进程脱节，城市就业空间有限。随着我国工业化和城市化的发展，我国农村劳动力非农就业的比重不断增加。根据国家统计局 2007～2023 年《中国统计年鉴》数据，农村劳动力非农就业的比重从 2006 年的 45% 上升到现在的 76% 以上。结合国家统计局《2022 年农民工监测调查报告》，从农村劳动力转移就业的行业分布来看，外出从业的农村劳动力仍以制造业、建筑业和服务业为主，主要分布于六个行业，半数以上外出劳动力在第三产业就业；外出从业的农村劳动力中，从事制造业的比重最大，占 27.4%，其次是建筑业占 17.7%，批发和零售业占 12.5%，居民服务修理和其他服务业占 11.9%，交通运输仓储和邮政业占 6.8%，住宿餐饮业占 6.1%。近几年，外出打工的农民从事制造业的比重较为稳定，建筑业变化较为明显，从事建筑业的比重有升有降。随着经济社会环境变化，农民工就业呈省外向省内回流趋势，从事行业也正逐步由体能型向服务型转变。当前农民工就业仍面临数量和技能上的双重结构失衡。但从整体来看，我国就业结构一直落后于产业结构。根据国家统计局《2023 年中国统计年鉴》数据，通过对我国国民经济核算及就业构成与世界其他国家同类经济指标（来自世界银行数据库）的对比分析，2022 年全国占总劳动力 22.9% 的农业劳动力仅创造了 7.3% 的 GDP；与世界其他国家相比，从 2021 至 2022 年，中国第三产业的就业比重为 47.4%，比巴西、意大利、俄罗斯等国家低 20 个百分点以上，比美国、英国、法国、澳大利亚等国家低 30 多个百分点，说明中国的结构偏差大并且趋向均衡的速度慢。这其中既有传统产业模式的影响，也有人口增长过快的原因。我国农业生产效率低，分散型经营模式阻碍了农业产业化、现代化进程，加大了农村劳动力转移就业的压力。同时，农村劳动力转移就业与城镇化进程也严重脱节。根据国家统计局《2023 年中国统计年鉴》数据，2022 年我国农村劳动力从事第二产业、第三产业的比重超过 76%，但是城镇人口占总人口的比例仅为 65.2%。城市化水平落后于工业化水平，影响了服务业的发展，大部分地区第三产业发展缓慢，结构欠合理，吸纳农村劳动力的就业空间不足，形成大量农村剩余劳动力仍滞留在第一产业的现状。

第四，农村劳动力外出就业的组织化程度不高，农民转移就业的盲目性、流动性大，呈现出转移不彻底的现象。目前，农民有组织的外出务工比例较低，多依靠地缘、血缘和人际关系网络，农村劳动力通过相关部门进行有组织转移的人数较低，其余人员在转移方式上仍存在相当程度的盲目性和分散性，这也导致大量农民工维权困难和转移不彻底。从转移就业的时间来看，我国大部分转入非农领域的劳动力并没有完全脱离农业和土地，农忙务农、农闲打工现象比较普遍，多属于兼业性和季节性转移。据国家统计局《全国农民工监测调查报告》统计，农村转移出的劳动力 70% 以上都是兼业性转移。另外，由于制度的缺陷和农民身份、就业领域的局限，转移到城市的农民难以实现稳定就业和居住，因而外出劳动力一般打工期限短、流动性大。根据一项对广东省农民工和企业的抽样调查，80.4% 的受访者打工时间不足 5 年，而打工 10 年以上的仅占 6.1%。因此，农村劳动力转移不彻底和转移后的回流现象值得关注。

第五，异地转移和返乡回流现象并存。由于区域差距和城乡收入差异，向异地转移的外出打工是农村劳动力转移就业的主要方式。我国外出农民工占到农村劳动力总量的 1/3 以上，广泛分布于珠三角、长三角等东部经济发达地区。根据国家统计局发布的 2011 年和 2022 年《全国农民工监测调查报告》，从 2011 年至 2022 年，外出农民工占农民工总量的比重从 62.8% 下降到58.1%，所占比重下降4.7个百分点，显示出近年来在省内流动的农民工人数不断增长的趋势。自2008年以来受全球金融危机的影响，中国劳动密集型的制造加工业及外向型企业陷入低迷，中国城镇新增就业的增速近年来出现首次降低，农民工就业问题凸显出来。珠三角地区、长三角地区大量实力相对较弱的劳动密集型企业相继倒闭或被迫转移，使得农民工失去了原来的就业机会，成为首先被挤出产业升级进程的对象，因而出现大批农民工返乡回流现象。据国家统计局对全国农民工的调查统计，2011年以来，在长三角地区和珠三角地区务工的农民工比重继续下降，在这两地务工的农民工增加的数量和增幅均明显低于上年水平。随着中西部地区的快速发展，东中西部地区农民工工资水平逐步趋同，长三角地区和珠三角地区对农民工的就业吸引力在逐步下降，而中西部地区对农民工的吸纳能力进一步增强。《2022年全国农民工监测调查报告》显示，2022年，在东部地区务工的农民工占农民工的总量仍然保持在52.3%，但中西部地区务工的农民工增长较快，增速分别到达3.0%和2.5%，而东部地区的增长渐趋为零，仅为0.1%；同时，跨省外出的农民工人数减少，在外出农民工中，省内流动的农民工占外出农民工总量的58.9%，跨省流动的农民工比重为41.1%，农民工以跨省外出为主的就业格局发生改变。

当前，根据我国农村建设和农业发展的实际情况，农村劳动力转移就业工作已由原来的主要向外地、外省转移的单一转移模式，逐步发展为引导农村劳动力就近就地转移、返乡创业和有组织的异地就业“三位一体”的工作模式，以实现农村劳动力的有序、合理转移。

5.4 制约陕西农村劳动力转移就业的障碍与问题

制约陕西农村劳动力转移就业的障碍和因素是多方面的，既有长期的历史性原因、制度性障碍，也有现实中农村劳动力自身的局限性，还与地域经济发展、城镇化发展水平、农村劳动力就业培训与就业服务体系的完善程度紧密相关。

5.4.1　陕西农村劳动力转移就业的障碍

从宏观层面来看，我国现行的城乡分割的二元经济结构阻碍农村剩余劳动力素质提高和向城镇转移的户籍制度、社会保障、就业制度等尚未从根本上改变，加之现有的土地产权制度安排，影响着农村劳动力从农业部门向非农部门、从农村向城市转移的速度和质量。结合陕西的实际情况，近年来陕西并未在上述方面作出重大的改善和举措，这些制度障碍同样严重制约着陕西农村劳动力转移就业的进程，而江浙、广东等沿海发达地区在户籍制度、推行土地承包经营权流转和促进规模经营的政策及健全社会保障体系方面，进行了有效的尝试和改革，因而加大了陕西与我国发达地区在农村劳动力转移就业水平方面的差距，对比之下也折射出陕西农村劳动力转移就业中的障碍和不足。以下将从不同层面就农村劳动力转移就业的制度缺陷，以及国际经济环境背景下农村劳动力市场的供求矛盾、就业服务体系的缺失等方面展开探讨。

5.4.1.1　农村劳动力转移就业的制度性障碍

结合陕西的实际情况来看，当前制约农村劳动力从农业部门向非农领域及城市转移的主要障碍包括现行的户籍制度、土地制度的约束；农村劳动力就业市场不规范；城镇化发展水平及县域经济不发达等方面。

第一，现行户籍制度和农村社会保障覆盖面不足制约着农村剩余劳动力的转移。在我国现行的城乡分割的二元经济结构下，教育资源配置明显向城市倾斜，农村教育资源相对贫乏，这就不可避免地导致农村人力资本含量无法提高，农村劳动力整体素质低下。这些情况在陕西农村的表现更为突出。而城乡社会保障制度发展失衡和农村社会保障制度缺失，进一步加剧了城乡居民不平等的身份地位。流入城镇的农民工无法享有与当地市民在就业、居住、子女教育、补贴、劳保福利等方面的平等权利和经济待遇，导致城乡待遇差距日益拉大，城乡统一的劳动力市场无法建立。目前，陕西农村人口社会保险参保率低，养老保险异地转移接续困难，农村养老保障滞后是影响和制约农村劳动力转移就业的重要因素。加之现行社会保障制度对流动和迁移人口缺乏有效的保护，农民工的合法权益得不到有效保障，同工不同酬现象普遍，这些不利于农村外出务工者在城镇长期稳定居住和就业，致使不少农民工返乡回流，形成逆向转移的新问题。根据笔者对陕西关中和陕南地区的微观调查可以发现，转移劳动力中外出打工年限在 3 年以下的超过 60%，而打工年限在 5 年以上的只占在总人数的不到 18%，这充分显示出陕西农村转移劳动力就业的流动性大、职业稳定性差的特征，而这与农村社会保障制度的缺失密不可分。

第二，现行土地制度制约着农村劳动力的转移。土地所有权的不完整以及法律上的限制导致土地的流转风险和交易成本很高，不利于经营者进一步投资从而提高单位土地产出率，制约了土地流转与集中，不利于推行农业规模化经营，走产业化发展的路径，实现农村剩余劳动力的内部转移；也不利于在城市务工的农民彻底扔掉土地承包的包袱在城市稳定下来，更好地向农业以外的其他产业发展，这使得农民在农村隐形失业但城市用工短缺，造成了社会福利的损失。

第三，农村劳动力就业服务体系不健全阻碍了农村劳动力转移就业信息的传递。由于政府对农村劳动力转移就业的公共服务不到位，以及劳动力市场的城乡分割，导致现有农村劳动力转移就业的组织化、社会化程度低，农民“各自为战”，“找活儿”乱碰现象仍大量存在，阻碍了农村劳动力的供给和流动。目前，陕西农村劳动力流动大多是自发性的，带有盲目的、无组织的分散特征，农民外出打工主要通过各自的社会关系网络，借助亲缘、地缘关系，如亲戚、朋友、同乡等渠道获取就业信息，当没有可利用的社会关系时，只能求助于各类民间劳务中介组织，而这类机构偏少且用于劳动力转移就业的配套设施和网络建设差，政府也缺乏有效的监督和规范，导致市场秩序混乱，加大了农村劳动力流动的成本和风险。劳动力流动的服务体系及中介组织建设的滞后，极大地影响了农村劳动力转移就业的速度和规模。

第四，城镇化发展水平制约了农村劳动力转移就业。从长期来看，陕西城镇化进程较慢，城镇化总体水平不高，制约了农村劳动力向城镇的转移。近十年来陕西城镇化水平逐步提升，但是与全国水平相比还有一定差距。根据陕西省统计局发布的《2023 年陕西统计年鉴》《2023 年中国统计年鉴》数据，2022 年我国城镇人口比率为 65.22%，陕西为 64.02%，陕西城镇人口比率比全国平均水平低 1.2 个百分点，比江浙及广东等发达地区低约 10 个百分点。陕西城镇化发展滞后，直接影响着农村第二产业、第三产业的发展，并制约着城乡接合地的小城镇建设和农村劳动力转移就业。因此，陕西城镇化发展水平与农村劳动力转移就业的需求脱节，矛盾比较明显。一方面，发展“城市中心模式”，把大量农村劳动力集中到大城市还不现实。大城市多以技术密集型和资本密集型产业为主，所吸纳的劳动力一般是具有较高知识水平和技术层次的人才，这与农村劳动力的素质不相匹配；同时大城市生活成本高以及由此产生的“空巢”家庭、留守儿童等社会问题，都使该模式成为农民向往但不现实的选择。另一方面，发展“乡村工业模式”，把工厂建到农民家门口或村镇，实现农村劳动力就近转移也有局限。中小城镇的产业结构水平比较低，劳动密集型产业居多且生活成本较低，相对可以吸纳更多的农村劳动力就业。但中小城镇自身产业结构不合理，产业支撑能力不强，也决定了其能够提供的转移就业空间有限，加之陕西农村县域经济不发达，乡镇企业规模小、数量少，自身发展水平低下，能够吸纳的农村剩余劳动力有限，而且大多为临时性用工需求，无法提供长期、稳定的就业岗位。同时，快速增加的城镇人口对公共服务的均等化带来严峻的挑战，农村转移人口虽然在城市中工作和生活，但由于户籍身份的差别，无法享受依附于城镇户籍上的诸多公共服务，这些进一步加剧了农村劳动力转移就业的压力与阻碍。

5.4.1.2 农村劳动力转移就业决策的自身约束

随着我国市场经济的发展，大批农民开始向城市转移，形成了以小城镇为载体的分散式转移方式。在从二元经济结构向一元经济结构转化、实现统筹城乡经济社会发展目标的进程中，农村劳动力转移就业既有动力也有需要，作为一个“经济人”，农村劳动力在作出转移决策时，将面临金融资本、人力资本和社会资本三方面的约束。这三方面的约束是当前陕西农村劳动力相比城镇居民就业的巨大差异和障碍所在，也是造成当前城乡差距的主要因素。

一是金融资本的约束。劳动者个人所拥有的金融资本主要是指劳动者自身的经济实力，也就是劳动者在实现劳动力转移过程中所支配的资金和资产的数量。金融资本的多少决定劳动力转移的初始成本承担能力，它对农村劳动力转移的影响主要表现在：金融资本的多少影响劳动力转移前的技能培训、劳动者的工作搜寻过程，以及劳动力转移过程中的家属安置及其转移方式。在农村劳动力转移就业过程中，金融资本对于农村劳动力初始转移的约束作用，主要表现为金融资本的多少对其技能学习和职业培训的支撑，以及劳动力转移的路径选择，比如选择异地转移还是就近转移、选择自主经营还是外出做工等，而交通费、餐宿费等花销对其转移的影响较小。

二是人力资本的约束。人力资本是指劳动者受到教育、培训、实践经验、迁移、保健等方面的投资而获得的知识和技能的积累，这种知识与技能可以为其所有者带来工资等收益，因而亦称“非物力资本”。在知识经济时代，人力资本比物质、货币等硬资本具有更大的增值潜力。劳动者个人所拥有的人力资本决定着劳动力转移能力的大小，它对劳动者转移的影响和制约主要表现在：一定的人力资本存量是劳动力转移的基本前提，人力资本量影响劳动力转移的方向和路径，以及劳动力转移的稳定性。高素质的农村劳动者在流动、就业、安置等方面都有较强的比较优势。文化水平高低是影响职业稳定性的决定因素之一，文化水平越高，技术创新能力越强，职业稳定性越高，完成职业、技术转换更容易，获得的工资性收入也越高。同时，拥有高人力资本量的农村劳动力也有利于转移后维护自身的合法权益。当前陕西农村劳动力整体素质低下，人力资本量偏低，就业机会受限，这在本书项目组对关中和陕南地区农村的实地调研也再次得到验证。而文化素质低、劳动技能低，缺乏适应新环境的心理和技能准备，成为制约农村劳动力转移的瓶颈。

三是社会资本的约束。社会资本是指个体或团体之间的社会网络、互惠性规范和由此产生的信任，是人们在社会结构中所处的位置给其带来的资源。它是一种无形的资本，个人不能直接占有和运用它，只有通过成为该网络的成员或建立起网络联系，才能接近与使用该资本。社会资本对劳动力转移的影响主要表现在：社会资本创造人力资本、抵御信息不对称的不利影响、增强个人的风险抵御能力。在我国的农村劳动力转移过程中，缺乏社会关系网络、信息不对称、工作搜寻中的信息获取困难等个人的社会资本量有限，是制约当前我国农村劳动力转移的又一重要因素。

5.4.1.3 农村劳动力就业市场的结构性矛盾

在当前全球经济一体化背景下，农村劳动力转移中的“民工荒”与农村劳动力过剩并存现象的主要原因，除了阻碍农村劳动力自由流动的制度性障碍外，还有以下客观现实的困扰。

第一，劳动力市场的结构性矛盾制约着农村劳动力转移就业。我国曾经出现的“民工荒”现象，主要是劳动力市场的结构性矛盾的结果，而并非农村劳动力总量短缺。这首先表现为地区性的劳动力短缺。民工短缺主要集中在珠三角、长三角、闽东南等经济发达地区，缺口率达到50%以上，而经济相对落后的陕西及中西部地区劳动力仍面临“就业难”状况。其次，是部门性的劳动力短缺。在国际金融危机后，东部沿海企业不得不进行产业结构的转型升级，传统的劳动密集型产业已不是其发展的主要方向，因而部分企业出现“技工荒”现象。再次，是劳动力技能和文化程度的结构性短缺。历年来，陕西农村劳动力外出从业比重较低，根据陕西省统计局发布的《2021年陕西统计年鉴》以及国家统计局发布的《2021年中国统计年鉴》数据，2020年陕西农村劳动力省外就业人数比重不足20%，远低于全国平均水平，也低于中西部地区平均水平。究其原因，既与陕西农民传统的小农经济思想观念有关，也与外出农民工缺乏劳动技能和文化程度低下、远不能满足大部分企业对劳动力技能的要求不无关系，因而存在大量农户“农忙务农，农闲打工”的季节性迁移和短期的“流动型”打工现象，同时劳动力市场对技术型工人又供不应求的现状。最后，是年龄结构性短缺。根据国家统计局发布的《全国农民工监测调查报告》及陕西调查总队统计数据，目前，出现民工短缺的发达地区的用工年龄一般在 16～45 岁，而陕西 40～60 岁的农村劳动力却大量富余，近年来陕西 50 岁以上农民工占比不断提高，不利于农村劳动力的持续有效转移。

第二，劳动力市场供求规律作用影响着农村劳动力转移就业。从农民工市场的供求双方来看，“民工荒”现象其实是劳方就提高现有工资水平的要求与资方维持原有劳动力价格的意图无法达成平衡的必然结果。作为劳动力市场的供给方（农村劳动力），改革开放以来，沿海地区农民工的工资增长率低于当地的经济增长率，甚至低于其他省份的工资增长率，而多年的物价上涨使农民工的收入无法维持原有的生活水平；新生代农民工具有较高的流动性和择业冲动，他们对待未来工作的较高预期和城乡待遇差距，成为招工难的原因之一。而从劳动力市场的需求方（企业）来看，沿海地区企业多为劳动密集型企业，劳动力成本在其总成本中比重大，企业为控制生产成本而压缩劳动力工资上涨空间。由于企业生产结构升级与优化的时滞性，短期内这些地区也难以通过产业转移的方式解决招工难的问题。因此，这些企业与农民工的供求矛盾必然显现。

5.4.2 当前陕西农村劳动力转移就业中存在的问题

为进一步掌握陕西农村劳动力转移就业中的现实困难及问题，本书项目组进行了针对陕西农村转移劳动力转移就业及培训意愿的调研，调研区域涉及关中及陕南地区。调研内容包括个人与家庭特征、非农领域就业或创业情况、对转移就业培训的参与及认知状况、对转移就业培训的满意度及相关政策建议等五方面。通过实地访谈和调研发现，当前陕西农村劳动力转移就业中存在的问题，从农村劳动力供求角度来看，既有需求方面的问题，如区域经济发展水平、产业结构方面的制约，也有供给方面的问题，如政策操作及农户的局限性。具体表现为以下几个方面。

第一，农业产业化水平低，乡镇企业不发达，吸纳农村劳动力转移就业能力有限。陕西是我国西部的农业大省，农业人口众多，农民收入水平较低，经济总量和产业结构与全国平均水平相比差距较大，经济欠发达，而陕西经济总量的80%左右又集中在大中城市，因此县域经济和农村经济处于欠发达地区的薄弱环节。陕西的农业生产方式也比较传统，农业结构有待优化，农业产业化水平低，配套产业不发达，农业生产效率不高，以乡镇企业为代表的农村工业化发展缓慢。据《2014 年中国农业年鉴》数据，陕西拥有乡镇企业数为13. 1293 万个，占全国乡镇企业总数的1. 9%，但是规模以上的乡镇企业数量为3401 个，仅占全国总数的1. 5%，规模以上的企业数量少且发展水平低，吸纳农村劳动力的作用非常有限。从各地区乡镇企业吸纳从业人员数和企业总产值及利润水平来看，陕西从事农业的乡镇企业绝对数量高于江浙、广东及四川等地区，但乡镇企业在吸纳从业人员数量、企业总产值及利润总额方面远低于江浙、广东等发达地区，也低于西部的四川等地区。可见，陕西农村县域经济发展滞后，制约了农村劳动力在县域内就近就地就业；而乡镇企业发展水平低下，使得能够为农民提供就业岗位的乡镇企业太少，大多数乡镇企业小规模、低技术、粗放式的经营方式也无法为农村劳动力提供长期、稳定的就业岗位。

第二，就业结构落后于产业结构，第二产业、第三产业发展滞后，农村劳动力转移就业空间不足。如前文在“农村劳动力转移就业的制度性障碍”中所述，陕西城镇化发展滞后，直接影响了农村第二产业、第三产业的发展，并制约着农村小城镇建设水平和农村劳动力转移就业。通过对国家统计局《2023 年中国统计年鉴》和陕西省统计局《2023 年陕西统计年鉴》数据对比分析可见，2022 年，全国和陕西省分别以占总就业人数 22.9%、29. 2%的农业劳动力仅实现了 7. 3%和 7. 9%的 GDP，农业生产的不经济和低效率显现无遗，粗放、低效、分散的生产方式给农业集约化、规模化、产业化发展带来难度，也阻碍了农业生产效率和农业增值水平的提高。从农业普查结果来看，2022 年，陕西农村从事农业生产的就业劳动力数量为 649 万人，而从事农业生产 6 个月以上的人数比重不到一半，农村劳动力转移的压力还很大。根据国家统计局《2023 年中国统计年鉴》中分地区统计数据的对比分析，从陕西城镇化水平和产业结构来看，2022 年陕西城镇人口比率为 64.02%，比全国平均水平低 1.2 个百分点，比江浙及广东等发达地区低约 10 个百分点。整个陕西第二产业、第三产业的比重落后于全国平均水平，在全国的比重也落后于中东部地区，2022 年陕西第一产业比重为 7.9%，比全国平均水平高 0.6 个百分点，而第二产业、第三产业比重和城镇化率分别为 48.6%、43.5% 与 64.02%，与发达地区相比还存在较大差距。第二产业、第三产业发展滞后，农村小城镇建设水平低下，二者互为因果限制了农村劳动力转移的就业机会和就业容量。

第三，农民职业技能缺乏，教育培训投入不足，收入不高。农村家庭用于教育培训的投入较少，导致农村劳动力就业能力缺乏，收入水平较低，这成为阻碍农村劳动力转移就业及创业的重要因素。从调查对象的家庭特征变量来看，农村家庭收入整体水平较低，近 80% 的家庭收入在 5 万元以下，其中收入在 2 万元以下的超过 50%，由此可见，在这种低收入水平下让其主动参与转移就业技能培训或继续升学的可能性较小。农村家庭人口在 3～5 人的农户占大多数，比例达 55.1%，5 人以上的家庭占比 38.7%，家庭人口较多增加了其经济负担，势必会减少在就业培训上的投入，阻碍农村青年继续受教育，从而减少其就业或创业所需的人力资本积累。而农户职业技能的缺乏，直接导致外出务工者只能从事苦、脏、累及简单的重体力劳动，并影响其收入水平和工作稳定性。

此外，还存在培养对象受教育程度比较低，就业稳定性差、流动性大；政府经费投入有限，农村职业教育及就业培训资源欠缺；转移就业培训及创业培训模式缺乏创新，培训内容针对性较差等问题。上述问题加大了陕西农村劳动力转移就业的障碍和难度，也影响着新型农村劳动力未来转移就业或创业的动力和成功率。

5.5　推进陕西农村劳动力转移就业的对策建议

根据陕西的实际情况，解决农村劳动力转移就业问题，是一项复杂的系统工程。新时期，要推进农村劳动力转移就业，必须从宏观和微观层面进行科学的统筹规划，从劳动力需求和供给两方面进行变革和创新。这需要政府、企业和农民各方协同配合，完善政策、改善服务、提高农村人口的素质和能力。

5.5.1　从宏观战略层面，推进农村综合改革和产业结构调整，扩大就业机会和就业容量

从宏观战略层面，应通过产业结构调整，统筹考虑农村劳动力转移就业，推进农业产业化、工业化进程，加快农业产业结构转型和推动城镇化建设，创造就业机会、扩大就业容量。

5.5.1.1　推进农业产业化经营，延伸农业产业链，促进农村劳动力就地转移

产业化经营是实现农村劳动力就地就近转移的产业基础，也是促进农业发展和提高农业劳动生产率的有力保证。我国现行的土地制度和传统的耕作方式、粗放式经营，限制了规模经营和农业机械的运用，使得农业的比较利益低，农民大规模向城市迁移，长此以往将动摇农业的基础地位。因此，必须大力发展现代化农业，保证农村经济持续发展，围绕农业发展加工工业，通过规模化、集约化和标准化生产方式吸纳部分剩余劳动力在农业产业内转移；同时加大农业结构调整力度，大力发展多种经营和特色农业。另外，要大力发展农村第二产业、第三产业，结合各地资源特点，培育与农业有关的乡镇企业和民营企业，拓宽就业门路，促进农业内部多渠道吸纳农村富余劳动力就业。

5.5.1.2 加快工业化进程，推动农村劳动力向第二产业、第三产业转移，拓宽农民增收渠道

经济增长决定就业机会和就业容量，要解决农村劳动力转移就业问题，首先应处理好结构调整与扩大就业容量的关系。应面向国内外大市场，发展吸纳劳动力较多的工业部门，尤其是出口加工业。大力发展社区服务业，推进机关和企事业单位的后勤服务社会化。扩大社区就业的领域和范围，把社区就业纳入经济社会发展及城市建设规划，为农村劳动力的转移提供更多就业机会。其次，扶持中小企业和乡镇企业发展，扩大就业岗位。在市场化过程中，中小型企业的功能主要是大量吸纳劳动力就业，所以，我国要在资金、技术、政策等方面为中小企业提供优惠，鼓励中小企业和乡镇企业二次创业，以提供更多的就业岗位。最后，还应结合本地区资源禀赋着力发展优势产业和特色产品，推动发展现代农业、集约农业和精细化农业，从而提升农业增值水平和农民收入水平。另外，要大力发展第三产业，特别是生态农业、观光农业等特色旅游服务业来引导农民充分就业，以多层次、多渠道提高拓展农民增收致富水平。

5.5.1.3 加快小城镇发展，扩大农村劳动力就业空间

长期以来，我国的城市化进程严重滞后于工业进程，现有城市不可能容纳如此大量的农村剩余劳动力。由于大中城市在发展空间上的制约性，加快农村城镇化的发展，将是今后吸纳农村剩余劳动力的主渠道。小城镇是连接城市和农村的纽带和桥梁，由于地缘相近和人际关系相对融洽，进入比较方便，而且转移的成本比较低；小城镇的发展可以带动第二产业、第三产业的发展，创造出新的就业岗位。城镇化发展的关键就是培育非农产业，推动其发展壮大并在地域上聚集。应大力扶持龙头企业、鼓励中小企业和乡镇企业向县城或农村小城镇聚集，以形成企业集群，扩大就业容量，不断提高非农产业人口比重，壮大城市规模，最终促进农村城市化，扩大就业空间。随着城镇化进程快速发展，城镇人口的快速增加，应加快公共服务均等化改革，

提高城镇化质量，加快落实中小城镇户籍制度改革，释放城镇化潜能，有序推进农业转移人口市民化。

5.5.2　从制度建设层面和操作层面，改善农村教育和培训机制，提高农村劳动力的就业能力和职业稳定性

从制度建设和保障措施层面，必须加强政府的宏观调控和引导，建立城乡统筹的就业机制和社会保障制度，改善农村教育环境和就业培训机制，培养适应市场需求和产业发展的新一代农村劳动者，提高农村劳动力的就业能力和职业稳定性。

5.5.2.1　加大农村人力资本投资，提高农民自身素质，增强农村劳动力转移就业能力

应改善农村教育环境和就业培训机制，通过农村人力资源开发来促进农村经济增长，从长期来看要加大对农村的人力资本投入。教育投资是人力资本投资的主体，也是推动经济发展的重要因素，应通过调整教育结构，健全农民职业技能培训体系，培养适应市场需求和产业发展的新型农民群体，适应未来产业升级与经济结构调整的需要。这一方面要加强和普及农村九年义务教育制度，在经济发达地区，应延长农村地区义务教育年限，逐步普及高中教育；另一方面要大力发展农村职业教育，各级政府要加大资金投入，提高职业教育质量和办学水平，使职业中学毕业生能够掌握一两门实用技术，充分发挥各级职业教育在提高农村人口素质方面的重要作用，同时应建立“政府扶持、多方参与”的多元化、多层次农民技能培训机制和农村人才培养体系，大力开展农民职业技能培训、现代农业科技培训及经营管理培训，以满足农村劳动力转移就业的多样化需求，为农民的转移就业或创业创造条件。

5.5.2.2　健全城乡统筹的劳动就业制度，完善就业服务体系

要保证农村劳动力顺利转移，减少农村剩余劳动力的盲目流动，必须加

强和完善政府的宏观调控，建立健全城乡统筹的劳动就业制度。首先，应建立城乡统一的劳动力市场，彻底取消各地针对农民和外来人口制定的限制性就业政策，消除城市劳动力市场对农民工的就业歧视，逐步形成城乡劳动者平等就业的机制。其次，要发展培育多种形式的劳动就业中介服务组织，为农民进城务工提供优质服务。将农民工与城市居民共同纳入服务的对象，通过加大农民工的就业技能培训和法律援助力度，增强进城农民工的城市认同感和融入度。

5.5.2.3 改善农村劳动力迁移与就业保障制度，维护农民合法权益

为消除转移劳动力的后顾之忧，首先，必须改革现有的户籍制度，取消城乡分割的户籍制度，由行业收入水平和工作机会自动调节农村劳动力迁移的方向，逐步实现人口的开放式管理，让更多的人有机会进入大城市。其次，要建立合理的土地流转机制，推动农村土地承包经营权成片流转，允许依法自愿有偿转让；鼓励进城农民承包的土地逐步向种田大户集中，促进农用土地逐步实现规模经营。再次，要建立健全覆盖城乡的就业保障体系，必须逐步解决进城农民在养老保险、教育、医疗、失业等方面的社会保障问题，加强城市最低生活保障，提高农民进城务工的非经济性预期收益，实现劳动者平等享受社会福利和保障。最后，要加强对农民工合法权益的保护，必须改变当前农民工合法权益得不到保障的现状，为滞留在农村的剩余劳动力树立积极的影响，要发挥企业工会和行业协会的作用，鼓励和引导更多的农民工加入工会组织，帮助农民工完成角色转变，从根本上解决农村劳动力转移就业的后顾之忧，促进城乡社会稳定。

5.6 结 论

农村劳动力转移就业是繁荣城乡经济、缩小城乡差距和陕西区域经济协调发展的重要手段，推进农村劳动力合理有序转移对于实现农业产业化、促

进陕西农村经济发展和农民增收具有重要的意义。本书的主要观点有以下五点。

第一，从宏观战略层面统筹考虑农村劳动力转移就业，通过调整城镇规划、扶持农村乡镇企业和鼓励发展中小企业，扩大就业容量和就业空间。建立城乡统筹的社会保障制度和统一的劳动力市场，改善农村劳动力转移就业环境，提高农村劳动力的就业能力和职业稳定性。

第二，推进农村工业化进程。经济增长决定就业机会和就业容量，应处理好技术进步、结构调整与扩大就业容量的关系，加快农村劳动力向第二产业、第三产业转移。

第三，加快农村城镇化进程，推动县域经济发展，重视城镇网络规划和农业生产规模，引导已在非农产业转移就业的农村劳动力向城镇集聚，促进农村劳动力就业方式多元化。积极引导农村劳动力就地就近转移就业、自主创业和非农家庭经营，发挥“乡村工业化”在农村经济发展中的作用，多渠道吸纳农村富余劳动力就业。

第四，完善市场主导、政府推动、城乡统筹的就业机制。通过城乡对接、农超对接、乡企联合的方式，建立政府—学校—企业—培训机构相互配合的长效机制，把企业作为农村劳动力转移就业的援助对象和实践训练基地，集合各方面力量，共同推动农村劳动力转移就业。

第五，本书与其他关注于现象、特征的描述或以某一个固定区域为对象进行的研究不同，主要从城乡对接、区域互动的角度，着眼于陕西关中和陕南两大区域的比较分析，在总结归纳农村劳动力转移就业的发展轨迹、总量与结构特征以及微观特征的基础上，提出符合我国经济欠发达地区实际情况的农村劳动力转移就业的战略路径、保障措施和政策建议，以期为相关政策决策提供理论依据和参考。

参考文献

［1］2022 年农民工监测调查报告［EB/OL］. 陕西省统计局，http：//tjj. shaanxi. gov. cn/tjsj/tjxx/qg/ 202304/t20230428_ 2284637. html，2023 －02 －13.

[2] 蔡昉．民生经济学："三农"与就业问题的解析——中国经济 50 人论坛丛书 [M]．北京：社会科学文献出版社，2005.

[3] 陈翠兰．广州农村劳动力转移与回流问题研究 [J]．南方农村，2010（5）.

[4] 陈敏丽，汪徐．劳动力老龄化对农业现代化的影响——以河南省为例 [J]．山西农业科学，2017，45（1）：146－150.

[5] 程芳．基于"三化互动"的农村剩余劳动力转移研究 [J]．理论与改革，2011（2）.

[6] 崔占峰．农业剩余劳动力转移就业问题研究——走中国特色的农业劳动力转移就业道路 [M]．北京：经济科学出版社，2008.

[7] 杜育红，梁文艳．农村教育与农村经济发展：人力资本的视角 [J]．北京师范大学学报（社会科学版），2011（6）：24－28.

[8] 郭晓丽，付国伟．国外高等农业教育支撑农村建设的经验及启示 [J]．山西农业大学学报（社会科学版），2011（7）：15－18.

[9] 国家统计局人口和就业统计司．2015 年中国人口和就业统计年鉴 [M]．北京：中国统计出版社，2015.

[10] 黄国华．农村劳动力转移模式的国际比较及其启示 [J]．农业现代化研究，2011，32（1）：46－49.

[11] 李体欣，张琦．"二元经济"条件下的我国劳动力转移问题研究——基于我国农村的农地制度对"民工荒"现象的理论探讨 [J]．经济问题探索，2010（12）：106－111.

[12] 李新平，徐睿．人口红利、产业承接与农村劳动力就近转移——以成都城乡统筹试验区为背景 [J]．西北人口，2010（4）.

[13] 梁永郭，徐俪．浙江省农村劳动力转移问题分析 [J]．陕西行政学院学报，2010（8）.

[14] 刘岱．浅谈德国农业人才教育体系 [J]．中国职业技术教育，2012（4）：33－36.

[15] 罗明忠．就地转移还是异地转移：基于人力资本投资视角的分析 [J]．经济学动态，2009（11）：54－57.

[16] 罗明忠．农村劳动力转移：决策、约束与突破——"三重"约束的理论范式及其实证分析 [M]．北京：中国劳动社会保障出版社，2008.

[17] 马铁群，李晓春．经济结构差异下的农村劳动力转移——以长三角地区为例

[J]. 农村经济，2010（10）：99－103.

[18] 农业农村部关于印发《“十四五”农业农村人才队伍建设发展规划》的通知 [EB/OL]. 中华人民共和国农业农村部网站，http：//www. moa. gov. cn/govpublic/RSLDS/202201/t20220125_ 6387600. htm，2022－01－25.

[19] 彭连清，詹向阳. 沿海地区产业转移与欠发达地区农村劳动力转移模式的演变——以珠三角为例 [J]. 当代经济研究，2007（5）.

[20] 时斌. 改善农村剩余劳动力转移培训的对策分析——以河南省 A 市为实证 [J]. 农业经济，2017（4）：65－67.

[21] 汪学军.《2020 年全国高素质农民发展报告》发布词 [J]. 农民科技培训，2021（1）：17－19.

[22] 王琴. 从“民工潮”到“民工荒”——我国农村剩余劳动力转移的制度瓶颈探析 [J]. 安徽农业科学，2010，38（34）：19739－19741.

[23] 吴佩. 培育中国农业的新未来——党的十八大以来新型职业农民培育成就综述 [N]. 农民日报，2017－10－12.

[24] 易红梅，刘慧迪，邓洋，等. 职业教育与农业劳动生产率提升：现状、挑战与政策建议 [EB/OL]. 中国职业技术教育网，http：//www. civte. edu. cn/info/1079/3526. htm，2023－04－26.

[25] 张俊良，刘飞. 金融危机背景下农村剩余劳动力转移的问题与对策 [J]. 农村经济，2010（12）：121－123.

[26] 张雅丽，张莉莉. 中国工业化进程中农村劳动力转移“中间力量模型”的构建 [J]. 西北人口，2009（1）.

[27] 赵路. 农村创新创业人才培养研究 [J]. 科学管理研究，2015（10）.

[28] 赵路. 农村创新创业人才特征与培养研究 [J]. 科技管理研究，2016（1）：48－49.

[29] 赵路. 农村劳动力转移就业的制约因素和对策探讨 [J]. 宏观经济管理，2012（7）.

[30] 中共中央办公厅 国务院办公厅印发《关于加快推进乡村人才振兴的意见》[EB/OL]. 中华人民共和国中央人民政府网，http：//www. gov. cn/zhengce/2021－02/23/content_ 5588496. htm，2021. 02. 23.

| 第 6 章 |

“互联网 +” 背景下农户使用网络状况及就业增收途径

“互联网 +” 环境加速了农业生产方式的转型和农业经营效率的提升，对于促进农村经济高质量发展和农民就业增收意义重大。推进农民就业增收是乡村振兴的必然要求，是缩小城乡差距、优化农业产业结构的重要手段。新时期，充分利用互联网等现代信息技术，开发农业新业态新模式，实现农村三产融合发展，是推动农民创新创业及就业增收的有效手段。改革开放 40 多年来，推动农村家庭创业与增收，一直是我国解决“三农”问题的重要课题。国内外相关研究集中于农村数字化教育、互联网使用与农民创新创业及增收的关系、农村电子商务发展模式及其对农村劳动力转移就业的影响等方面，但立足于区域特征与网络环境下的具体研究较少。因此，研究“互联网 +” 背景下农户使用网络就业创业状况及其增收致富的优化途径，具有重要的现实意义和应用价值。

本章运用定性研究和定量分析相结合的方法，从宏观层面分析了陕西农村劳动力转移就业的总量与结构特征，通过实地调研和问卷调查，分析了陕西农村劳动力转移就业的微观特征和新趋向。结合理论总结和微观调查，选取五类 13 个指标构建适合农村居民网络使用意愿和就业增收途径选择的分类指标，运用 Logistic 回归模型对农民就业增收的影响因素进行了实证分析，并从农民收入水平、利用网络进行现代农业经营、农村电子商务发展水平及其相关政策支持等方面剖析了当前“互联网 +” 背景下农户使用网络及就业增收过程中存在的问题。最后提出，新时期在“互联网 +” 背景下应从政府、产业、农民等多层次多角度共同推进，以拓宽和优化农户增收途径。

6.1 引　言

6.1.1　研究背景与研究意义

陕西地处中西部，农业人口众多，经济发展相对滞后，农民收入水平较低。2021 年末，陕西共有 1438 万农业人口，农业人口占全省总人口的比重不断降低，但仍高出全国平均水平。近十年来，陕西农村居民收入增长不仅快于城镇居民增长，也高于全国农村居民收入增幅水平，但与全国差距的绝对额还在持续拉大，陕西城乡收入差距较全国平均水平仍然存在一定差距，这说明陕西农村劳动力转移就业质量和收入水平都有待提高。与东部发达地区相比，陕西农村的网络应用水平较低，农村电商服务体系与现代农业生产体系还不发达。因此，研究"互联网 +"背景下陕西农户创新创业及增收致富的优化途径和政策建议，对于引导农村劳动力转移就业及创业、转变农村生产方式，增加农民收入、缩小城乡差距和促进陕西区域协调发展具有重要的现实意义。

本章以陕西农村居民网络使用与网络创业行为调查为切入点，着眼于研究拓展农户创新创业及增收途径的制约因素，对于指导农村开展科技创新创业工作、完善农村创新创业人才培养机制、提高农民的创业意愿和收入水平具有典型意义。理论上本章将深化数字化农村和网络创新创业方面的研究。本章以陕西农户网络使用意愿与网络创业行为选择及其影响因素为研究对象，在深入调研的基础上，运用量化研究构建分析模型，结合理论分析农户使用网络及就业增收的主要特征与存在的问题，进而提出拓宽农户创新创业及增收致富的途径和政策建议，具有较强的理论引导和应用价值。

6.1.2 国内外研究综述

国外有关互联网农村与就业增收的研究主要集中在农村数字化教育、互联网使用与农民创新创业及增收的关系等方面，如科尔斯塔德和威格（Kolstad & Wiig，2015）与马拉维（Malawi）等通过实证研究表明，受教育程度越高者，其创业概率越高，同时，教育水平越高，劳动力就业的回报越高，创业水平也越高，从而增强了创业选择机会。卡茨和劳乌（Catts & Lau，2008）提出，互联网使用对农村家庭的创业意愿和创业收入有显著的促进作用，网络便利了农村地区社会交往和信息获取。阿鲁姆和马勒（Arum & Muller，2010）认为，数字化社会关系网有助于提高城乡家庭创业收入且在资源约束严重的农村地区效果更为明显，互联网为创业者提供了提升自我能力的机会，加速了农村数字化创业的动力。研究表明，积极推动农村互联网建设，使实体经济和互联网经济产生叠加作用，可以缩小城乡鸿沟，推动智慧农村建设。

改革开放40余年来，推动农村家庭创业与增收，一直是我国解决“三农”问题的重要课题。互联网时代的到来使得农村经济转型升级，农民转移就业及创业的方式、内容都发生了显著的变化，农村电商的发展对于新型城镇化建设、促进农民创新创业、脱贫致富，提高农村居民生活质量具有重要的意义。其中最主要的变化是新型城镇化和农村电商发展是解决“三农”问题、促进农村劳动力转移就业的重要途径。这也是国内相关学者研究的重点。

国内学者的研究主要集中在以下几个方面。第一，互联网环境下农村电商的发展环境和发展模式研究。何晓朦（2016）通过运用集对分析法（SPA）构建分析模型，对中国的31个省（区、市）[①] 的农村电商发展环境进行评价，指出我国农村电商的发展环境呈现出明显的沿海优于内地、东南优于西北的地域特征。张永强（2015）在“互联网+”背景下互联网农业

① 不含我国港澳台地区。

发展环境研究提出了“沱沱工社”全产业链式的农产品电子商务模式和仁寿县基于乡村电商服务中心及农工产品双向流通的两种典型电商模式。张启文(2017)基于农村电商视角提出了“政府+金融机构+自主研发农村电商平台”模式和“自营式农村电商平台+金融机构”模式两种新型农村互联网金融发展模式。陈晓琴和王钊(2017)总结了目前国内典型的电商扶贫模式及相关经验，认为我国电商扶贫的可能性路径有“贫困户+帮扶主体+电子商务”“贫困户+合作社+电子商务”“贫困户+龙头企业+电子商务”等几种形式。第二，网络使用与农村劳动力转移就业的关系研究。如马俊龙和宁光杰(2017)使用中国家庭追踪调查(CFPS)2014年度数据，实证分析互联网使用对农村劳动力非农就业的影响，指出互联网使用能够有效提高农村劳动力选择非农就业的概率。第三，互联网应用对农民增收的影响。如马金海(2016)指出，电商可以促进农村的现代化发展，带动农民自发创业，促进农民收入。周冬(2016)基于全国性微观调查数据的实证研究结果，发现互联网在农村地区的推广和使用可以显著促进农村非农就业、拓宽农民收入来源。第四，农村电子商务地域发展研究。王小洪等(2017)通过对湖南省炎陵县构建金融扶贫服务站、开展农村电商合作试点，推动产业化运营的扶贫模式，认为“金融服务站+互联网+农村电商”模式不仅可以带动当地特色产业发展，而且有利于实现电商与精准扶贫的深度融合。第五，对于“互联网+农业”发展模式的研究。黄海军等(2022)发现通过采用“互联网+农业”方式，可以降低农业发展的成本，进一步提高农业的经济效益。互联网技术与农业经济发展的结合，使农业生产者和管理者更容易及时获得最新的市场信息，节省农产品的分销成本。互联网技术促进企业提高农业技术水平，加快了农产品的更新换代，也极大促进了农民的创新创业和就业活动，对提高农业生产效率起到了重要作用。

除了上述立足全国及省外的相关研究外，省内相关研究如张鸿和刘修征(2017)基于陕西省农村电子商务的发展现状，研究了互联网对农村电子商务发展的影响。高敏芳(2016)在国内外农村电子商务研究现状的基础上，提出了陕西省农村电子商务发展的问题及建议。

综上所述，国外相关研究主要集中在互联网教育与创新创业人才成长及农民增收方面，这与我国的互联网发展阶段与实际情况不相符合。国内的研究虽有与本章接近的研究，但主要关注于农村电子商务发展模式及其对农村劳动力转移的影响方面的研究，对近年来西部大开发战略下网络使用与农户就业增收的关系关注不够，尤其立足于陕西区域特征和网络环境发展阶段的具体研究较少，这也给本章留下了研究的空间。

6.1.3 研究思路与研究方法

6.1.3.1 研究的主要内容

本章从宏观和微观相结合的角度，着眼于“互联网＋农村”的发展背景，从宏观上把握陕西农村城镇化发展与农民就业增收方面的差距及总体特征，从微观上剖析陕西基层农村网络应用和农户就业收入状况的基本特征；在调查研究当前陕西农村经济发展、农村劳动力转移就业与创新创业现状的基础上，重点分析陕西农村在互联网应用与发展中存在的问题及农户就业增收进程的影响因素和障碍，进而提出网络环境下提升农户数字化生存能力和促进农民增收致富的现实路径及对策建议，以达到促进陕西农村经济转型和新型城镇化发展的目的。具体包括：陕西城镇化进程中农民转移就业与收入状况分析、陕西农村互联网应用与发展现状分析、农户使用网络与就业增收影响因素的实证分析、农户使用网络及就业增收中存在的问题与障碍分析、“互联网＋”背景下陕西农户创新创业及就业增收的优化途径和对策共五部分内容。

本章研究的重点难点包括：一是研究变量的设计与信息的采集。本章研究是基于农户调查基础上的理论归纳和体系构建，为保证研究的顺利进行，必须科学设计研究变量和选定调查对象，如明确农户网络使用意愿与就业增收途径选择及影响因素，以及改善现有增收途径的制约因素是项目研究的重点和难点。在访谈对象选择上，必须规范标准和信息采集过程，问卷设计的变量描述要确保农户能够正确理解并填写问卷；而定量分析与定性研究相结合、问卷调查和访谈资料相补充并分阶段实施，工作量较大。这也是本章研究能为相关部门提供客观反映基层现实一手资料的必然途径。二是“互联网 +”背景下推动农村互联网应用及拓宽农民就业增收渠道的优化途径和建议。这是本章研究的核心目标。本章将基于农户调查和基层访谈资料的归纳，深入剖析农户使用网络及就业增收的主要特征与存在的问题，着眼于“互联网 + 农村”战略下城乡互动的新趋势和特点，通过系统优化农村数字化教育与创新创业人才培养体系、农村电商发展与服务体系、现代农业生产体系，构建“立体多元”的农民就业增收途径与平台。这个问题的突破既是本书的难点，也对指导农村开展科技创新、推动农户的网络应用与创新创业行为、促进农民就业增收和城乡协调发展具有典型意义。

6.1.3.2 本章研究思路与实施路径

本章的研究思路是在国内外相关研究的基础上，从陕西农村居民家庭收入状况、农村网络应用及电子商务发展情况、对网络知识与电商技能的培训、对“互联网 +”相关政策的认知与执行四方面入手，构建相关影响因素指标体系，通过调研收集相关数据，运用 Logistic 多元回归模型量化分析农户网络使用行为和就业增收途径选择及其影响因素，并构建回归模型实证研究农户就业增收途径选择、收入水平、网络应用及网络创业行为及其各因素间的关系，进而诊断农户就业创业增收行为的制约因素，最后运用经济学、公共管理学等多学科相关理论设计推进陕西农户网络创业与就业增收的有效途径及对策。本章研究思路与技术路线如图 6 – 1 所示。

6.1.3.3 研究方法

本章通过宏观研究和微观分析相结合、定性研究和定量分析结果互为补充的方式，重点对陕西关中地区近十多年来农村网络使用状况和劳动力转移就业及增收状况进行系统分析。以实证研究为基础，从微观层面通过实地调研分析农民转移就业与增收的具体表现和特征，并运用多元回归分析预测影响农户网络使用行为与就业增收的主要因素及影响程度。具体研究方法包括以下三种。

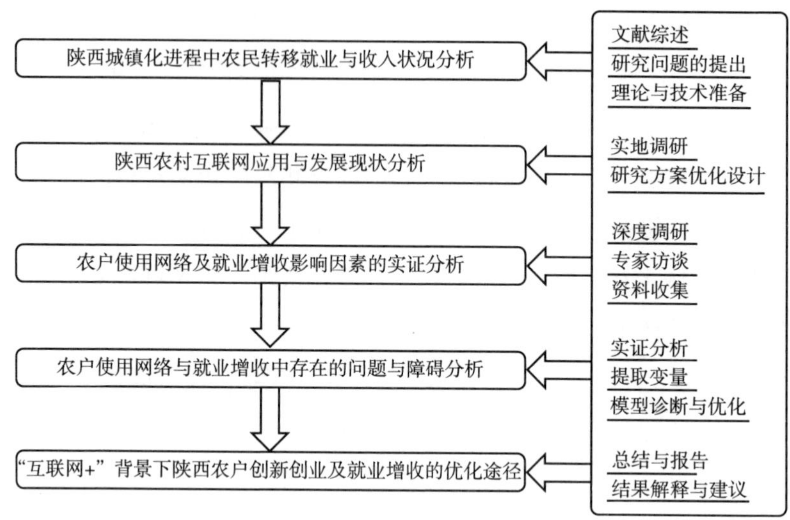

图6-1　研究思路与技术路线

资料来源：笔者根据研究思路绘制所得。

（1）实地访谈和问卷调查法

根据定性归纳与定量分析相结合的原则，本章将选取陕西关中地区农民网络应用与网络创业的典型县作为案例来源，每县随机抽取5个乡镇，每个乡镇随机抽取3个村共约20个农户（包括自主经营、农村电商创业和实现非农就业的农村居民）作为调查对象，共收集约1000个农户的相关信息，调研结果及时录入数据，并建立SAS数据库。并结合实地采访网络创业和就业增收带头人的成功经验，为检验假设和结果预测提供可靠依据。访谈与问卷收集的数据信息主要根据以下思路设计。

参考社会流动研究领域的"布劳—邓肯"地位获得模型，并考虑外生变量因素，问卷中数据信息主要分为三大类：先赋性因素和获致性因素和区域环境因素。

先赋性因素包括生理遗传、个体差异及家庭背景，笔者选取了年龄、性别、个性特征、父母受教育程度、父母职业及社会经历、家庭收入及人口状况等背景因素指标。获致性因素包括人力资本和工作经验，其中人力资本包括本人的教育和学习培训经历，笔者选取了本人教育程度、受教育年限、是否参加过就业创业培训、转移就业的领域、次数及经历等指标；区域环境因素包括区域环境、经济发展水平、制度因素等外在因素，我们选取了区域教育水平、区域人均GDP、网络使用环境、网络使用率/普及率、转移就业培训制度、区域特色产品、主导产业、产业扶持政策等指标。

以上述三类指标为自变量，以农户增收水平、网络使用与网络创业的意愿及收入为因变量，考察多种因素对创新创业成效的预测作用大小（见表6－1）。

表6－1 陕西农户网络使用意愿与就业增收途径选择及其影响因素

主要因变量	就业创业与增收途径	本地务工/自主创业、家庭经营/企业经营、外出打工及创业、非农就业
	农户收入水平	家庭年收入、农村劳动力平均年收入、非农收入占比
	网络使用及网络创业增收状况	网络使用意愿及满意度、网络创业意愿及增收幅度
主要特征变量	先赋性因素	年龄、性别、个性特征、父母受教育程度、父母职业及社会经历、家庭收入及人口状况
	获致性因素	受教育程度、是否参加过就业/创业培训、转移就业/创业的领域、就业次数及经历网络应用与电商技能培训、职业技能培训、实用农业技术培训、SYB创业培训
	区域环境因素	区域教育水平、区域人均GDP、电商注册数、网络使用环境、Wi-Fi覆盖率、网络使用率/普及率、转移就业培训制度、区域特色产品、主导产业、产业扶持政策

（2）综合统计分析，提炼模型所需的数据与变量

对农户使用网络及就业创业所需的能力、要素进行调研及问卷设计，将影响农户使用网络与就业增收的主要因素分为3大类23个因素变量。在问卷调研的基础上，对数据进行统计描述分析，利用统计软件对样本进行分析处理，包括主成分分析、相关分析等，从而提炼推进农户网络使用和就业增收的因素以及建模所需的变量。

（3）引入多分类Logistic回归分析

本章引入多元分类评定模型，应用SPSS软件进行多分类Logistic回归分析，根据调研结果和录入数据库，分别从先赋性因素、获致性因素和区域环

境因素三方面抽取个体特征、家庭状况、受教育程度、转移就业领域及收入水平等变量信息（见表6-1），分析各特征变量与农户增收水平、就业创业选择、网络使用状况的相互关系，及其对农户网络使用意愿与就业增收途径选择的影响程度，从而对农村青年就业创业类型、网络应用与网络创业、收入状况进行模拟估计和优化。通过 Logistic 回归找出对因变量的发生概率有影响的自变量，以判断分析出自变量组合条件下因变量的发生概率。设 Y=1 的概率为 P，表示农户愿意使用网络及就业创业（增收）的概率，其表达式如式（6-1）、式（6-2）。

$$P_i = F(Y) = F(a + \sum \beta_j X_{ij} + \varepsilon) = \exp(a + \sum \beta_j X_{ij}) / [1 + \exp(a + \sum \beta_j X_{ij})] \tag{6-1}$$

$$Y = f(X_1, X_2, X_3, \cdots, X_n) + \varepsilon = a + \sum \beta_j X_{ij} + \varepsilon \tag{6-2}$$

式（6-1）中，P_i 表示第 i 样本农户作出某一特定选择的概率；β_j 为第 j 项影响因素的回归系数；X_{ij}表示第 i 个样本农户的第 j 项影响因素；a 为常数项；ε 为随机干扰项。式（6-2）中，Y 为农户使用网络及就业创业的意愿，X=（X_1，X_2，X_3，…，X_n）为影响因素，n 的取值为 23，其他同式（6-1）。

6.2 研究设计与样本选取

6.2.1 研究设计与调研步骤

本章调研设计与实施步骤大致按以下四个阶段逐步推进。

第一，前期准备与调研方法的确立。本章调研以农村创新创业人才网络使用状况作为主题，通过了解农村创新创业人才网络使用状况，全面和深入分析当前对于农村网络覆盖的实际状况。本书调研团队先后查阅了“互联网+”农业农村建设、农民就业增收等领域相关文献资料；同时系统地学习了 Excel、SPSS21 等数据统计分析的软件，以及多元回归分析法和交叉分析法等数据分析方法，最终选定了问卷调查法和实地访谈法作为此次调研的主要研究方法。

第二，初步调研与问卷设计。根据已掌握资料优化设计调查问卷、调研进度与分工。完成前期准备工作后，确定了调研方案和访谈大纲，明确了要研究的主要问题，在前期调研准备的基础上进行问卷设计，安排项目进度与任务分工等情况。先后于 2019 年至 2021 年期间分别进行了互联网背景下的农民就业增收状况调研和农业新业态发展与农民就业增收状况的调研。本书以陕西富平、蒲城县和宝鸡眉县、凤翔县、杨凌等地为实地调研范围，以当地致富能手、专业合作社负责人等人群为对象进行实地访谈，初步了解当地网络使用状况以及相关政策的实施情况。

第三，调研访谈与问卷发放。问卷设计完毕后，采取线上线下两种途径发放问卷。其一，打印纸质问卷，实施线下问卷发放；其二，利用“问卷星”这一网上平台发放问卷，先后三次到陕西关中地区发放并回收问卷 702 份，然后建立数据库并对数据进行处理和筛选，最终保留有效问卷 577 份，有效率为 82. 19%，可作为本章研究的有效依据。在发放问卷收集信息的同时，小组成员根据优化后的提纲分成两组，采用实地访谈法对参与本章调研的两地致富能手分别进行了访谈，调查收集了他们使用网络致富的状况，掌握调研的一手资料，作为问卷调查和结果预测的可靠依据。

第四，资料数据整理与归纳，撰写报告。问卷收集完毕后，对于调研获取的有效问卷，小组成员采取分工合作的方法对于问卷上的内容进行了整合分析并撰写相关的调研报告。首先，将纸质问卷与“问卷星”上的问卷内容统一录入 excel 软件建立数据库；其次，采用多元回归分析和交叉分析等方法对数据进行验证分析；最后，根据调查内容撰写报告。先后完成几个阶段的内容：确定调研的背景和意义、设计问卷内容并发放问卷，对调研过程及相关问卷数据进行整理分析；运用多元回归分析法进行深层次分析，然后根据数据结果进行阐释分析，并进行相应的图表可视化处理；最后根据数据分析结果找出存在的问题，并提出相应的对策和建议，完成调研总结报告撰写。

6.2.2 样本来源与选取依据

本章着眼于“互联网+”农村的发展背景，从宏观层面系统分析了近十年来我国城镇化进程中农民转移就业与收入状况的总体特征，从微观层面分析农民转移就业与增收的具体表现和特征，并结合农村劳动力就业创业的新趋向和农户使用网络及增收中存在的问题，探究拓宽农户创新创业及就业增收的途径和措施。

具体调研以陕西农村地区为案例背景与样本选取来源，以陕西农户使用网络与网络创业就业行为选择作为研究对象。案例选取依据基于两方面：一方面，陕西的城镇化率和城乡居民收入比均接近于全国平均水平，近十年来，随着陕西加快农业农村网络化数字化建设，其农村互联网普及率与农村居民收入增长均高于全国平均水平，虽然其农民就业增收水平与全国仍然存在差距，但其发展成就与提升空间较大，具有研究的代表性；另一方面，陕西农业人口众多，经济发展相对滞后，农民收入水平与农村的网络应用水平较低，农村电商服务体系与现代农业生产方式正处于高速发展的转型期，具有研究的典型性。同时，本项目先后三次到陕西关中五个县区进行实地调研和访谈，以当地致富能手、家庭农场经营者、农民专业合作社带头人、农村转移就业与创业人员，以及村集体组织负责人、相关职能部门管理干部等人群为对象进行实地访谈和问卷调查，使本章研究具有广泛性并保持一定覆盖面。

项目调研内容和访谈主要从农户家庭收入状况、就业及经营的领域、使用网络状况、对网络及电商技能的培训及相关政策的执行情况五个方面，展开对“互联网+”环境下农民就业增收状况的研究，通过问卷调查收集农户运用网络进行就业创业及增收的微观数据，为后续的优化路径和措施提供了实证支撑，并结合访谈资料和问卷内容，提炼关键词和变量，运用多元回归模型预测分析影响农户就业增收与网络使用行为的主要因素及影响程度，进而对拓宽农户就业增收的途径进行系统考察。

6.3 陕西城镇化进程中农民转移就业与收入状况分析

陕西地处我国中西部，农业人口众多，经济发展相对滞后，农村剩余劳动力数量较多，农村劳动力转移就业压力大。基于陕西农村经济发展现状，农民转移就业能力较低，农民就业增收水平远低于东部发达地区，与全国平均水平相比也还存在差距；农村劳动力就业结构与产业结构调整的矛盾仍然存在。新时代，以乡村振兴的战略要求为指引，激发乡村现有人才活力，把更多人才引向乡村创新创业，以推动农业转型升级，最终实现农业增效和农民持续就业增收，仍然是陕西省农村经济发展面临的一项重要而紧迫的任务。

党的十八大以来，陕西高度重视农民转移就业与增收工作。新时代在持续巩固拓展脱贫攻坚成果的同时，大力推进乡村振兴，不断培育新型经营主体，助力产业振兴、激发农村人力资源活力，不断提高农民就业增收水平。根据陕西省统计局 2013 ~2022 年《陕西统计年鉴》、国家统计局陕西调查总队统计数据，并结合笔者的调研数据分析，2012 ~2021 年，陕西省农民工总量不断增加，全省农民工数量由 662.9 万人增加到 783.7 万人，增长了 18.2%，农民工就业基本稳定。随着经济转型、产业升级和第三产业迅速发展，城乡就业结构更加协调；农村居民收入稳步提升，收入结构更趋合理，城乡居民收入差距逐步缩小。这些充分体现了我党重视“三农”工作的重大成就，也充分证明习近平总书记提出的乡村振兴战略思想的科学性和重要引领作用。

因此，加快陕西农业现代化进程，推进农民就业增收。从思想上，要充分认识全面实施乡村振兴战略的深度、广度和难度不亚于脱贫攻坚；从战略上，必须加强顶层设计，从多层次多角度认识新时代背景下实现陕西农村经济高质量发展、推进农民就业增收的重要性，以更有力的举措、汇聚更多的人才走向乡村创新创业和中国特色社会主义乡村振兴道路。

6.3.1 陕西推进农民就业增收的重要性

6.3.1.1 促进农业增效农民增收是乡村振兴的重要目标

乡村振兴战略是党的十九大提出的一项重大战略。习近平总书记在党的十九大报告中对乡村振兴战略进行了概括，他指出，“要坚持农业农村优先发展，按照产业兴旺、生态宜居、乡风文明、治理有效、生活富裕的总要求，建立健全城乡融合发展体制机制和政策体系，加快推进农业农村现代化”。新时代的“三农”工作必须围绕农业农村现代化这个总目标来推进，坚持走中国特色的乡村振兴之路。乡村振兴是包括产业振兴、人才振兴、文化振兴、生态振兴、组织振兴的全面振兴。这五大振兴是“五位一体”的总体布局，在内容上相互包含又相互影响，是紧密联系和不可分割的有机整体。其中，产业振兴和人才振兴是乡村振兴的基础与前提；通过人才振兴、产业振兴，激发农村各类经济组织的活力，才能实现农业现代化。因此，如何发挥亿万农民的主体作用，创新乡村人才激励机制，激发乡村现有人才活力，把更多人才引向乡村创新创业，以推动农业转型升级，实现农业增效农民增收，是当前农村经济发展的紧迫任务，也是本章的研究重点和目标。

随着我国工业化、城市化和农业现代化的发展，农业人口大量涌入城市，根据国家统计局2012～2023年《中国统计年鉴》数据，2011～2022年，我国农村人口占总人口的比重下降13.9个百分点。农村劳动力从农业向非农业、从农村向城市转移，是全球经济发展过程中的普遍规律，也是多数国家解决农村劳动力充分就业的重要手段。农村劳动力转移就业人数增加，是农村人力资源开发的结果，也是缩小城乡差距、促进农民增收和城乡协调发展的重要途径。当前我国以产业结构调整、农业现代化以及城镇化建设为契机，加快农业转移人口市民化，促进农民就业增收，推动城乡协调发展，是我国一项长期而艰巨的任务。党的十七大报告明确指出：“以促进农民增收为核心，多渠道转移农民就业，是发展农村经济，建设社会主义新农村的重要目标之一。”农村劳动力实现转移就业和增收是农村人力资源优化配置的结果，也是全面解决“三农”问题、实现城乡经济繁荣的重要手段。

工业化、产业化和规模化经营使得农民的耕地大量减少，农民源于土地和农业的收入在减少，只有不断提高工资性收入、经营性收入或财产性收入等其他收入才能弥补，而向非农产业转移就业、进城务工、从事自主经营或创业正是解决这一问题的有效途径。因此，加速农业现代化、农村工业化和城镇化进程，对于缩小城乡收入差距，促进我国区域协调发展具有深远的意义。党的十九大以来，习近平总书记所提出的乡村振兴战略，作为新时代“三农”工作总抓手，以加快农业农村现代化为总目标，以推进农村全面发展，构建乡村产业体系，实现产业兴旺，促进农业增效，推动乡村生活富裕为总要求。因此，促进农民就业增收必将成为缩小城乡区域发展差距、推进乡村全面振兴的必然要求。

6.3.1.2　推进农民就业增收是缩小城乡差距、促进城乡协调发展的重要途径

改革开放 40 多年，推动农村家庭经营，构建现代农业产业体系，促进农民就业创业与增收，一直是我国解决“三农”问题的重要课题。互联网时代的到来使得农村经济转型升级，农民转移就业及创业的方式、内容都发生了显著的变化，其中最主要的变化是新型城镇化和农村电商发展成为解决“三农”问题、促进农民就业增收的重要途径。城镇化的发展使农村劳动力由从事第一产业向第二、第三产业转移，农村劳动力的非农收入比重逐渐增加，其总体收入水平不断提高，逐步缩小了城乡收入差距。根据陕西省统计局 2011 ~2022 年《陕西统计年鉴》数据，2010 年以来，陕西农村居民收入增长一直快于城镇居民收入增长。2021 年，农村居民人均可支配收入名义增速和实际增速分别高于城镇居民 3.2 个和 3.0 个百分点；其收入构成中的工

资性收入、转移净收入增长均高于城镇居民。其中，农村居民人均工资性收入和转移净收入增长比城镇居民分别高 6.9 个和 3.4 个百分点，这说明随着农村转移就业人口的增加，进入城市打工的农民工数量不断增加，农民务工收入增长明显；农村居民的养老和医保费、社会救济和政策性补贴，以及从转让承包土地经营权中获得的收益也增长较快。这使得陕西城乡差距（城乡居民收入比）由 2012 年的最高值 3.6 下降到 2021 年的 2.76，城乡居民收入差距进一步缩小；同时，结合国家统计局 2011 ~ 2022 年《中国统计年鉴》数据，陕西农村居民收入与全国平均水平的相对差距也在逐年缩小。这些充分显示，通过农民的转移就业及创新创业活动，极大地促进了城乡经济的繁荣，带动了农民的增收致富，对缩小城乡差距、促进城乡协调发展具有重要意义。

6.3.1.3 推进农民就业创业和农业增效是转变农业生产方式、优化农业产业结构的重要手段

我国传统的农业生产方式粗放低效、专业化水平低。推进农民转移就业和创新创业，有助于农村创新创业人才的培养和合理流动，给农村欠发达地区引入先进的信息、技术和经验，大力发展现代农业、集约农业和精细化农业，从而提高农业生产效率，提升农业增值水平。因此，引导农民就业创业对于转变农村生产方式意义重大。产业结构的合理化是以第二产业、第三产业的发展水平以及农业结构的优化来衡量的。农业结构优化过程具体表现为，在农林牧渔业中，农业（种植业）的比重逐步下降，在种植业结构中，粮食作物比重的下降和经济作物比重的逐步上升。陕西是经济欠发达的农业省份，农业人口众多，经济发展相对滞后，农民收入水平较低。改革开放以来，关注农民的非农化过程，使离开土地的农民实现充分的非农就业，是陕西经济社会发展的重大课题，一直以来，整个陕西第二产业、第三产业的比重落后于全国平均水平，在全国的比重也远远落后于中东部地区，陕西第二产业、第三产业的比重应大力提高，农业结构也有待优化。根据国家统计局《2022 年中国统计年鉴》、陕西省统计局《2022 年陕西统计年鉴》数据，

2021 年，陕西第一产业比重比全国高 0.8 个百分点，而第二产业、第三产业在全国的比重分别为 3.1% 和 2.2%，发展水平较低，与发达地区相比也还有很大差距。因此，转变农业经济增长方式，加快农业转型升级和产业结构的优化，全面推进乡村振兴，加快农业农村现代化，仍是当前和今后一段时期陕西需要持续改进的方向。

通过构建现代农业产业体系，拓宽农民转移就业与创新创业渠道，提高陕西农村转移劳动力的现代农业科技水平、经营管理能力和创新创业能力，以农村人力资本的提升逐步推动农村生产经营中其他各项资源和要素的优化配置，从而优化农业结构，提高农业工业化发展水平和效益；利用互联网、大数据、人工智能、物联网等现代信息技术手段，加速技术与人才、信息、资金的融合，大力开发农业新业态新模式，推进农村一二三产业融合发展；通过发展乡村旅游、观光农业等项目带动农村商贸流通和现代服务业的发展，促进农业生产方式转型升级、农业产业结构科学合理，最终形成乡村人才聚集、产业兴旺、农业增效、农民增收、生活富裕的繁荣局面，以实现农业现代化和乡村振兴的总目标。

6.3.1.4 充分利用互联网等现代信息技术实现农民创新创业与增收是提升农业经营效率的必然结果

当前随着互联网、大数据、物联网等现代信息技术的迅猛发展，“互联网 + 农业”生产经营模式广泛推广和应用，不仅为我国农业结构的升级和优化提供了强有力的技术支撑，也为传统农业发展模式的改革和农民创新创业提供了新的机遇。首先，可以充分利用互联网的开放性，构建新的农业生产经营模式，为生产者创造一个及时准确监测农产品市场状况和未来发展趋势的平台。其次，由于互联网的综合性，其信息范围不仅包括农业生产技术的创新，还包括农产品的销售过程，涵盖了农业生产的前、中、后全过程。最后，充分利用互联网的创新特点，可以促进先进的农业生产技术的传播，并通过不断更新现有的农业生产技术，稳步提高农业生产的经济效益。在互联网时代，将信息网络融入农业经济发展过程中，可以促进农业的突破性发展，打破传统的资源型农业发展模式，逐步转变为科技型农业发展模式。随着市场经济的不断发展，创新能力和核心技术已经成为农业可持续发展过程中的重要指标。目前，中国的农业发展以资源型为主，信息化建设水平较低，这限制了中国农业经济的进一步发展。实施“互联网+农业”的发展模式可以促进中国农业的转型升级，推动中国农业的现代化进程。网络信息技术在农业经济中的应用可以大幅提升农业生产及经营效率。目前我国农业发展主要集中在资源生产方面，信息化建设仍处于低水平。通过“互联网+农业”的方式，我国农业可以逐步从资源型向技术型升级，加速推进农业的现代化和信息化，极大提升农产品的附加值和农民收入水平。

6.3.1.5 推进农民创新创业及就业增收是开发农业新业态新模式、实现农村三产融合发展的必然要求

当前，互联网信息技术、互联网平台和传统产业的融合所形成的“互联网+”模式，是一种基于互联网络的新经济业态和应用形式，也是一种基于互联网的新商业模式和新发展业态。“互联网+农业”是在传统农业中融入和更新互联网创新思维，充分挖掘互联网优势，利用互联网大数据、物联网、云计算、电子商务等前沿信息技术的农业新业态和新商业模式。借助于互联网信息技术，农业减灾措施、生产计划和销售计划得到升级，并转化为物流和其他服务的平台；农产品的分销和售后服务，也通过农业的智能化和信息化手段，使农业生产者、物资和资金等生产要素的配置更为合理化，进一步提高农产品附加值，形成农产品及服务形态、农业经营形式和农业组织方式以互联网为载体的农业新业态新模式。这些将有助于农村一二三产业的交叉融合发展，更有效地促进农业产业兴旺，实现农村经济繁荣和农民富裕的新发展格局。

同时，随着“互联网+农业”的高度融合，互联网及其农村电商的发展为传统行业提供最新信息，可以有效解决农产品销售时因信息造成的滞销问题，实现农产品的直接销售，减少各种客观因素对农业生产的不利影响，实

现更高效的农业生产。通过互联网的信息共享也使农业市场的结构更加清晰、直观和透明。农民不再需要通过多种程序来进入市场，通过互联网的透明度，他们可以对市场有更好的了解。通过基于互联网的自助出售平台，他们不仅可以直接销售自己的农产品，还可以扩大销售渠道，真正将自己的专用农产品呈现给世界。农民还可以通过互联网平台交流农作物栽培技术，以提高农产品的产量和质量。目前，我国政府对互联网平台上销售的农产品进行补贴的政策，目的是让更多的农民了解并使用互联网这一新技术新手段，对于推动农业增效农民增收，促进产业融合发展，实现乡村振兴的总目标发挥了巨大作用。

6.3.2　陕西农村劳动力转移就业与收入现状

近十年来，随着陕西工业化、城镇化、现代化进程的加速发展，根据国家统计局陕西调查总队统计数据，并结合本书调研数据，2021年陕西省农民工总量达到783.7万人，比2012年增长了18.2%。农民工就业基本稳定，收入稳步提升，收入结构更趋合理，农民工提供了农民1/3的纯收入和大部分工资性收入，成为农民增收致富的主要途径。农村劳动力转移就业推动了城市第三产业的发展，并不断吸纳农业剩余劳动力和农村人口，使陕西农业人口比重不断降低，但是，与全国及其他发达地区相比，陕西农村劳动力转移的速度和质量不高，区域发展不均衡，仍是目前陕西农村劳动力转移就业和农民增收中面临的主要问题和挑战。梳理近十年来陕西农村人口数量及农民收入构成、农村从业人员数量、就业结构和产业结构的变化，以及农民收入结构变化情况，有助于探究陕西与全国及其他地区在农业发展、农民就业增收方面的差距和深层次特征。结合陕西各区域经济发展状况及其与全国平均水平的对比分析，陕西农村人口变化及农民就业收入状况在总量与结构方面呈现以下总体趋势与特征。

6.3.2.1　从农村人口分布来看，陕西非农人口比重逐渐增加，三大区域城镇化差异逐年缩小

根据陕西省统计局2011～2023年《陕西统计年鉴》数据，2010年至

2022 年，陕西省农村常住人口减少 602. 8 万人。农村人口占总人口的比重由 54. 3% 下降到 36% ，下降 18. 3 个百分点。2021 年陕西第一产业从业人员占比 29. 2% ，比 2010 年下降 12. 1 个百分点。

近十年来，随着陕西农村劳动力转移就业工作力度不断加大，农村非农就业人数不断增加，农村剩余劳动力增长速度明显放缓，根据国家统计局陕西调查总队统计数据及笔者调研数据整理显示，2021 年，全省农民工数量增加到 783. 7 万人，比 2012 年增加 120. 8 万人，增长了 18. 2% ，农民工转移就业提供了 1/3 以上的可支配收入，成为农民增收的主要途径。作为我国西部经济欠发达地区的农业省份，陕西农业人口众多，农村劳动力增量虽逐步减少，农村劳动力存量仍然巨大。

同时，三大区域城镇化差异逐年缩小，陕南、陕北发展加快。2010 年以来，关中地区城镇化增幅逐年趋稳，尤其是 2011 年以来，得益于全省实施的一系列重大民生工程的快速推进，陕北、陕南地区农村劳动力转移就业工作力度不断加大，两地城镇人口聚集能力不断增强，农村人口比例不断下降，陕南地区降幅高于全省平均水平。根据陕西省统计局 2011 ~ 2023 年《陕西统计年鉴》、2010 ~ 2022 年陕西省各市国民经济和社会发展统计公报，以及《2022 年陕西省国民经济和社会发展统计公报》数据，2022 年，关中地区农村人口比重为 45. 2% 、陕北地区为 37. 5% 、陕南地区为 50. 1% （见表 6 – 2），全省三大区域城镇化发展均衡化程度明显提升。

表 6 – 2　　陕西常住人口数及农村人口比重

地区	2010 年		2015 年		2022 年*	
	总人口（万人）	农村人口比重（%）	总人口（万人）	农村人口比重（%）	总人口（万人）	农村人口比重（%）
陕西	3732. 7	54. 3	3792. 9	45. 3	3956	35. 98
关中	1493. 3	61. 1	1514. 5	52. 8	1292. 3	45. 2
陕北	549. 1	51. 8	563. 2	44. 4	590. 7	37. 5
陕南	913. 5	69. 2	844. 6	57. 9	774. 6	50. 1

注：鉴于数据的统一和校准，以《2023 年中国统计年鉴》数据为准。

资料来源：笔者根据 2011 ~ 2023 年《陕西统计年鉴》、2010 ~ 2022 年陕西省各市国民经济和社会发展统计公报和《2022 年陕西省国民经济和社会发展统计公报》整理。

6.3.2.2 从农村劳动力就业结构与产业结构比较来看，陕西就业构成滞后于产业结构，与全国仍然存在一定差距

根据陕西省统计局《2023 年陕西统计年鉴》数据和国家统计局《2023 年中国统计年鉴》数据的对比分析，2022 年，陕西省以占总就业人数 29.2% 的农业劳动力仅实现了 7.9% 的 GDP，农业生产效率与全国及江浙、广东等发达地区相比差距较大。从陕西城镇化水平和产业结构来看，2022 年，陕西城镇人口比率为 64.02%，比全国平均水平低 1.2 个百分点，比东部发达地区低 6.1 ~ 10.8 个百分点。整个陕西第二产业、第三产业的比重落后于全国平均水平，在全国的比重也落后于中东部地区。2022 年陕西第一产业比重为 7.9%，比全国水平高出 0.6 个百分点，而第二产业、第三产业的比重仍落后于全国平均水平，在全国的比重也远落后于中东部地区，说明陕西农业结构有待优化，城镇化水平提升空间较大，需继续提高农业生产效率和农业增值水平。陕西第二、第三产业增加值占 GDP 的比重为 92.1%，但城镇人口占总人口的比例只有 64.02%（见表 6 - 3），城镇化水平也大大落后于工业化水平，影响了服务业的发展，也限制了农村劳动力转移就业的空间和容量。

表 6 - 3　农民转移就业与工业化、城镇化水平比较（2022 年）　单位:%

地区		就业构成*			产业构成			城镇化率
		第一产业	第二产业	第三产业	第一产业	第二产业	第三产业	
全国		22.9	29.1	48	7.3	39.9	52.8	65.22
东部地区	浙江	5.3	44.3	50.4	3.0	42.7	54.3	73.4
	江苏	13.0	40.2	46.8	4	45.5	50.5	74.4
	广东	10.6	36.3	53.1	4.1	40.9	55	74.79
	福建	13.7	33.2	53.1	5.8	47.2	47	70.11
中部地区	河南	24.2	29.9	45.9	9.5	41.5	49.0	57.07
	湖北	26.8	26.8	46.3	9.3	39.5	51.2	64.67
	湖南	24.6	27.4	48	9.5	39.4	51.1	60.31

续表

地区		就业构成*			产业构成			城镇化率
		第一产业	第二产业	第三产业	第一产业	第二产业	第三产业	
西部地区	陕西	29.2	21.2	49.5	7.9	48.6	43.5	64.02
	四川	31.9	23.5	44.6	10.5	37.3	52.2	58.35
	甘肃	43.9	18.4	38	13.5	35.2	51.3	54.19

注：*鉴于数据的统一和校准，以《2022年中国统计年鉴》数据为准。

资料来源：笔者根据《2022年中国统计年鉴》、全国及各省2022年国民经济和社会发展统计公报整理。

通过上述分析可以发现，在就业构成方面，陕西第一产业的就业构成仍然高于全国平均水平，农村劳动力转移就业压力依然较大。但是，伴随着经济转型、产业升级，以及“互联网+农业”的兴起，陕西第三产业也得到迅速发展。根据陕西省统计局2013~2022年《陕西统计年鉴》数据和2013~2022年《中国统计年鉴》数据的对比分析，2021年陕西第三产业就业构成超过全国平均水平1.5个百分点；全省农民工从事第三产业比重为57.5%，比2012年的48.9%，增加8.6个百分点，第三产业已经成为吸纳全省农民工就业最多的产业。在就业结构上，陕西农民工就业从以第二产业的制造业、建筑业为主体逐渐向第三产业的快递物流、家政服务、农村电商等行业集中。这一方面说明陕西第三产业的发展壮大，另一方面也说明通过互联网的普及和农产品电商（网络销售）技能的应用，拓宽了农村劳动力转移就业的渠道，提升了农民的职业技能和自主创业能力。互联网科技和互联网平台经济的兴起，已成为促进陕西农业农村发展的新领域新动能，推动农民就业增收的新模式新业态。

6.3.2.3 从农村居民收入结构及变化来看，陕西农民收入结构不断优化，农外收入比重逐步提高，城乡收入差距持续缩小

随着陕西农村劳动力转移就业工作力度不断加大，十多年来，陕西农村居民人均收入快速增加，根据陕西省统计局2012~2022年《陕西统计年鉴》数据，2021年陕西农村居民人均可支配收入为14745元，较2011年农民人均可支配收入约增长65.9%（因2014年起采用新口径“人均可

支配收入”统计农村居民人均收入，此增幅按相同口径推算），农村劳动力转移就业不仅促进了农村居民收入增长，更成为推进城镇化发展的生力军。

2021年，陕西农村居民人均可支配收入达14745元，比2020年增长10.7%，快于全国平均增速0.2个百分点。其中，工资性收入占比始终保持最高，2021年，陕西农村居民人均工资性收入6104元，较2014年增长89.9%，是农村居民收入较快增长的首要驱动力（见表6-4）。此外，经营净收入、财产净收入持续增长，转移净收入增长速度最快。根据陕西省统计局《2022年陕西统计年鉴》数据及《2021年陕西省国民经济和社会发展统计公报》数据，2021年陕西农村居民人均工资性收入占可支配收入比重为41.4%，对可支配收入增长的贡献率为50.1%，转移净收入增长速度最快，占可支配收入的比重为26.9%，对可支配收入贡献率为28.7%；经营净收入占可支配收入的比重为30.1%，财产净收入占可支配收入的比重为1.7%。

表6-4　2010~2021年陕西农村居民人均可支配收入构成　单位：元

指标	2010年		2015年*		2020年		2021年	
人均可支配收入*	4105.0	100.0	8688.9	100.0	13316.5	100.0	14745	100
1. 工资性收入	1734.5	42.2	3548.3	40.8	5387.8	40.5	6104.4	41.4
2. 经营性收入	1882.2	45.9	2908.6	33.5	4150	31.2	4433.2	30.1
第一产业	1537.2	37.4	2156.3	24.8	3110.6	23.2	3336.2	22.6
第二产业	56.4	1.4	34.2	0.4	45.3	0.3	56.8	0.4
第三产业	288.6	7.1	718.1	8.3	994.1	7.5	1040.2	7.1
3. 财产性收入	97.0	2.4	152.5	1.8	228.6	1.7	250.7	1.7
4. 转移性收入	391.3	9.5	2080	23.9	3550	26.7	3966.40	26.9

*注：2013年以前农村常住居民人均指标数据为人均纯收入，2013年后统一为人均可支配收入；2014年起农村常住居民人均指标采用城乡“一体化”调查新口径数据。

资料来源：笔者根据2011~2022年《陕西统计年鉴》、2010~2021年《陕西省国民经济和社会发展统计公报》整理。

2010~2021年，陕西农村居民收入增长一直快于城镇居民增长。据陕西省统计局《2022年陕西统计年鉴》数据，2021年，农村居民人均可支配收入14745元，其名义增速和实际增速分别高于城镇居民3.2个和3.0个百分点；其收入构成中的工资性收入、转移净收入增长均高于城镇居民。其中，农村居民人均工资性收入和转移净收入增长比城镇居民分别高6.9个和3.4个百分点，这主要是随着农村转移就业人口的增加，进入城市打工的农民工数量不断增加，农民务工收入增长明显。

与全国比较来看，十年来，陕西省城乡收入差距持续缩小。根据陕西省统计局2012～2022年《陕西统计年鉴数据》和2012～2022年《中国统计年鉴》数据，2021年，全省农村居民人均可支配收入增速快于城镇3.2个百分点。陕西城乡差距（即城乡居民收入比，农村居民为1）由2012年的最高值3.6下降到2021年的2.76，共减少了0.84；但仍然比全国城乡居民收入比2.50高出0.26，说明陕西城乡收入差距需进一步缩小；同时，陕西农村居民收入增幅总体高于全国水平，农村居民收入与全国平均水平的相对差距也在逐年缩小，如图6－2。

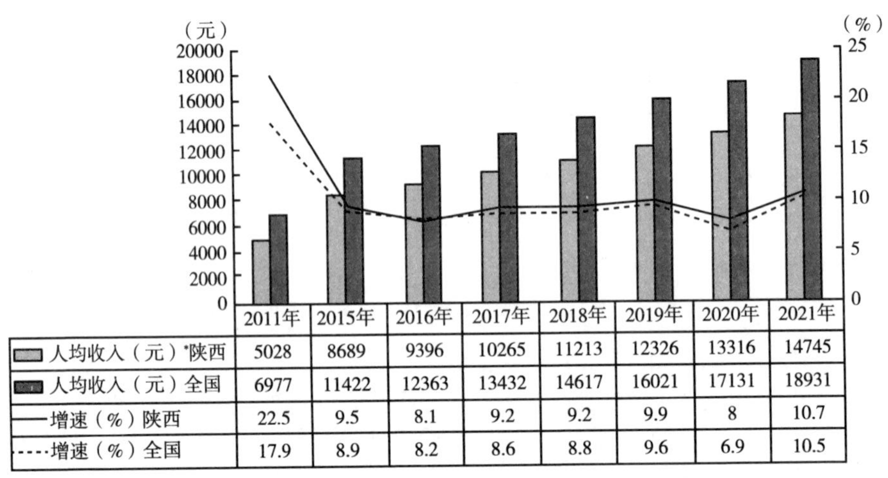

	2011年	2015年	2016年	2017年	2018年	2019年	2020年	2021年
人均收入（元）*陕西	5028	8689	9396	10265	11213	12326	13316	14745
人均收入（元）全国	6977	11422	12363	13432	14617	16021	17131	18931
增速（%）陕西	22.5	9.5	8.1	9.2	9.2	9.9	8	10.7
增速（%）全国	17.9	8.9	8.2	8.6	8.8	9.6	6.9	10.5

图6－2　陕西与全国农村居民人均可支配收入及增速

*注：2013年以前农村常住居民人均指标数据为“人均纯收入”，2013年后统一为“人均可支配收入”；2014年起农村常住居民“一体化调查”采用新口径人均指标数据。《2021年陕西统计年鉴》中2010～2015年数据均统一为农村居民人均可支配收入。

资料来源：笔者根据2011～2021年《中国农村统计年鉴》、2012～2022年《中国统计年鉴》整理。

同时，陕西农村居民农外收入比重逐步提高，与全国相对差距缩小，但绝对额与全国差距持续拉大。2021年，全国农民农外收入占其纯收入的比重已达77.3%，比2011年上升13.4个百分点。同年，陕西农民农外收入占其纯收入的比重已达77.4%，比全国高0.1个百分点，比2011年上升9.3个百分点。当前，陕西约有农民工783.7万人，比2012年增长了18.2%（见表6－5）。这些农民工提供了农民1/3的纯收入和大部分工资性收入，已成为农民脱贫增收的主要途径。

表6－5　　陕西农村居民农外收入比重变化与全国比较

指标	2011年		2014年		2018年		2021年	
	全国	陕西	全国	陕西	全国	陕西	全国	陕西
农民人均可支配收入（元）	6977	5028	10488.9	7932.3	14617	11212.8	18930.9	14745
农外收入（元）	4457.4	3424	7490.3	5842.9	11127	8631.6	14638.9	11408.8
农外收入比重（%）	63.9	68.1	71.4	73.7	76.1	76.98	77.3	77.4

资料来源：笔者根据2011～2021年《中国农村统计年鉴》、2012～2022年《中国统计年鉴》数据整理。

自2011年以来，陕西农村居民收入增长不仅快于城镇居民增长，也高于全国农村居民收入增幅水平，但与全国差距的绝对额还在持续拉大。这说明，陕西农村劳动力转移就业质量和水平都有待提高。

综上所述，从农村劳动力转移就业的总量与农民收入结构来看，陕西农村劳动力比重高、农业剩余劳动力数量大的特点比较突出，解决农村劳动力非农就业问题，仍然是陕西面临的严峻挑战。从就业结构与城乡差距的变化来看，陕西农村劳动力转移就业水平低于全国平均水平及东部发达地区，今后陕西不仅要加快农业产业结构优化升级，提高农业经营效率，还要加快农村人力资源开发，提升农民转移就业与创业的质量和规模，才能不断提高农民增收致富水平，缩小城乡收入差距；通过互联网的普及和农产品电商（网络销售）技能的应用，拓宽了农村劳动力转移就业的渠道，提升了农民的职业技能和自主创业能力。互联网科技和互联网平台经济的兴起，已成为促进陕西农业农村发展的新领域新动能，推动农民就业增收的新模式新业态。

6.4 陕西农村互联网应用与发展现状分析

当前，“互联网+农业”的发展模式对于促进我国农业的转型升级，推动中国农业的现代化进程发挥了巨大的作用。“互联网+农业”的生产经营模式，不仅为我国农业结构的升级和优化提供了强有力的技术支撑，也为传统农业发展模式的改革和农民自主创业及就业提供了新的机遇。网络信息技术在农业经济中的应用可以大幅提升农业生产及经营效率，不断加快农业信息化建设，创新农业生产经营方式、优化农业生产经营管理水平、加速先进农业科学技术的传播和应用，促使传统农业逐步从资源型向技术型升级，加速推进了农业的现代化和信息化步伐，极大提升农产品的附加值和农民收入水平。

陕西是西部农业大省，由于地理区域、自然资源各异，各地区的产业结构和经济社会发展水平差距较大，有必要进一步研究陕西农户使用网络状况及就业创业和增收状况。因此，本章通过对政府相关统计数据的宏观分析梳理，然后结合对陕西各区域的实地访谈和问卷调查，分别从农户家庭收入状况、农村使用网络及电子商务发展、对网络知识及电子商务技能的培训以及农村互联网应用及电子商务相关政策执行情况等方面进一步研究陕西基层农村网络应用和农户就业收入状况的微观特征，从而为后续探究农民就业增收的影响因素、问题诊断和优化途径提供实证基础。

6.4.1 “互联网+”背景下农民就业增收状况的宏观分析

6.4.1.1 互联网+农业的高度融合发展

随着“互联网+农业”的高度融合并向纵深化发展，互联网科技和互联网平台经济的发展，逐渐成为促进陕西农业农村发展的新动能新领域，也催生出一系列推动农民就业增收的新模式和新业态。

互联网及其农产品电商的发展为传统农业的经营发展提供最新信息，可以有效解决农产品生产、经营和销售中的信息沟通难题，实现更高效的农业生产和经营管理。通过互联网的信息共享可以使农民更好地了解市场，减少中介环节，使农产品直接面对市场和客户，还可以扩大销售渠道，为农产品开拓更广阔的国内国际市场。同时，农民还可以通过互联网、大数据平台学习交流农作物栽培技术，提高农产品的产量和质量，不断提升农业科技水平和农业经营管理水平。目前，我国政府对“互联网 + 农业”、数字农业农村建设发展的相关扶持政策和项目推动，目的就是让更多的农民了解并利用互联网等新技术手段，以加速乡村全面振兴和农民就业增收的进程。

互联网时代的到来，对促进人们的生活方式和社会经济的快速发展起到了重要作用。随着信息全球化的快速发展和信息网络技术的深入，农业的发展也与时俱进。近十年来，我国农村地区网络基础设施建设加快推进，5G 网络规模持续扩大，县镇及乡村的互联网宽带设施全面强化。根据国家统计局 2013 ~2022 年《中国统计年鉴》、2012 ~2022 年《全国国民经济和社会发展统计公报》及笔者调研数据，从 2012 年到 2022 年，我国农村互联网普及率从 24. 2% 提升到 58. 8%，提高 34. 6 个百分点；全国连通宽带的农村家庭从 4076 万户增加到 15770 万户，增长 2. 87 倍。互联网技术与农业发展的紧密结合成为农民就业增收的新趋势。

在实现农业生产信息化、乡村产业网络化与数字化进程中，农民增收能力大幅提升，使农民收入持续较快增长。城乡信息壁垒与信息差距的缩小也进一步弥合城乡差距（见图 6 –3）。目前我国农村网民规模超过 2. 9 亿，占网民整体的 27. 9%，带动农民转移就业与增收水平持续提升。根据国家统计局《2023 年中国统计年鉴》、《2022 年全国国民经济和社会发展统计公报》数据整理分析，2022 年，我国农村地区互联网普及率高于城镇 24. 1 个百分点，农村居民人均收入增速比城镇居民快 2. 4 个百分点，城乡居民收入比降低 0. 43，城乡收入相对差距持续缩小。在新冠疫情期间，我国农村地区信息化水平迅速提高，农村电商的作用愈加凸显。根据农业农村部统计，目前我国电商服务站行政村覆盖率约在八成，虽然农产品网络零售额距离乡村数字化发展目标还有一

定差距，但是，乡村振兴的全面推进将持续加速数字技术的普及和下沉。

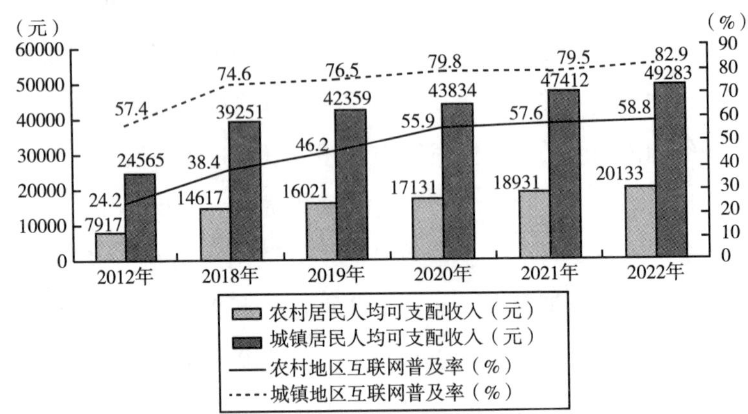

图 6－3　中国城乡互联网普及率与城乡居民人均收入对比

资料来源：笔者根据 2013～2023 年《中国统计年鉴》、2012～2022 年《全国国民经济和社会发展统计公报》数据整理。

当前，在我国“互联网＋”现代农业、“互联网＋”创新创业的战略目标引领下，互联网平台企业迅猛发展，在带动农民就业增收中成效显著。一方面，平台企业推动了农业产业结构的优化升级，促进了农民转移就业。在大力发展农产品电子商务、直播营销、智慧农业等具体实践中，农民的网络营销技能得到锻炼，农民就业增收能力大大增强；另一方面，农村互联网的应用和普及也促进了农民就近就地就业和返乡创业，根据国家统计局《2022 年全国农民工监测调查报告》，2022 年全国本地农民工比上年增长 2.4%，带动农民工资性收入稳定增长。互联网的应用在缩小劳动者技能差距的同时，对跨越“数字鸿沟”、弥合城乡差距方面效果明显，并将在缩小城乡差距、促进区域协调发展和协同创新方面持续发挥作用。

2010 年陕西互联网普及率已达到全国平均水平，近十年来，陕西不断加快推进农业农村网络化数字化发展进程，现有互联网发展水平已高于全国平均水平。“互联网＋农业”的高度融合提高了陕西农业产业水平，为农民提供了广阔的就业空间和增收渠道，极大提升了陕西农民的就业创业能力及收入水平。

根据 2022 年陕西省农业农村厅发布的《陕西省“十四五”数字农业农

村发展规划》文件精神，预计到 2025 年，陕西农村的网络基础建设将进一步发展，发展数字农业农村建设将取得重大进展，将建立覆盖全省市县的陕西省农业农村大数据中心。届时，全省农产品网络零售额达到 200 亿元，农村互联网普及率达到 90% 以上，数字农业农村发展总体水平超过 40%，农业生产经营数字化转型取得明显进展，农业数字经济比重将大幅提升。这将进一步拓宽农民的就业空间和渠道，推动农业增效和农民增收的步伐。

6.4.1.2 党的十八大以来陕西农民就业增收工作成就

党的十八大以来，陕西经济社会发展取得了显著成就。根据陕西省统计局发布的《党的十八大以来陕西经济社会发展成就系列报告》，2021 年，陕西省城镇化率达到 63.6%，较 2012 年提高 13.9 个百分点。随着陕西省城镇化进程的加快，城镇吸纳就业能力的不断增强，为农村转移劳动力提供了更多就业岗位，城镇就业人口比重持续上升，城乡就业结构明显改善。2021 年，全省城镇就业人员 1253 万人，占全部就业人员的比重为 59.9%，比 2012 年提高 23.5 个百分点，乡村就业人员 838 万人，占比由 2012 年的 63.6% 下降到 2021 年的 40.1%，城乡就业结构更加协调。同时，城镇化持续推进也使城乡居民收入差距逐步缩小，从 2012 年至 2021 年，陕西城镇居民人均可支配收入从 20734 元增长到 40713 元，年均增长 7.8%；农村居民人均可支配收入从 5763 元增长至 14745 元，年均增长 11%。农村居民收入增长速度高于城镇居民收入，使得城乡居民收入差距进一步缩小。

农民工的就业稳定性增强、就业结构也更为优化。从 2012 年至 2021 年，陕西省农民工总量基本呈现不断增加的态势，根据本书调研并结合国家统计局陕西调查总队统计数据，全省农民工数量增加 120.8 万人，增长了 18.2%。通过释放经济发展潜力，陕西吸引大量农民工省内回流，省内农民工比例由 2012 年的 75.1% 上升到 2020 年的 80.8%。在陕西省统计局发布的《党的十八大以来陕西经济社会发展成就系列报告》中显示，2021 年，省内农民工比例较上年回落 1 个百分点，但省内农民工数量已超过疫情前水平，创历史新高。伴随着经济转型、产业升级，第三产业迅速发展。在就业结构上，陕西农民工就业从以第二产业的制造业、建筑业为主体逐渐向第三产业的快递、家政服务、农村电商等行业集中。2021 年全省农民工从事第三产业比重从 2012 年的 48.9% 增长为 57.5%，增加了 8.6 个百分点，第三产业已经成为吸纳全省农民工就业最多的产业。而农村转移劳动力在第三产业的快递、家政服务、农村电商等行业实现的就业，离不开互联网的普及和互联网平台经济的推动作用。农产品电商的兴起与普及，以及与互联网企业配套的物流配送、快递等行业降低了农民就业创业的门槛，拓宽了农民转移就业空间，极大提高了农民转移就业的能力和收入水平。

同时，城镇化持续推进也使城乡居民收入差距逐步缩小。根据陕西省统计局发布的 2013～2022 年《陕西统计年鉴》和国家统计局公布的 2013～2022 年《中国统计年鉴》相关数据，从 2012 年至 2021 年，陕西城镇居民人均可支配收入从 20734 元增长到 40713 元，年均增长 7.8%；农村居民人均可支配收入从 5763 元增长至 14745 元，年均增长 11%。农村居民收入增长速度高于城镇居民收入，使得城乡居民收入差距进一步缩小。近十年来，陕西城乡居民收入差距不断缩小。2012 年，陕西城乡居民收入比为 3.60，与同期全国城乡居民收入比 3.10 差距较大；2021 年，陕西城乡居民收入比为 2.76，与同期全国城乡居民收入比 2.50 水平相当（见图 6－4）。

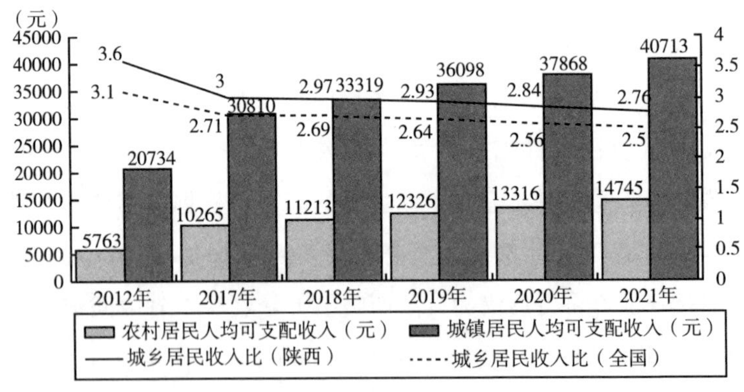

图 6－4　陕西城乡收入差距对比及与全国比较

资料来源：笔者根据 2013～2022 年《陕西统计年鉴》数据和 2013～2022 年《中国统计年鉴》数据整理。

从全国排名来看，2021 年陕西农村居民人均可支配收入排名第 27 位，与上年持平。根据陕西省统计局《2022 年陕西统计年鉴》和国家统计局《2022 年中国统计年鉴》数据，从西部 12 省份的排名来看，陕西农村居民人均可支配收入仅高于云南、青海、贵州、甘肃，位居第 8 位，与西部前三名的内蒙古、重庆、四川还有较大差距；陕西城镇居民人均可支配收入排名第 18 位，比 2020 年下降一位，形势不容乐观。在西部 12 省份的排名中，陕西城镇居民人均可支配收入排名第六，高于贵州、广西、宁夏、青海、新疆和甘肃。总体来看，过去五年陕西省城市居民收入排名在第 17 位到第 19 位之间波动，而农村居民收入排名稳定在第 27 位，没有明显的进步，说明陕西农民就业增收进程仍需大力推动和突破。

鉴于陕西地区差异明显，各地区的产业结构和经济社会发展水平差距较大，有必要进一步研究陕西农户使用网络状况及就业创业和增收的微观状况。因此，本章将继续结合对陕西各区域的实地访谈和问卷调查，分别从农户家庭基本信息和收入状况、农村使用网络及电子商务发展情况、对网络知识及电子商务技能的培训以及农村互联网发展及电子商务相关政策的认知和执行情况等方面深入探究陕西基层农村网络应用和农户就业收入状况的微观特征，以为后续研究提供实证支撑。

6.4.2 陕西农户使用网络及增收状况的微观分析

6.4.2.1 样本选取与问卷设计

（1）调研对象的选取及基本信息

本章调研以陕西富平、蒲城县、宝鸡眉县、凤翔县和杨凌等地为主要研究背景，调研对象的选取以农村创新创业人才为主。农村创新创业人才，是指利用自身的经验和能力，通过农业科技创新和资源整合活动，开展现代农业生产经营和创业活动的农村致富能手、农村转移就业及创业人员，具体包括农村致富能手、自主经营者、农民专业合作社带头人以及非农就业及创业的农村劳动力。他们对于增添农村发展活力，促进农民增收和繁荣农村经济发挥着重要作用。

具体调研以上述人员作为本次问卷发放对象，选取从事农产品相关生产及加工的个体经营者、家庭经营者及返乡创业者、转移就业人员以及当地的致富能手等群体为研究对象，以问卷调查法为主展开的实践活动。最终收集了 702 份问卷，其中个别问卷填写内容与本次调研内容不符，不具备较强的针对性，因而作为无效问卷进行了筛选和剔除。基于以上原因，有效问卷为 577 份，有效率为 82.19%。

通过对问卷数据的整理得到参与调研人员的基本信息如表 6－6 所示。

表 6－6　　调查样本的基本信息（N＝577）

背景变量			百分比（%）
性别		男	48.5
		女	51.5
从事生产或经营的区域	省外		25.55
	省内	县内	31.14
		县外	44.31
家庭人口数		4 人以下	32.33
		4～6 人	61.68
		7 人以上	5.99
文化程度		小学及以下	33.5
		初中	48.6
		高中、中专、职高	12.0
		大专及其以上	5.9

资料来源：笔者根据调研统计数据整理所得。

表 6－6 中省外占比 25.55%，省内占比 75.45%；其中家庭人口数为 4～6 人居多，占比 61.68%。此次问卷调查分布地区较广，但陕西地区占到了绝大多数，具有一定代表性。在一定程度上可以分析出陕西地区农户的情况，为本次调研提供了可靠的数据。

（2）调研内容与问卷设计

本章调研问卷分为农户基本信息、农村网络使用率及电子商务发展情况、基层农村对网络及电子商务技能的学习培训状况、农村互联网及电子商务相关政策的执行情况及意见与建议五个部分，综合考虑各方面因素，设计 24 个问题，以获得当前农村网络使用的相关信息，作为本次调研结果形成的依据。第一部分包括农户的性别、文化程度、所在地区、家庭人口数以及家庭收入来源等。第二部分包括网络使用频率、上网目的及用途、使用网络对于增收的影响等信息。第三部分包括是否需要网络知识及电子商务技能培训、所在地开设的技能培训内容有哪些以及希望学到的技能、对各级政府现有的农民技能培训计划的满意度评价。第四部分包括对于农村电子商务的了解程度和政府知晓及执行情况。第五部分主要是了解农村互联网及电子商务的发展是否促进了农村创新创业人才的成长和发展，也了解了对于农民技能培训的意见和建议。通过以上五个模块内容全面了解农村创新创业人才对于网络的使用情况，并作为调研获取有效数据的基础。

6.4.2.2　调研数据与结果分析

（1）农户家庭收入与就业创业状况

①家庭收入来源。通过对家庭收入来源形式的调查显示，占比最多的是工资性收入，占 51.5%，其次是农业收入，占到了 47.9%，经营性收入占 17.37%，财产性收入占 5.39%，而其他收入则占 25.15%。由此可以看出，农民工家庭收入来源的主要形式是工资性收入和农业收入，农业收入占家庭总收入的比例相对较低，农业收入已经不再是农民工收入的主要来源。但是，也可以看到，家庭收入来源的形式是很多样的如图 6 – 5 所示。

②农户家庭年收入水平。通过对农户年收入水平的调查显示，占比最多的是中等收入，占 27.54%，73.65% 的农户家庭收入水平处于 2 万元以下的区间。而中等偏上收入和高收入水平只分别占 12.57% 和 13.77%。

由此可以看出农户家庭年收入水平相对较低，未来还要提高农户家庭的收入水平，如图 6 -6 所示。

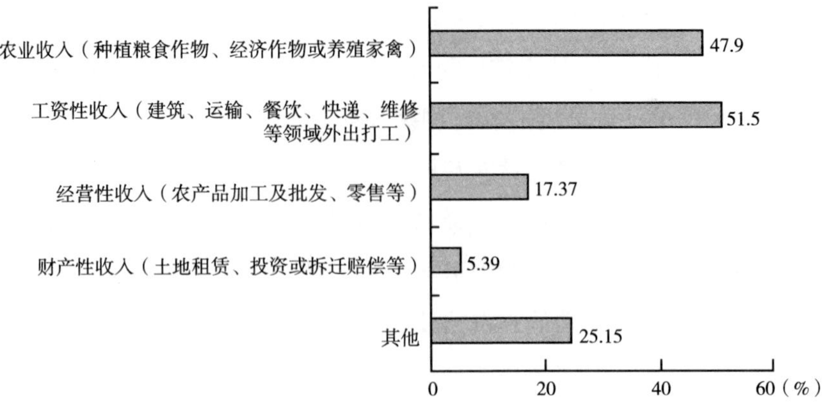

图 6 -5　家庭收入来源

资料来源：笔者根据调研统计数据整理所得。

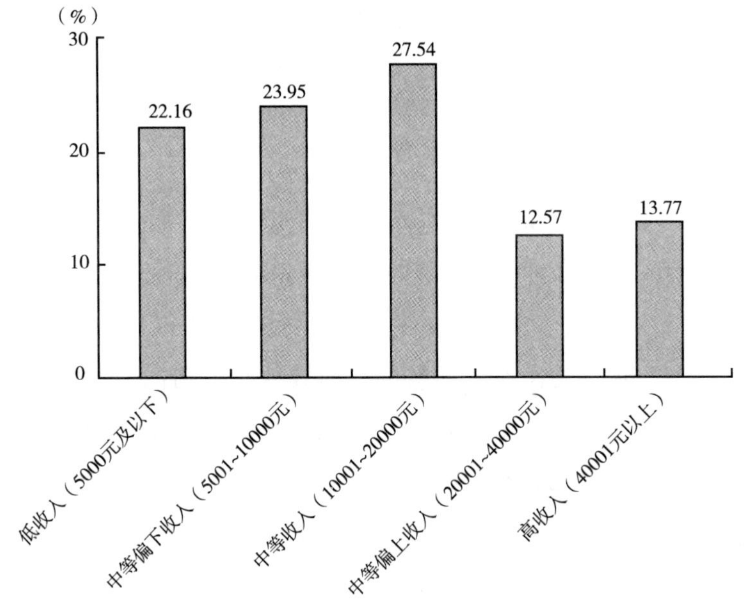

图 6 -6　农户家庭年收入水平

资料来源：笔者根据调研统计数据整理所得。

③农业收入占家庭总收入的比例。通过对农业收入占家庭总收入的调查显示，农业收入在家庭总收入中占25%及以下的占到了52.69%，占到了总比重的一半以上。而农业收入在家庭总收入中占26%～50%、51%～75%以及75%以上的分别占到25.15%、8.98%和13.17%。结果显示，超过52%的农村家庭收入中有3/4来自农业外收入，说明近年来由于城镇化发展和农村劳动力转移就业及创业活动，给农民带来更多的就业机会，增加了工资性收入和劳务报酬，进而提高了收入水平。

同时调查也发现，还有超过21%的农户家庭收入中有1/2来自农业收入，这说明当前陕西农村还有大量的农村劳动力需要向城镇及非农领域转移，通过到城市打工、从事家庭经营或就业创业活动，拓宽增收途径和发展空间，以发挥农村剩余劳动力价值，提高农村发展活力和经济发展水平。农业收入占家庭总收入的比例相对较低，如图6-7所示。

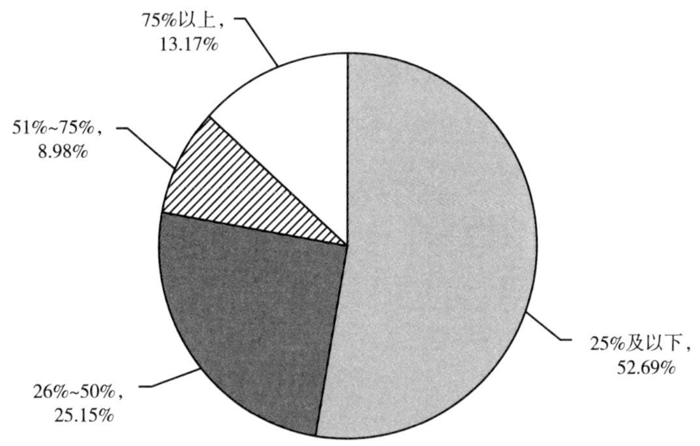

图6-7 农业收入占家庭总收入的比例

资料来源：笔者根据调研统计数据整理所得。

④就业/创业的领域。被调查的农民选择就业/创业的领域时，加工/制造业所占比例最高，约为22.57%，之后较高的依次为家电/邮电通信维修占比21.85%，餐饮、旅游、运输业占比20.43%，零售批发、建筑业占比19.95%；有15.2%的被调查者选择了其他领域（见图6-8）。

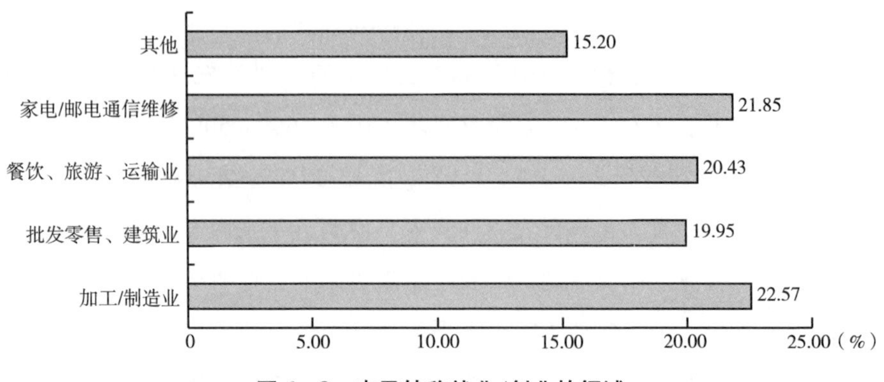

图 6－8　农民转移就业/创业的领域

资料来源：笔者根据调研统计数据整理所得。

（2）农村使用网络及电子商务发展情况

①使用网络（用电脑或手机上网）的频率。根据调查数据显示，经常使用网络的占到了 72.46%，偶尔使用的占到了 23.95%，不使用的仅仅占 3.59%。由此说明农户使用网络的频率相对较高，这为农民工利用网络进行创新创业提供了基础，如图 6－9 所示：

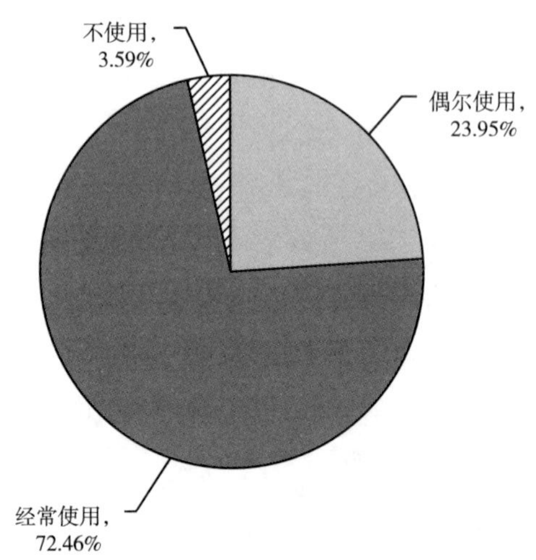

图 6－9　农户使用网络的频率

资料来源：笔者根据调研统计数据整理所得。

②上网目的及用途。调查数据显示，农民一般上网目的及用途占比最多

的是上网看新闻及休闲娱乐，占到了 66. 47%，之后是了解农业及市场信息，占 19. 76%，招商引资、开网店或与客户沟通占 16. 77%，查询农产品价格及购买种子的则占到了 14. 37%，这说明农民工上网大部分是看新闻及休闲娱乐，而用来增加收入或者农业方面则相对较少，但还是呈现了多样化。

当前农民使用网络频率较高，但用于商业目的、从事创新创业活动、农村电子商务活动的农户还较少，如图 6 – 10 显示，只有不到 20% 的农户用于了解农业及市场信息；只有不到 17% 的用户利用网络进行招商引资、开网店或与客户沟通。这说明，一方面当前陕西农村劳动力对于利用互联网进行创业的意识还不够，另一方面也可能由于农户缺乏网络经营及电子商务方面的知识和技能，这些都是今后陕西农村创新创业人才培养中亟待解决的课题。

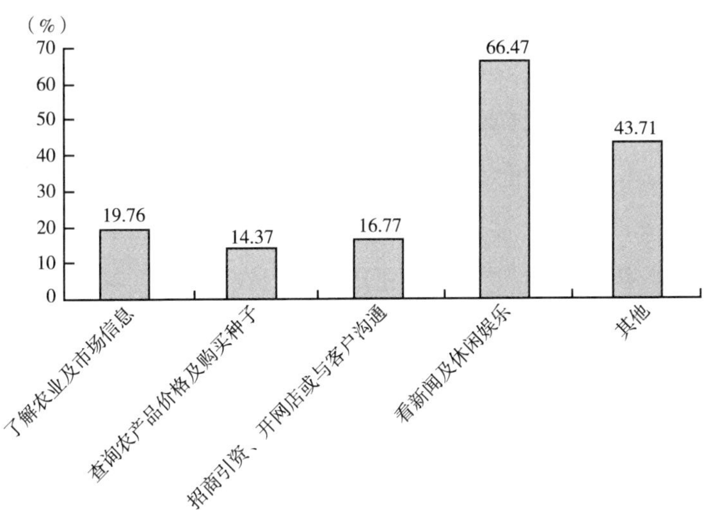

图 6 – 10 上网目的及用途

资料来源：笔者根据调研统计数据整理所得。

③农户对互联网的需求程度以及使用网络后的影响。当前农户对互联网的需求程度相对较高，但使用网络后对农户增收及收益增幅的影响，以及对农业生产及经营的影响水平还比较低，所在村镇运用电子商务（开淘宝店、开微店及利用网络平台营销）从事生产经营的农户占全村农户的比例相对较低，说明当前农村还需要加强对“互联网 +”经营政策及内容的宣传与技术

支持，增加对农村电子商务知识和技能的培训，在开发农户利用网络促进生产经营、提高其创业思维和就业创业能力方面还有待提升（见表6－7）。

表6－7　使用互联网对农户的影响　单位：%

题目	评价等级				
	很低	低	一般	高	很高
农户对互联网的需求程度	5.39	5.39	26.35	37.72	25.15
使用网络后对农户增收的影响	7.19	23.95	36.53	22.75	9.58
使用网络后带来的收益增幅	57.49	25.15	11.38	2.4	3.59
互联网的使用对农业生产及经营的影响程度	20.96	10.78	31.74	26.95	9.58
所在村镇运用电子商务从事生产经营的农户所占比例	5.39	5.39	26.35	37.72	25.15

资料来源：笔者根据调研统计数据整理所得。

④农户是否注册或将要注册淘宝店自主经营。根据调查结果显示，所占比例最多的是未注册不感兴趣的农户，占到了60.48%，其次是未注册将要注册的占32.93%，而已注册正在经营的只6.59%（见图6－11），由此说明大量农户还处于观望状态，或者不了解互联网知识及网上经营的方法，农户开展电子商务、运用网络进行自主经营和创业的空间还有很大，各级村镇还需要大力宣传互联网和电子商务的作用，以拓宽农户增收的渠道，提高农户

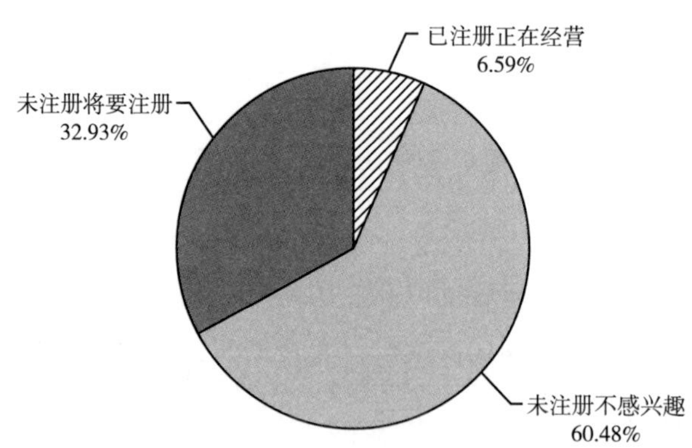

图6－11　农户是否注册淘宝店自主经营或将要注册

资料来源：笔者根据调研统计数据整理所得。

对互联网的认知水平，促使农户提高创新创业和自主经营意识。

（3）对网络知识及电子商务技能的培训状况

①农户对网络知识和电子商务技能培训的需求。调查结果显示，农户对网络知识和电子商务技能培训的需要最多，占到了32.93%，其次有29.94%的农户有一般需要，而不需要、非常需要的和完全不需要的农户分别占到了19.16%，12.57%和5.39%（见图6－12）。由此说明，农户很需要网络知识和电子商务技能培训，需要加大对农户的培训力度和密度，满足农户的培训需求。

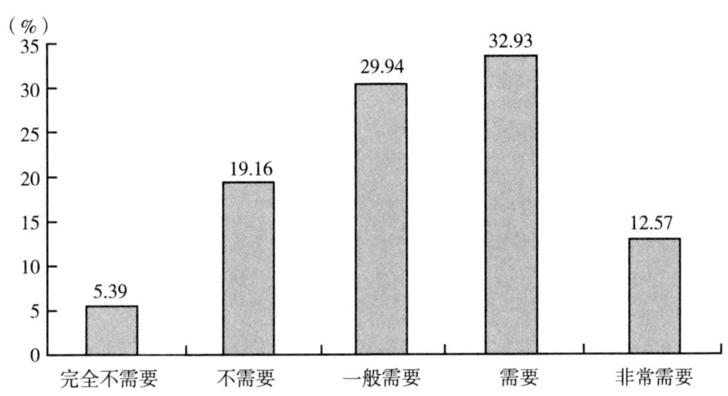

图6－12　农户对网络知识和电子商务技能培训的需求

资料来源：笔者根据调研统计数据整理所得。

②农户所在村镇现开设的技能培训内容多样化。根据调查结果显示，农户所在村镇现开设的技能培训中，电子商务技能培训占46.11%，现代化农业技能培训占38.92%，农村商业合作社管理技能占32.34%，网络营销技能培训占到了28.74%，网店制作及维护占到23.35%。技能培训内容呈现多样化（见图6－13）。

③农户最希望学习的内容。根据调查数据，通过分析县镇政府提供的培训计划，农户最希望学习的内容，占比例最多的是创业与就业指导，占到了49.1%，其次是电子商务与网络操作技术占47.9%，网络营销技能占44.91%，制作网页及网店维护占39.52%，企业经营管理和其他分别占

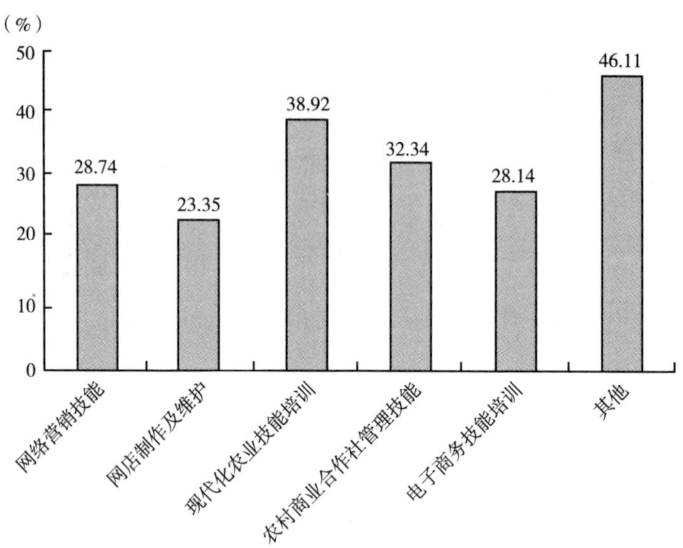

图 6-13　农户所在村镇现开设的技能培训内容

资料来源：笔者根据调研统计数据整理所得。

28.74%和18.56%（见图6-14）。由此说明，现有培训内容还不能满足广大农民潜在的生产、经营及创新创业的需求。今后应围绕创业与就业指导、

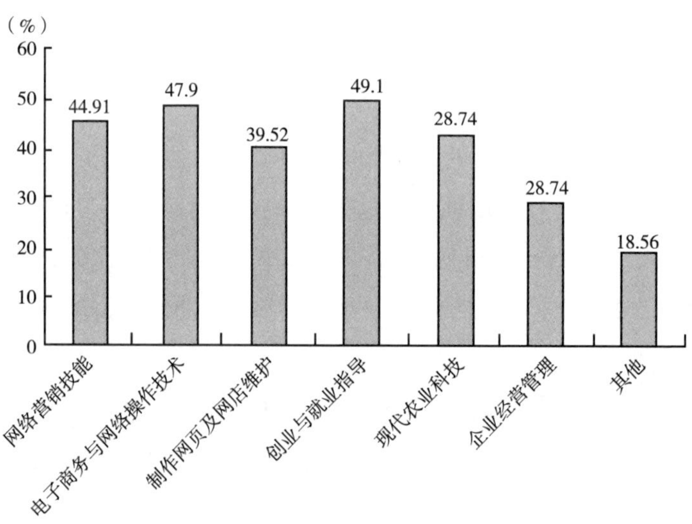

图 6-14　县镇政府提供的培训计划农户最希望学习的内容

资料来源：笔者根据调研统计数据整理所得。

电子商务与网络操作技术以及网络营销技能等内容，设计有针对性的，能满足多元化需求的农村人才技能培训计划，以提高农村创新创业人才的职业素质和就业创业能力。

④农户对各级政府现有的技能培训的满意度评价。根据调查数据显示，各级政府现有的各种农民技能培训计划仍然有很大的提升空间，如表 6 – 8 所示。

表 6 – 8　　农户对本县、村（镇）开设的技能培训的满意度　　单位：%

项目	评价等级				
	5（很满意）	4（满意）	3（一般满意）	2（不满意）	1（很不满意）
培训内容安排	3.59	19.76	47.9	17.37	11.38
培训方式（时间、地点）安排	4.79	16.77	46.71	21.56	10.18
培训机构及网点设置	8.38	17.96	44.91	17.96	10.78
培训体系的完整性	5.99	16.77	46.11	20.96	10.18
培训保障机制（稳定性、持续性）	4.79	17.37	47.9	19.76	10.18
政府组织的免费培训能否平等参与	5.39	15.57	44.31	20.36	14.37

资料来源：笔者根据调研统计数据整理所得。

通过结果显示，对各级政府现有的各种农民技能培训计划的满意度评价大多数都是一般。当前各级政府乡镇开办的农民技能培训在培训内容设计全面、合理，培训方式（时间、地点）的科学性、培训机制和培训体系设计完整等方面存在问题较多，有 31.74% 农民对培训方式（时间、地点）安排科学不满意，满意及基本满意的占到 21.56%。因此，今后致力于网络环境下的农村创新创业人才培训应从培训方式、培训机制和培训体系设计等方面进行优化改进，唯此才能提高农民职业技能培训的有效性和满意度。

（4）对农村互联网及电子商务相关政策的执行情况

①农民对农村电子商务的知识和技能的了解程度。调查结果显示，有

47.31%的农民对农村电子商务的知识技能只是一般了解，不了解的占到了45.51%，而了解的只有7.19%，如表6－9所示。说明今后的培训内容应加强农民对农村电子商务知识和技能的学习与普及。

表6－9　　农民对农村电子商务的知识和技能的了解程度

项目	比例（%）
不了解	45.51
一般	47.31
了解	7.19%

资料来源：笔者根据调研统计数据整理所得。

②农户对发展农村电子商务政策的知晓及执行情况。调查显示，农户对“互联网＋”政策以及发展农村电子商务相关政策的知晓及执行情况相对较差。其中，对“互联网＋”政策的知晓及执行，一般了解且基本执行的占34.73%，不了解且没执行的占33.53%，完全不了解且从无执行的占22.75%，了解且贯彻和非常了解且全面落实的分别仅占到了5.39%和3.59%（见表6－10）。

表6－10　　农户对发展农村电子商务政策的知晓及执行情况　　单位：%

项目	知晓和执行程度				
	完全不了解且从无执行	不了解且没执行	一般了解且基本执行	了解且贯彻执行	非常了解且全面落实
农户对发展农村电子商务政策的知晓及执行情况	25.75	37.72	28.74	4.79	2.99
对“互联网＋”政策的知晓及执行情况	22.75	33.53	34.73	5.39	3.59

资料来源：笔者根据调研统计数据整理所得。

由此说明，对于发展农村电子商务政策和“互联网＋”政策仍需要大力宣传，积极引导和全面落实有关政策和培训计划，才能营造有利于农村人才创新创业的发展环境，加强农村劳动力就业创业的技术指导、服务平台及基础设施建设，完善相关保障措施，让农户了解更多的有关就业创业的知识、信息、融资等渠道和方法，构建有利于农村劳动力成长的创新创业发展平台。

③农村电子商务发展对农村创新创业人才培养的影响。根据调查数据，我们可以很清晰地看到，有 77.84% 的农民认为农村互联网及电子商务的发展促进了农村创新创业人才的成长和发展，这说明农村互联网及电子商务的发展，对农村创新创业人才的培养发挥了很大的作用，也得到了很大的认可，今后应更加重视农村互联网及电子商务的发展。

（5）不同区域、不同家庭使用网络、技能培训及增收状况

通过上述单变量的分析，我们选取从事生产或经营的区域、家庭人口数状况对农民使用网络后的收益增幅及网络知识和电子商务技能培训需求进行交叉分析，从而了解它们的影响及影响程度。

①不同地区农户使用网络后带来的收益增幅分布。选取从事生产或经营的区域变量与农民使用网络后的收益增幅作交叉分析，了解此变量对农民使用网络后的收益增幅影响，结果如表 6 - 11 所示。

表 6 - 11　　不同区域农民使用网络后的收益增幅分布　　单位:%

指标		收益增幅				
		25% 以下	26% ~50%	51% ~75%	76% ~100%	100% 以上
从事生产或经营的区域	县	44.40	29.20	18.10	1.40	6.90
	镇	53.30	20.00	13.30	13.30	0.00
	村	70.00	22.50	5.00	1.30	1.30

资料来源：笔者根据调研统计数据整理所得。

分析显示，不同区域使用网络后增长幅度仍然很低，省内县级增幅比镇、村增幅大；县、镇、村农民使用网络后收益增长幅度在 25% 以下的分别占了 44.40%、53.30%、70.00%，说明农户使用网络对增收效果不明显，还有很大的提升空间，而县级区域收益增幅在 26% ~50%、51% ~75% 所占比例为 29.20%、18.10%，远远高于镇、村级，说明城镇化高速发展给农民提供了更多就业机会，网络对农户增收幅度的提升作用明显。

②不同家庭人口状况使用网络后带来的收益增幅差异。选取家庭人口数状况变量与农民使用网络后的收益增幅作交叉分析，了解此变量对农民使用网络后的收益增幅影响，结果表 6 - 12 所示。

表 6 - 12　　不同家庭人口状况使用网络后的收益增幅分布　　单位：%

指标		使用网络后带来的收益增幅				
		25% 以下	26% ~50%	51% ~75%	76% ~100%	100% 以上
家庭人口数状况	4 人以下	55.60	25.90	11.10	1.90	5.60
	4 ~6 人	59.20	24.30	11.70	2.90	1.90
	7 人以上	50.00	30.00	10.00	0.00	10.00

资料来源：笔者根据调研统计数据整理所得。

分析显示，家庭人口情况对农户增收的作用影响不大；无论家庭人口数是多少，仍然有很大比重使用网络后收益幅度在 25% 以下，收益幅度越大，家庭人口的促进作用越小，呈递减趋势，总体说明家庭人口数情况对农户收益的增加作用不突出，但有一定效果。

③不同区域农户对网络知识和电子商务技能培训的需求。选取从事生产或经营的区域变量与网络知识和电子商务技能培训需求作交叉分析，了解此变量对农民使用网络后的收益增幅影响，结果如表 6 - 13 所示。

表 6 - 13　　不同区域对网络以及电子商务培训需求状况　　单位：%

分类项目		需要网络知识和电子商务技能培训需求程度				
		完全不需要	不需要	一般需要	需要	非常需要
从事生产或经营的区域	县	5.60	19.40	31.90	29.20	13.90
	镇	0.00	13.30	20.00	53.30	13.30
	村	6.30	20.00	30.00	32.50	11.30

资料来源：笔者根据调研统计数据整理所得。

分析显示，不同区域对网络以及电子商务培训的需求很强烈，尤其镇级需求最大；县级一般需求以上比重共有 75%，镇级比重共有 86.6%，村级比重共有 74.1%，说明网络及电子商务培训很有必要，农户认为网络对电子商务培训对他们增收作用明显，因此网络以及电子商务培训将会有良好的效果，将会很大程度提高县、镇、村农户收入。

④不同家庭人口状况对网络知识和电子商务技能培训需要的差异。选取家庭人口数变量与网络知识和电子商务技能培训需求作交叉分析，了解此变量对农民使用网络后的收益增幅影响，结果如表 6－14 所示。分析显示，无论家庭人口数是多少，都对网络知识和电子商务技能培训需求强烈，4 人以下一般需求以上比重共为 72.2%，4～6 人一般需求以上比重共为 76.8%，7 人以上一般需求以上比重共为 80%，说明网络知识和电子商务技能培训很有必要，将会取得很好效果。

表 6－14　　　　对网络知识和电子商务技能培训需求程度　　　　单位:%

项目		需要网络知识和电子商务技能培训需求程度				
		完全不需要	不需要	一般需要	需要	非常需要
家庭人口数	4 人以下	5.60	22.20	25.90	31.50	14.80
	4～6 人	4.90	18.40	30.10	35.00	11.70
	7 人以上	10.00	10.00	50.00	20.00	10.00

资料来源：笔者根据调研统计数据整理所得。

6.4.3　小结

通过上述对农户使用网络状况及其增收状况的调研结果与数据分析，可以得出以下六点结论。

第一，农户整体收入水平低，农业收入占比偏高。数据显示，其中农业收入占 47.9% 仍然偏高。同时调查也发现，还有超过 21% 的农户家庭收入中有 1/2 来自农业收入。而农户家庭年收入调查中，中等及以下（2 万元以下）占 73.65%，农户收入水平低。

第二，农民使用网络频率较高，但用于商业目的、从事创新创业活动、农村电子商务活动的农户还较少。数据显示，有 72.46% 的人经常使用网络，但只有不到 20% 的农户用于了解农业及市场信息；只有不到 17% 的用户利用网络进行招商引资、开网店或与客户沟通。

第三，农户对互联网的需求较高，但使用网络后对农户增收的影响以及带来的收益增幅低。农户对互联网的需求程度调查，有 62.87% 的人认为自己需求较高，但使用网络后对农户增收的影响，使用网络后带来的收益增幅大多数人为 25% 以下，收益增幅低。

第四，农户对网络知识和电子商务技能培训需求高，但对现有的农民技能培训内容的满意度一般。调查显示，农户对于网络及电商需要以及非常需要的占比达 75.44%。目前村镇开设的培训中，培训内容主要有电子商务技能培训、现代化农业技能培训、农村商业合作社管理技能培训等。而结果显示，农户对于现有的各种类型培训的内容体系、形式、地点等，平均 46.3% 的人满意度评价一般。

第五，农户对发展农村电子商务政策的知晓及执行情况和对“互联网 +”政策的知晓及执行情况相对较差。数据显示，大多农户对电子商务认识一般甚至不了解，其中不了解的人占到 47.31%。如淘宝平台的网商经营情况调查，有 93% 的人未注册或不感兴趣。

第六，通过对不同区域、不同家庭人口对农户使用网络后增长幅度的交叉分析显示，农民使用网络后增幅较低，40% ~70% 的增幅在 25% 以下；网络知识培训需求强烈，所占比重在 60% ~80%；后文中将通过对农民增收及农村创新创业人才培养影响因素的回归分析，进一步验证从事生产或经营的区域、网络和电子商务培训需求、对“互联网 +”政策的知晓等因素，对农民增收及农村创新创业人才培养的影响及相互关系。

6.5 农户使用网络与就业增收影响因素的实证分析

为进一步探索推进农村互联网应用与农民就业增收的影响因素及有效途径，本章运用数理统计中的多元回归分析法，来确定两种或两种以上变量间相互依赖的定量关系；通过建立回归模型分析特定变量与预测目标变量之间是否相关、相关方向与强度。根据文献研究及前期调研结果，研究设计构建适合于农村居民网络使用意愿和就业增收途径选择的分类指标，选取农户文化程度、家庭人口、家庭年收入、农业收入占家庭总收入比重，使用网络频率、上网目的及用途，从事生产/经营的区域、就业/创业的领域，农户对网络知识与技能培训的需求，对“互联网+”政策的知晓及执行情况5类13个指标作为自变量，通过构建Logistic回归模型预测分析影响农民就业增收及网络使用行为的主要因素及影响程度，为下一步探索推进农村互联网的应用与就业增收的有效途径提供依据。

6.5.1 变量选择

根据文献研究、实地调研与课题设计，参考社会流动研究领域的“布劳—邓肯”地位获得模型，并考虑外生变量因素，问卷中数据信息主要分为三大类：先赋性因素和获致性因素和区域环境因素。

第一，先赋性因素包括生理遗传、个体差异及家庭背景。笔者选取了年龄、性别、个性特征、父母受教育程度、父母职业及社会经历、家庭收入及人口状况等背景因素指标。第二，获致性因素包括人力资本和工作经验，其中人力资本包括本人的教育和学习培训经历。笔者选取了本人教育程度、受教育年限、是否参加过就业创业培训、转移就业的领域、次数及经历、网络应用与电商技能培训、职业技能培训等指标。第三，区域环境因素包括区域环境、经济发展水平、制度因素等外在因素，项目选取了区域人均GDP、网络使用环境、Wi-Fi覆盖率、农户教育水平、电商注册数、网络使用率/普及率、转移就业培训制度、区域特色产品、主导产业、产业扶持政策等指标。

以上述三类指标为自变量，以农户增收水平、网络使用与网络创业的意愿及成功率为因变量，考察多种因素对创新创业成效的预测作用大小（见图6-15）。

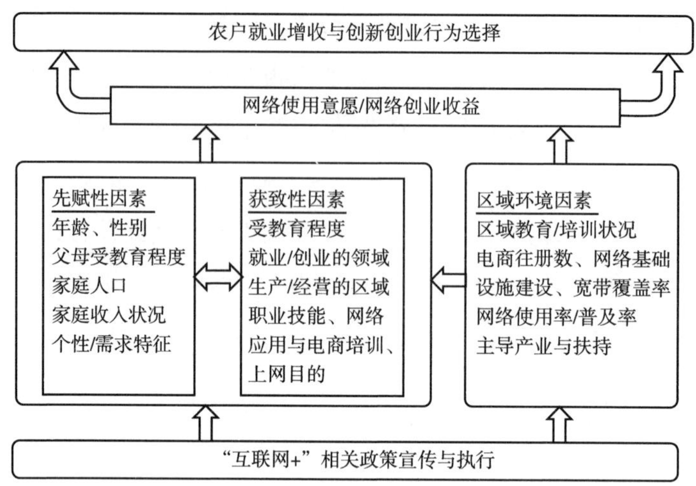

图 6-15　农户使用网络意愿及就业增收影响因素

资料来源：笔者根据调研设计和研究目标绘制。

6.5.2　构建 Logistic 回归模型

本章引入多元分类评定模型，应用 SPSS 软件进行多分类 Logistic 回归分析，根据调研结果和录入数据库，分别从先赋性因素、获致性因素和区域环境因素三方面抽取个体特征、家庭状况、受教育程度、转移就业领域及收入水平等变量信息（见图 6-15），分析各特征变量与网络使用状况、农户增收水平、就业创业选择的相互关系，及其对农户网络使用意愿与就业增收途径选择的影响程度，从而对农民就业创业、网络应用与网络创业、收入状况进行模拟估计和优化。通过 Logistic 回归找出对因变量的发生概率有影响的自变量，以判断分析出自变量组合条件下因变量的发生概率。设 Y = 1 的概率为 P，表示农户愿意使用网络及就业创业（增收）的概率，其表达式如下：

$$P_i = F(Y) = F(a + \sum \beta_j X_{ij} + \varepsilon) = \exp[a + \sum \beta_j X_{ij}] / \{1 + \exp[a + \sum \beta_j X_{ij}]\} \qquad (6-3)$$

$$Y = f(X_1, X_2, X_3, \cdots, X_n) + \varepsilon = a + \sum \beta_j X_{ij} + \varepsilon \qquad (6-4)$$

式（6-3）中，P_i 表示第i样本农户作出某一特定选择的概率；β_j 为第j项影响因素的回归系数；X_{ij}表示第i个样本农户的第j项影响因素；a为常数项；ε为随机干扰项。

式（6-4）中，Y为农户使用网络及就业创业（增收）的概率，X=（X_1，X_2，X_3，…，X_n）为影响因素，n的取值因不同的目标变量而有不同选择，其他同公式（6-3）。

根据文献研究和实地调研及访谈结果，并结合课题研究设计，本章项目分别选取Y1（农民就业增收）、Y2（农村创新人才培养）两个因子作为目标变量，并构建回归模型及数据库。

（1）农民增收的影响因素分析

本章项目选取目标变量Y1，即农民就业增收状况，并构建回归模型及数据库，具体分析农户使用网络及其对农民就业增收的影响及其影响程度。其中，因变量即被解释变量为农民增收状况，自变量即解释变量，根据文献研究和初步调查结果，本章项目选取了农户家庭收入状况、生产或经营的区域、农业收入占家庭总收入比重、使用网络频率、农户对网络知识与技能培训的需求、对“互联网+”的知晓及执行情况作为自变量。

利用SPSS21统计分析软件，运用回归分析预测自变量对农民增收状况的影响及影响程度。通过显著性差异回归可找出对因变量的发生概率有影响的自变量，以判断分析出自变量组合条件下因变量的发生概率。多元线性回归模型如下：

$$\text{Log } P/(1-P) = \beta_0 + \sum_{i=1}^{5} (\beta_i X_i) + \varepsilon \qquad (6-5)$$

在式（6-5）中，P=P（Y=1）表示农户会发生增收结果的概率；β_0 为常数项；β_i 为 X_i 的回归系数；ε为随机干扰项。

通过显著性差异分析进行模型检验，发现统计量显著程度sig为0，说明无效假设不成立，样本不全为0，比较适合多元线性回归模型。在显著性差异测试中，统计量显著程度都大于0.05，说明模型适合，即模型预测频率与观察频率无显著差异。数据分析结果显示，调整的 R^2 值为0.268，方差分析结果显示，F 值为13.125，Sig 值为 F 临界值的概率，可以看到显著性概率为0.000，小于0.05，拒绝回归系数为0 的原假设，通过检验，模型拟合效果较好；回归结果显著有效，如表6－15、表6－16 所示。

表6－15　　　　回归模型检验

模型	R	R^2	调整的 R^2	标准估计的误差
1	0.538a	0.290	0.268	0.77252

资料来源：笔者根据调研数据统计分析结果绘制所得。

表6－16　　　　回归模型方差分析

模型		平方和	df	均方差	F	Sig.
1	回归	39.165	5	7.833	13.125	0.000b
	残差	96.082	161	0.597		
	总计	135.247	166			

（2）农村创新人才培养的影响因素分析

根据文献研究及实地调研和访谈结果，本章研究选取目标变量 Y2，即对农村创新创业人才的培养，构建回归模型及数据库，具体分析农户使用网络及其对农村创新创业人才培养的影响及其影响程度（见表6－17）。其中，因变量即被解释变量为农村创新人才培养及成长；自变量即解释变量，项目选取农户家庭收入状况、生产或经营的区域、农业收入占家庭总收入比重、使用网络频率、上网目的及用途、农户对网络知识与技能培训的需求、对"互联网＋"的知晓及执行情况、家庭收入来源等作为自变量。

表6－17　　　　回归模型检验

模型	R	R^2	调整的 R^2	标准估计的误差
1	0.436a	0.190	0.138	0.84554

由表6－18 可知，调整的 R^2 值为0.138，方差分析结果显示，F 值为3.666，Sig 值为F 临界值的概率，可以看到显著性概率为0.000，小于0.05，拒绝回归系数为0 的原假设，模型拟合效果较好；回归结果显著有效。

表 6－18　　回归模型方差分析

模型		平方和	df	均方差	F	Sig.
1	回归	26.209	10	2.621	3.666	0.000b
	残差	111.531	156	0.715		
	总计	137.739	166			

资料来源：笔者根据调研数据统计分析结果绘制所得。

6.5.3　模型结果与分析

6.5.3.1　关于农民增收的影响因素分析

根据构建的回归模型，本书选取农户生产或经营的区域、农业收入占家庭总收入比重、使用网络的频率、上网目的及用途、农户对网络知识与技能培训的需求、对“互联网 +”的知晓及执行情况等 13 个因素，分别分析各特征变量与农户使用网络状况对农户就业增收的影响及其影响程度。其中，对目标变量 Y1，即网络环境下农户就业创业及增收的影响及其影响程度的回归分析结果如表 6－19 所示。

表 6－19　　影响农民增收的 Logistic 模型回归分析结果

指标	非标准化系数		标准系数	t	Sig.
	β_0	标准误差			
常量	0.948			2.165	0.032
文化程度 X1	2.613	0.144	0.126	4.438	0.024*
家庭人口 X2	－1.702	0.259	0.185	3.781	0.012*
家庭收入 X3	2.372	0.150	0.102	1.715	0.284
就业/创业的领域 X4	2.560	0.348	0.156	3.077	0.013*
从事生产或经营的区域 X5	－0.157	0.067	－0.166	－2.346	0.020*
农业收入所占比重 X6	0.048	0.058	0.056	0.827	0.410
使用网络的频率 X7	0.195	0.116	0.116	1.680	0.095
上网目的及用途 X8	－0.217	0.053	－0.168	2.230	0.013*

续表

指标	非标准化系数		标准系数	t	Sig.
	β_0	标准误差			
培训内容 X9	-1.017	0.472	-0.316	0.362	0.492
培训体系与机制 X10	0.915	0.103	0.135	3.440	0.053
培训方式（时间、地点）X11	1.934	0.068	0.124	4.582	0.039*
网络知识和电子商务技能培训需求 X12	0.179	0.057	0.214	3.153	0.002*
对“互联网+”政策的知晓 X13	0.312	0.064	0.347	4.915	0.000*

资料来源：笔者根据调研数据统计分析结果绘制所得。

结果显示，农民文化程度 X1、家庭人口 X2、就业/创业的领域 X4、从事生产或经营的区域 X5、上网目的及用途 X8、培训方式（时间、地点）X11、网络和电子商务培训需求 X12、对“互联网+”政策的知晓 X13 变量值的显著性水平 sig 小于0.05，说明这八个因素在对农民增收具有显著影响，而其他因素的检验值均不明显。具体分析如下。

第一，文化程度影响农民就业增收的质量和水平。根据结果显示，其回归系数为2.613，显著性程度0.024 较高。文化程度体现了农村劳动力的人力资本投资水平，对农民就业增收影响较大。很多农民综合文化素质偏低，导致其转移就业层次和工资水平低，就业流动性大。因此，加大对农民的继续教育和职业技能培训投入，对提升其就业创业能力和增收水平至关重要。

第二，家庭人口的数量影响着农户的人均收入水平及其教育培训投入。家庭人口的显著性程度0.012 非常高，回归系数为-1.702，说明家庭人口对农户家庭增收水平和教育培训的投入呈反方向影响。家庭人口越多，农户家庭人均收入越低，农户的经济压力越大；且家庭人均收入水平有限也会进一步影响农民就业创业的积极性，降低其教育培训投入与收益增幅。

第三，就业经营的领域极大影响着农民就业创业意愿和增收水平。就业经营的领域显著性程度0.013 非常高，当前农民非农就业的主要领域大多为当地农产品加工业、餐饮服务业、建筑业和零售批发等行业，这些行业大多为对文化程度和技能要求较低的体力劳动，进入门槛较低。而互联网信息技术的普及进一步打破了城乡信息壁垒和就业障碍，使得农村转移劳动力大量向快递物流、家政服务、农村电商等行业集中。这些促进了城市服务业的发展，也拓宽了农民就业创业及增收的渠道，显著提升了农民就业创业意愿和能力，并影响其收入水平。

第四，农户从事生产或经营的区域也影响其就业增收水平。从事生产或经营的区域的显著性程度0.020较高，说明对农户就业增收影响较大。调研显示，农村转移劳动力越是趋向外地打工或从事自主经营及创业，就越需要掌握一些现代农业技术知识及经营管理知识，而在网络环境下，农民的电子商务技能、网络营销与信息搜集能力，对其选择外地打工还是就近就业创业的影响尤为重要，并直接影响其就业质量和持续增收状况。

第五，农户对网络知识和电子商务技能培训的需求对增收有显著的正向影响。农户对网络知识和电子商务技能培训需求的回归系数为0.179，显著性程度0.002非常高，说明互联网信息技术有助于打破传统的时空限制，学习并掌握网络知识和电子商务技能，使得农民能更好融入互联网经济，将自己手中的资源通过网络轻松便捷达成交易，解决农户销路的问题，从而极大提升了收入水平。

第六，上网目的及用途极大影响着农户就业创业的信息获取速度和增收水平。随着互联网科技向农村市场渗透发展，城乡之间在消费流通、生活服务、文娱、医疗教育等领域的网络化数字化服务需求日益增加，而农户对短视频、即时通信、网络零售的使用率越高，上网目的越倾向于生产、经营和信息沟通，就越有利于及时获取就业创业信息，促进其致富增收。

第七，培训方式安排越合理，越有利于激发农民参与新技术新技能培训和学习的积极性。培训时间、培训地点和机构安排越合理，培训机会越多，越便于农民就地就近接受培训和学习。因此，努力提升农村欠发达地区的信息化教育水平和投资力度，加强对农村创新创业人才的培养显得至关重要。

第八，农户对“互联网+”政策的知晓及执行情况如何对增收有显著的正向影响。农户对“互联网+”政策知晓及执行情况的回归系数为0.312，显著性程度0.000非常高，说明让农民及时知晓并落实国家对“互联网+”的支持和优惠政策，能更好地利用互联网科技手段促进收入的增长。

6.5.3.2 关于农村创新人才培养的影响因素分析

根据研究选取的目标变量 Y2，即对农村创新人才成长的培养，并构建回归模型及数据库。具体分析农户使用网络及其对农村创新创业人才培养的影响及其影响程度，回归分析结果如表 6 – 20 所示。

表 6 – 20　　影响农村创新创业人才培养的 Logistic 模型回归结果

指标	非标准化系数		标准系数	t	Sig.
	β_0	标准误差			
（常量）	2.687			5.189	0.000
文化程度 X1	0.654	0.064	0.536	2.536	0.031 *
从事生产或经营的区域 X2	–0.099	0.075	–0.103	–1.308	0.193
农业收入所占比重 X3	0.059	0.073	0.068	0.810	0.419
使用网络的频率 X4	–0.213	0.128	–0.125	–1.666	0.098
网络知识和电子商务技能培训需求 X5	0.062	0.063	0.073	0.973	0.332
培训内容 X6	–0.826	0.092	0.625	1.650	0.248
培训体系与机制 X7	0.534	0.034	0.436	3.216	0.038 *
培训方式（时间、地点）X8	0.715	0.028	0.532	4.157	0.029 *
对“互联网 +”相关政策的知晓及执行情况 X9	0.287	0.076	0.317	3.798	0.000 *

资料来源：笔者根据调研数据统计分析结果绘制所得。

结果分析显示，X1 文化程度、X7 培训体系与机制、X8 培训方式（时间、地点）、X9 对“互联网 +”政策的知晓及执行情况四个变量的显著性水平 sig 均小于 0.05，说明这四个因素对农村创新创业人才培养具有显著影响，而其他因素的检验值均不明显。

第一，“互联网 +”政策的知晓及执行情况对培养农村创新创业人才有着至关重要的作用。农户对“互联网 +”政策的知晓及执行情况的充分了解，有助于把握网络经济的脉搏，便于了解和落实当地网络经济环境的信息和优惠政策，是享受网络机遇和政策红利的基础。农民了解政策扶持的方向和力度，了解网络经济的发展趋势和先进的网络思维，才能享受到政策红利；通过全面学习网络知识和农村电商的应用技能，不断提高自身互联网操作技能，才能成长为服务于乡村振兴的创新创业人才。

第二，培训体系的完整性、培训机制的有效性和持续性，也极大影响农民参与转移就业培训的积极性。培训机制越科学有效，培训体系越完整，越能给予农民稳定持续的技能培训和智力支撑，使农民弥补自身短板，不断提高科技信息素养和就业创业能力。构建持续完整的培训体系，增设更多的免费培训项目和培训网点，有助于农民便捷地补充有关创业的新知识新技能，对农民就业增收作用显著。

第三，农民的文化程度、现有的各种农民技能培训方式，如培训时间、地点的科学安排对农村创新人才素质和能力培养具有显著影响。基于网络环境的新要求，只有从培训方式、培训机制和培训体系设计方面进行优化，才能不断提高农民文化素质和职业技能，提升农村创新创业人才整体素质。

6.5.4 理论阐述与影响机理

在文献研究和前期调研的基础上，进一步探索互联网背景下影响农户就业增收的主要因素，有助于对拓宽农户就业增收的途径进行系统考察。结合微观调研的结果，选取农户就业创业的领域、生产或经营的区域、家庭收入、使用网络频率、上网目的及用途、农户对网络知识与电商技能培训的需求、对"互联网+"政策的知晓及执行情况等因素，作为预测分析影响农户就业增收与网络使用行为的因素框架。

通过对调研数据的多元回归分析结果，参考社会流动研究领域布劳和邓肯的"地位获得模型"，并考虑外生变量因素，分别从天赋性因素、获致性因素、区域环境因素三方面探讨"互联网+"环境下影响农户就业增收与网络创业行为的主要因素及深层机理。其中，先赋性因素包括个性特征、家庭背景等个体差异；获致性因素包括人力资本和工作经验，人力资本包括本人的教育、学习与培训就业经历；区域环境因素包括区域教育环境、经济发展水平、政策制度等外在因素。

6.5.4.1 农民个体差异和家庭维度的影响

该维度为先赋性因素，农户家庭的文化程度、家庭人口及收入状况、对网络知识和电商技能的培训需求三个子因素对农民就业增收及创新创业行为影响显著。

第一，文化程度影响农民就业增收的质量和水平。文化程度的显著性程度较高，直接体现为农村劳动力的人力资本投资水平，对农民就业增收影响较大。很多农民综合文化素质偏低，导致其转移就业层次和工资水平低，就业流动性大。因此，加大对农民的继续教育和职业技能培训投入，对提升其就业创业能力和增收水平至关重要。

第二，家庭人口的数量影响着农户的人均收入水平及其教育培训投入。家庭人口的显著性程度非常高，并对农户家庭增收水平和教育培训的投入呈反方向影响。家庭人口越多，农户家庭人均收入越低，农户的经济压力越大；且家庭人均收入水平有限也会进一步影响农民转移就业与创业的积极性，降低其教育培训投入与收益增幅。

第三，农户对网络知识和电子商务技能培训的需求对增收有显著的正向影响。农户对网络知识和电子商务技能培训需求的显著性程度非常高，说明农户对网络知识和电子商务技能培训的认知与需求越强烈，越能及时从互联网环境中发现机遇，能够积极主动寻求就业创业机会，提高自身收益水平。互联网信息技术有助于打破传统的时空限制，农民能够主动学习并掌握网络知识和电商技能，能更好地融入互联网经济领域，将自己手中的资源通过网络更便捷地达成交易，有效解决农户的销路问题，使其获取更多增值收益。

6.5.4.2 人力资本提升和资源可获得性维度的影响

该维度为获致性因素，农民就业创业的领域、从事生产或经营的区域、上网目的及用途这三个子要素对农民就业创业与增收选择影响显著。

第一，农户就业创业的领域极大影响着农民就业创业意愿和增收水平。

农户就业创业的领域显著性程度非常高。当前农民非农就业的主要领域大多为当地农产品加工业、餐饮服务业、建筑业和零售批发等行业，这些行业大多为对文化程度和技能要求较低的体力劳动，进入门槛较低。而互联网信息技术的普及进一步打破了城乡信息壁垒和就业障碍，使得农村转移劳动力大量向快递物流、家政服务、农村电商等行业集中。这些促进了城市服务业的发展，也拓宽了农民就业创业及增收的渠道，显著提升了农民的就业能力和创业意愿，并提高其收入水平。

第二，农户从事生产或经营的区域也影响其就业增收水平。农户从事生产或经营的区域的显著性程度较高，说明对农户就业增收影响较大。调研显示，农村转移劳动力越是趋向外地打工或从事自主经营及创业，就越需要掌握一些现代农业技术知识及经营管理知识。在网络环境下，农民的电子商务技能、网络营销与信息搜集能力，对其选择外地打工还是就近就业或创业的决策尤为重要，并直接影响其就业质量、就业稳定性和持续增收状况。

第三，上网目的及用途极大影响着农户就业创业的信息获取速度和增收水平。随着互联网科技向农村市场渗透发展，城乡之间在消费流通、生活服务、文娱、医疗教育等领域的网络化数字化服务需求日益增加，而农户对短视频、即时通信、网络零售的使用率越高，上网目的越倾向于农业生产、经营和信息沟通，就越有利于及时获取就业创业信息，促进其致富增收。

6.5.4.3 区域环境维度的影响

从影响农民增收的外在因素看，对农民的培训方式和就业创业服务环境、对互联网+政策的知晓及执行情况两个子因素对农民就业增收及创新创业行为选择影响非常显著。

第一，对农民的培训方式安排越合理，越有利于激发农民参与新技术新技能培训和学习的积极性。培训的时间、地点和机构安排越合理，培训机会越多，越便于农民就地就近接受培训和学习。通过增加网络技能培训和就业指导，提供良好的就业创业服务环境，促进城乡和农企之间的信息共享与交流，使农民降低信息搜寻成本，掌握现代农业技术，创新农产品商业模式，拓宽销售渠道，才能在更大的范围帮助农民就业创业和增收。因此，努力提升农村经济欠发达地区的信息化教育水平和投资力度，加强对农村创新创业人才的培养显得至关重要。

第二，农户对“互联网＋”政策的知晓及执行情况如何对增收有显著的正向影响。农户对“互联网＋”政策知晓及执行情况的显著性程度非常高，说明要让农民及时知晓并落实国家对“互联网＋”的支持和优惠政策，网络普及率高、网络基础设施与产业配套措施完善的区域，农民能更多地了解市场信息，不断提高农产品质量和经营管理水平，为乡村产业开拓广阔的国内国际市场，才能更好地利用互联网技术手段促进其增收致富。

6.6 农户使用网络及就业增收过程中存在的问题与障碍

6.6.1 农民收入水平低，收入结构不合理

通过对农户年收入水平的调查显示，占比最多的是中等收入占27.54%，73.65%的农户家庭收入水平处于2万元以下的区间。而中等偏上收入和高收入水平只分别占12.57%和13.77%。由此可以见农户家庭年收入水平相对较低。通过对家庭收入来源形式的调查显示，占比最多的是工资性收入，占51.5%，其次是农业收入，占到了47.9%，经营性收入占17.37%，财产性收入占5.39%，而其他收入则占25.15%。由此可见农民工家庭收入来源的主要形式是工资性收入和农业收入，农业收入占家庭总收入的比例相对较高，收入结构不合理。

究其原因，其一，农业收入占家庭总收入的比例相对较高，收入结构不合理。农村劳动力明显过剩，剩余劳动力转移困难，乡镇企业吸纳劳动力的能力不足，大多数农民缺乏现代生产技能，无法满足现代企业的用工要求。这说明关中农村还有大量农村劳动力需要向非农业领域转移就业，以增加工资性收入。其二，农村产业结构不合理，产业化水平低，增收渠

道有限，也是造成其收入水平低的原因。农业结构趋于雷同，区域比较优势没有得到充分发挥，初级产品多，加工产品少，精深加工产品则更少。因此，需要通过自主创业和经营向第二、第三产业拓展，才能切实提高农民收入水平。

6.6.2 利用网络进行现代农业经营和农村电子商务发展水平较低

根据调查数据显示，农民一般上网目的及用途占比最多的上网看新闻及休闲娱乐，占到了 66.47%，之后，是了解农业及市场信息，占 19.76%，查询农产品价格及购买种子的则占到了 14.37%。对是否注册淘宝和自主经营所占比例最多的是未注册不感兴趣的农户，占到了 60.48%，其次是未注册将要注册的占 32.93%，而已注册正在经营的只 6.59%，由此说明大量农户还处于观望状态，或者不了解互联网知识及网上经营的方法。

究其原因，其一，农民缺乏必要的网络知识，对互联网缺乏正确的认识和使用，仅可利用简单的信息功能，即使使用电脑上网目的是以娱乐为主。其二，农民风险意识很强，注册淘宝或者网上经营存在一定的风险，买卖双方只通过电脑交易，农民每年的经济收入有限，无法承担过多的风险，从而农民对此抱有怀疑以及观望的态度，影响了农业农村现代化经营和电子商务的发展。

6.6.3 对农民进行网络知识及电子商务的技能培训投入不够

调查结果显示，农民认为完全不需要进行网络知识及电子商务相关培训的只占到了 5.39%，其余的都需要不同程度的培训，农民工所在村镇现开设的技能培训中，电子商务技能培训占 46.11%，现代化农业技能培训占 38.92%，农村商业合作社管理技能占 32.34%，网络营销技能培训占到了 28.74%，网店制作及维护占到 23.35%。技能培训内容呈现多样化由此说明农户很需要网络知识和电子商务技能培训，需要加大对农户的培训力度和密度，满足农户的培训需求，提高农民对运用互联网的知识和技能。

造成上述问题的原因，一是农村信息基础设施落后，信息资源贫乏，乡村组织分散，地域广阔、乡镇数量较多，从不同程度上加大了电子政务基础设施和信息接入点建设以及农民前往公共信息亭获取信息的难度和费用；二是农业产业化水平低，进行农业电子商务的配套设施及服务体系欠缺，如农村网络硬件设施薄弱，乡村互联网覆盖及普及率低。因此，今后应设计有针对性的，能满足多元化需求的农村人才技能培训计划，以提高农村创新创业人才的职业素质和就业创业能力。

6.6.4 对发展农村电子商务的相关政策宣传及支持不到位

根据对发展农村电子商务的相关政策宣传调查结果，其中一般了解的占到了 47.31%，不了解的占到了 45.51%，而了解的只有 7.19%。政府没有将国家关于农村互联网及电子商务的政策让农民充分了解和学习。同时，农民工对发展农村电子商务政策的知晓及执行情况和对“互联网+”政策的知晓及执行情况相对较差，不了解且没执行的占 33.53%，完全不了解且从无执行的占 22.75%，了解且贯彻执行和非常了解且全面落实的分别仅占到了 5.39% 和 3.59%，说明农民对发展农村电子商务政策基本不了解。

造成上述问题的原因有两个方面，其一，政府对发展农村电子商务宣传与执行不到位，促进农民从事电子商务创新创业活动的配套服务体系支持政策缺乏。其二，对发展农村电子商务的技术扶持政策、税收优惠等制度不完善；对促进农民自主经营创新创业活动的技术指导、金融支持、税后优惠等服务体系、政策支持及相关法律法规不健全，都在一定程度上阻碍了农民自主创业和经营的意愿及行为。由此说明对于发展农村电子商务政策和“互联网+”政策仍需要大力宣传，积极引导和全面落实有关政策和培训计划，带领农民走向致富的道路。

6.7 “互联网+”背景下农户创新创业及就业增收的优化途径和对策

6.7.1 促进农户就业增收的优化途径

基于农村网络应用和农户转移就业与增收状况的系统研究，以及对农户网络使用行为及就业增收的影响因素分析，新时期，在“互联网+”背景下应从政府、产业、农民等多层次多角度共同推进，以拓宽和优化农户增收途径。

6.7.1.1 从宏观层面，落实对农民增收的政策支持和顶层设计

第一，加快农业增长方式转变，优化农业产业结构，提高农产品质量和农业综合效益。加强区域主导产业发展，提高农业服务业对就业的吸纳能力，大力推进农村特色农产品加工和特色旅游业发展，促进农业转型升级和一二三产业的融合发展；创新农业商业模式，多层次提升农业产业链增值水平；加大财政资金对农业的扶持力度，建立健全农村金融体系，切实解决涉农企业和个人融资难的问题，降低其融资成本；加强政策扶持和引导，鼓励政产学研结合，吸引优质社会资本，建立健全多元主体共同推进农民就业增收的创新机制和服务体系，多渠道拓宽农民就业增收途径。建立城乡统筹的就业服务制度，加强农村人力资源服务平台建设，为企业与农村劳动力之间搭建沟通桥梁，促进农村剩余劳动力转移就业。

第二，加大对农村网络基础设施建设的投入，提高农村网络信息技术应用水平。加大资金投入，加速农村网络基础设施的优化升级，突破导致城乡差距的信息壁垒和数字鸿沟，为农民就业创业与增收提供更多可获得的机会和信息服务保障，以满足农民就业增收的信息需求，降低其接受继续教育和学习培训的成本。大力提高农村5G网络覆盖率及使用率，提升互联网、大

数据、云计算等现代信息技术在县域为中心的新型城镇化建设中的应用与服务水平，加快推进农产品电商和直播带货等新技术新业态在农村特色产业及农产品营销推广中的应用；加强“互联网+”环境下农村电商的政策宣传与支持力度，优化农民利用网络创新创业的服务机制，营造良好的农村就业创业环境。

6.7.1.2 从产业层面，加强现代农业产业支撑和信息化平台建设

第一，加快构建现代农业产业体系，提高农业现代化和新型城镇化发展水平，营造良好的农村网络创新创业发展环境。推进农业产业化经营，大力扶持农业产业化龙头企业，培育壮大“种养加”大户、家庭农场、农民专业合作社、农业产业园区等新型农业经营主体，通过发展“公司+基地+农户”“公司+合作社+农户”的农业产业化经营方式，提高农业经营效率和农民增收水平；加快农村信息高速公路和基础设施建设，开发多样化的“平台企业+合作社+农户”的农业互联网管理服务模式，完善并延伸农业产业链，提高农产品附加值和增值水平。推进新型城镇化建设，优化农村创新创业发展环境。在构建现代农业产业体系同时加快农村生态文明建设，营造良好的农村就业创业环境，扩大农民就业增收空间和容量。落实科教兴农、人才兴农的顶层设计，加强农业科技的研发、推广与普及力度，建立新型多元化的农技推广体系；加强农业科技服务平台建设，全面推进农业科技下乡制度，扶持农业科技示范户，提高其示范带动能力，以加快推进农业提质增效，让农民分享更多产业链增值收益。

第二，强化农业生产与经营管理中的网络信息平台建设，提升网络助推农民就业增收的成效。加快推进农业生产过程中的标准化、机械化和信息化管理，打造专业化、规模化的农产品加工基地与示范园区，促进农业产业化、集约化经营，提高农业产业规模和质量，增强农业特色产业对农民转移就业的吸纳和带动能力，并使农民分享产业链增值收益。建立健全农业社会化服务体系，开办涵盖农业生产全过程、农业经营管理各流程、市场营销各环节的信息服务平台和社会化托管组织，提高农业生产经营的组织化、网络

化和精细化水平，为家庭经营者、自主创业者等个体经营农户提供低成本、便捷化的专业化社会服务，并吸纳广大农村剩余劳动力积极参与农村发展，助力农民就业增收。

第三，积极培育农村电子商务市场主体，助推农村电子商务提质升级。大力开发应用农业新业态和新模式，为农民提供更多的就业创业机会和发展平台。鼓励电商、物流、商贸、金融、供销、邮政、快递等各类社会资源与农业生产经营加强合作，构建和整合农村购物网络平台，以互联网为基础加强农产品的产销对接、农超对接，为提升农产品增值水平搭建更多高效的信息通道和桥梁，实现更多农民参与农村电子商务发展，获得更多的产业链增值收益。通过招商引资，鼓励引导电商平台企业共同开发特色农产品网上销售平台，鼓励农户与合作社、种养大户等建立直采直供关系和共享分担机制，增加农民就近就业渠道及增收途径。各级地方与乡镇企业要因地制宜，发展壮大农村新业态和新模式，加大对农业新业态和农产品电商新模式的支持力度；开展农村电子商务示范县或示范村创建活动，创建区域型农产品电子商务交易平台和物流配套园区；引导各类媒体加大农村电子商务宣传力度，发挥典型案例对农民就业增收的引领带动作用。

6.7.1.3 从农民层面，着力提高农民的网络应用技能和创新创业能力

从农民人力资本提升角度，要加强农村人力资本的组织开发和自我开发。应加强农村人才培养，积极推进"互联网+"教育，大力提升农民的信息技术素养和网络应用能力。发挥地方高校和职业教育服务"三农"的战略支撑作用，面向市场需求提升教育及培训质量。科学设计农民技能培训项目，加强现代农业科技培训、农产品电商与就业指导培训、经营管理与农业政策法规培训等农村实用技能培训，把技术专家下乡、网络远程指导和农民之间互助学习等培训方式相结合，培养和建设一支懂技术、懂市场、会经营、会管理，适应现代信息社会发展的农村创新创业人才队伍，为农村经济繁荣和农民就业增收提供持续的智力支撑。加快推进农村电商技能培训，努力提高农户的网络应用水平和就业创业能力，扩大网络直播和短视频技能培

训在农村地区的投入与覆盖面，加大对乡镇级以上转移就业农户的网络信息技能培训力度，提高农业生产经营的信息化水平，提升农民的网络营销技能和就业竞争力。

要注重提高农民的文化素质，促使其转变观念、充分认知农业农村的广阔发展空间与机会，实现从经验型向知识型、从被动型向主动型的新型职业农民转变。在加大对农村创新创业人才的激励和扶持力度基础上，使其主动参与各级各类农村实用技能培训，努力提高自身职业素质和就业竞争力。调动返乡大学毕业生、返乡农民工、大学生村官、农村创业致富带头人对农民就业增收的引领和示范带动作用，增强农民在就业增收中的主体性认识，积极了解国家的相关政策以寻求新的发展机会，通过各级农村集体组织、农民专业合作社、科技下乡等渠道，加强农民之间的互助交流机制，提高自身适应社会发展要求的学习能力和信息素养。鼓励农民积极应用农产品电子商务、直播、快递、配送与乡村旅游等农业新业态新模式，提升自主创业能力和增收水平，在推进一二三产业融合发展和打造农业全产业链过程中，不断提升就业创业技能，开拓就业增收机会，分享更多产业链增值收益。

6.7.2 推进农户创新创业与增收的对策建议

6.7.2.1 促进农业产业结构转型升级，拓宽农民就业增收空间

第一，转变农业生产方式，延长产业链，拓宽农民增收途径。首先，调优种植业结构。对于粮食作物，须大力发展优质小麦、专用玉米、马铃薯、杂粮杂豆等，在相当一段时间内，减少粮食作物种植面积，依靠科技，提高粮食作物产量。其次，以第一产业为基础，加快第二产业、第三产业发展。推动关中、陕南、陕北等地区农业特色产业集群化和规模化发展，在扩大陕西苹果、猕猴桃、核桃、茶叶、奶山羊等特色农产品种植（养殖）规模的基础上，大力发展农产品深加工产业，打造区域农产品品牌，不断开发果、茶、奶等陕西特色产业新产品线，如羊奶粉、果饮、果茶、茶食品等新特产

品，延伸产业链，创新商业模式，拓展农民增收途径，扩大农村劳动力转移就业与创业空间。

第二，加快农业现代化发展，推动农民就业创业和自主经营。首先，全面推进高标准农田建设，加快农业现代化进程，推进陕南和关中地区的产业互助与合作。如在汉中、宝鸡地区创建百万亩农田基地，推进机械化农业生产发展，形成机械化示范工程。其次，在富平、商洛地区全力建设农产品加工基地，打造农产品的规模化加工示范园区，促进农业产业化、集约化经营，增强农村发展活力，为农民就业创业及自主经营提供广阔的创新空间和平台。

6.7.2.2 加快新型城镇化建设步伐，优化农村创新创业发展环境

第一，提高乡村产业现代化发展水平，增强对农民转移就业的吸纳能力。以关中为主导，在陕西农村地区，加快基础设施建设，提高农村工业化、现代化及城镇化发展水平，为农民提供更多的创新创业机会和发展平台，同时要努力提高农民的文化素质和思想观念，使其运用现代化、工业化思维来谋划农业的生产和促进农村经济发展，从而实现工业文明和农业文明交叉融合，从物质和精神两个层面推进传统农业向现代农业转变、从乡村到城市协同创新发展。

第二，大力发展乡镇企业，促进农业产业化经营，培育就业创业平台。农村乡镇企业的发展理念主要是围绕农业办工业，办好工业促农业。促进农业链条的完善，在以产业为引领的基础上，大力发展集体、采摘、休闲、观光为一体的现代休闲旅游产业。同时，特色加工企业向上链接种植养殖业，向下链接商贸服务业、乡村旅游业，使一二三产业有机结合、相互促进、融合发展，从而为农民的就业创业提供发展机会和平台，以提高农民劳务收入和增收水平。

6.7.2.3 推动农村互联网小镇建设，提高农村数字化信息化建设水平

第一，拓展脱贫成果，提高农民就业创业能力和市场竞争力。围绕地区

种植业结构调整、养殖业提质增效、特色农产品加工升级、市场流通顺畅高效、资源环境高效利用等重点任务，发挥各地区各部门优势，协同推进特色农业+互联网小镇建设项目，如大力开发陕南的茶园、果园与自然环境相结合的“山水田园风光游”；助推关中、陕北等地的历史文化、非遗文化与特色农产品、现代农林科技相结合的“历史人文体验游”；开发以县域为纽带的新城镇“休闲度假游”和“乡村旅游”，借助互联网等现代信息技术手段，大力挖掘和推进现代农业与传统文化、区域特色产业优势互补与协同创新，带动周边地区广大农户增收致富。

第二，提高互联网覆盖率及普及率，加强网络及信息技术应用。将特色农业互联网小镇作为信息进村入户的重要形式，充分利用互联网理念和技术，加快提升物联网、云计算、大数据、移动互联网等信息技术在县域为中心的新型城镇化建设中的应用与服务水平，大力发展电子商务等新型流通方式，有利于推进特色农业发展。加快推进农产品电商和直播带货等新技术新业态在农村特色产业及农产品营销推广中的应用；扩大网络直播和短视频技能培训在农村地区的投入力度及覆盖面。

6.7.2.4 加强对农民的现代农业技术培训与指导，加快农村创新人才培养

第一，科学开发现代农业技能培训项目，增强培训效果。政府加强领导，强化责任分工，统一安排部署农业科技培训工作，集聚政产学研多方优势及智力因素，形成多层次、多元化的技能培训组织网络，多部门协同合作，共同把农业科技培训工作落到实处。科学设计农民技能培训项目，把现代农业科技培训与农产品电商的实用技术培训相结合，建立以农民专业合作社为基础的互助合作学习机制，把技术专家下乡、网络远程指导和农户之间的互助交流相结合。在大力推进农业技术培训的地区，要求每户培训一个明白人，形成每村每户“传帮带”的互助分享学习机制，使培训效果最大化，不浪费培训资源；落实好培训硬件设施，营造一个良好的乡村培训学习环境，提高培训迁移效果。

第二，加强农村电商技能培训，提高农户的网络应用和创新能力。落实技术下乡、科技特派员等制度，按照“相对集中，点面结合，择优推荐，逐级推进，机会平等”原则，针对农民对现代农业科技和互联网电子商务技能的现实需求，科学设计农民技能培训项目，并开发一些有利于农村开展电子商务的创新创业培训项目，以提高农民的网络应用能力和创新创业能力，逐步培养和建设一支懂技术、懂市场、懂经营、会管理并适应现代社会发展环境的农村创新创业人才队伍，为乡村产业振兴和农民就业增收提供持续的智力支撑。

6.7.2.5 加强农村电商的政策宣传与扶持，优化农民创新创业服务体系

第一，积极培育农村电子商务市场主体，营造良好的就业创业服务体系。发挥现有市场资源和第三方平台作用，培育多元化农村电子商务市场主体，鼓励电商、物流、商贸、金融、供销、邮政、快递等各类社会资源加强合作，构建农村购物网络平台，实现优势资源的对接与整合，参与农村电子商务发展。

第二，加强政策扶持和引导，优化助推农民创新创业的制度环境。加快推进信息进村入户工作，加快推进符合电子商务农产品的分等级包装运输标准的制定和应用。把电子商务纳入扶贫开发工作体系，以建档立卡贫困村为工作重点，提升贫困户运用电子商务创业增收的能力，鼓励引导电商企业开辟贫困地区特色农产品网上销售平台，鼓励农户与合作社、种养大户等建立直采直供关系和共享分担机制，增加农民就近就业渠道及增收途径。

第三，鼓励开发农业新业态新模式，提高农户自主创业能力和增收水平。鼓励地方、企业等因地制宜，积极探索农业产业新业态和农产品电子商务新模式。开展农村电子商务创新创业大赛，调动返乡高校毕业生、返乡青年和农民工、大学生村官、致富带头人等农村创新创业人才参与农村电子商务的积极性和示范性。开展农村电子商务示范县或示范村创建活动，发挥其引领带动作用；鼓励县区供销合作社创建区域型农产品电子商务交易平台和物流配套园区；引导各类媒体加大农村电子商务宣传力度，发掘典型案例，推广成功经验。

6.8 结 论

本章研究以陕西农户网络使用与网络创业行为选择及其影响因素为研究对象，目的在于从宏观层面研究梳理新时期陕西农村劳动力转移就业增收的总量与结构特征，通过实地调研分析陕西农民就业增收的微观特征和新趋向，结合农村劳动力转移就业理论分析探索农户使用网络及就业增收中存在的问题与障碍，并运用多分类 Logistic 回归模型预测分析影响农户网络使用行为及就业增收途径选择的主要因素及影响程度，进而提出拓宽农户创新创业及就业增收的途径和措施，以期为陕西全面落实乡村振兴战略和农村经济高质量发展提供可借鉴的思路。本章研究的重要观点包括以下六点。

第一，改革开放 40 余年来，推动农村家庭创业与增收，一直是我国解决“三农”问题的重要课题。“互联网 +”环境加速了农业生产方式的转变和农业效率的提升，对促进农民脱贫致富、创新创业，提高农村居民的生活质量发挥着重要作用，并直接影响到农村经济的发展和农民就业增收工作的质量和水平。研究“互联网 +”背景下陕西农户创新创业及增收致富的优化途径和政策建议，对于指导农民就业创业及提高收入水平具有重要的现实意义和应用价值。

第二，以互联网科技和网络平台经济为驱动，“互联网 + 农业”的高度融合提高了陕西农业产业水平，通过互联网的普及和农产品电商、网络营销技能的应用，为农民提供了广阔的就业空间和增收渠道，极大提升了陕西农民的职业技能、自主创业能力及收入水平。新时期，要以农村特色产业振兴为抓手，不断开辟陕西农业农村发展新领域新动能，开发农民就业增收的新渠道新业态。

第三，通过近十年的文献研究，从宏观层面分析了陕西农村劳动力转移就业的总量与结构特征，运用实地调研和问卷调查，分析了陕西农民转移就业的微观特征和新趋向：从农村人口分布来看，陕西非农人口比重逐渐增加，三大区域城镇化差异逐年缩小；从农村劳动力就业结构与产业结构比较来看，陕西就业构成滞后于产业结构，与全国仍然存在一定差距；从农村居民收入结构及变化来看，陕西农民收入结构不断优化，农外收入比重逐步提高，城乡收入差距持续缩小。

第四，从农村劳动力转移就业的总量与农民收入结构及城乡差距的变化来看，陕西农村劳动力比重高、农业剩余劳动力数量大的特点仍然比较突出，解决农民非农就业、缩小城乡收入差距，仍然是陕西当前“三农”工作面临的重要课题。从就业结构与城乡差距的变化来看，陕西农村劳动力转移就业水平低于全国平均水平及东部发达地区，今后陕西不仅要加快农业产业结构优化升级，提高农业经营效率，还要加快农村人力资源开发，提升农民转移就业与创业的质量和规模，才能不断提高农民增收致富水平，缩小城乡收入差距。

第五，鉴于陕西地区差异明显，本章在研究陕西基层农村网络应用和农户就业收入状况的微观特征基础上，结合陕西农民就业增收的宏观发展现状、农户使用网络状况及就业增收中存在的问题，构建适合农村居民网络使用意愿和就业增收途径选择的分类指标，选取5类13个指标作为自变量，通过多分类Logistic回归模型预测分析影响农户网络使用行为与就业增收的主要因素及影响程度。分析结果显示，文化程度、就业创业的领域、家庭人口、从事生产或经营的区域、对网络知识和电子商务技能培训的需求、上网目的及用途、培训方式、对“互联网+”政策的知晓及执行八个因素对农民就业增收影响显著。

第六，结合当前“互联网+”背景下陕西农村在网络使用和就业增收中存在的问题，提出应从政府、产业、农民等多层次多角度共同推进，加快农业现代化发展，推动农民就业创业和自主经营；促进农业产业化经营，培育就业创业平台、优化农村创新创业发展环境；提高农村数字化信息化建设水平，提高农民就业创业能力和市场竞争力；加强对农民的现代农业技术培训与指导，加快农村创新人才培养；加强农村电商的政策宣传与优化农民创新创业服务体系等对策建议，以推进农村互联网应用和拓宽农民增收途径。

本章研究的创新点在于：一是从研究选题来看，本章项目以陕西农村居民网络使用与网络创业行为调查为切入点，着眼于研究农户就业创业及就业增收的制约因素和优化途径，选题及对象富有创新。二是从研究内容上看，本章研究构建了符合农村居民网络使用意愿和就业增收途径选择的分类指标体系，分别从农户家庭收入状况、农村使用网络及电子商务发展情况、对网络知识与电商技能的培训、“互联网 +”相关政策的认知与执行四方面探索陕西农户网络应用及就业收入状况。本章研究对于指导农村开展科技创新创业、推进“互联网 + 农村”及农民创新创业工作、促进农民就业增收和城乡协调发展具有典型意义。三是从研究方法上看，本章研究创新在于运用多分类 Logistic 回归模型量化分析影响农民就业增收及网络使用行为的主要因素及其相互关系，并进行模拟估计和诊断，实证研究推进农户就业增收的有效途径与对策。

参考文献

[1] 陈晓琴，王钊．“互联网 +”背景下农村电商扶贫实施路径探讨［J］．理论导刊，2017（5）．

[2] 陈宗胜，杨希雷．共同富裕视角下全面综合测度城乡真实差别研究［J］．财经科学，2023（1）：52 –68.

[3] 范逸芳．我国城市劳动力与产业结构演进机制研究［M］．北京：科学技术文献出版社，2020.

[4] 高敏芳．“互联网 +”背景下陕西省农村电子商务研究［J］．价格月刊，2016（12）：87 –90.

[5] 关爱萍．劳动力流动，产业转移与区域发展差距［M］．北京：中国社会科学出版社，2020.

[6] 国务院新闻办，新华社．中共中央、国务院关于做好 2023 年全面推进乡村振兴重点工作的意见［EB/OL］．http：//www.news.cn/politics/2023 –02/13/c_ 1129362160.htm. 2023 –02 –13.

[7] 郝慧娟，邵彬涛．农村劳动力转移促进城乡经济互动发展的作用机制及障碍分析［J］．农业经济，2023（6）：87 –90.

[8] 何晓朦，魏来．"互联网+"背景下农村电子商务发展环境竞争力评价［J］．商业经济研究，2016（21）：90－92.

[9] 胡伦，陆迁．贫困地区农户互联网信息技术使用的增收效应［J］．改革，2019（2）：74－86.

[10] 黄海军．"互联网+"时代下推动农业经济发展的探索［J］．农业工程技术，2022，42（3）：79－80.

[11] 雷翠玲．"互联网+"背景下农业电子商务发展模式新探［J］．中国统计，2017（6）．

[12] 李丽，李勇坚．中国农村电子商务发展：现状与趋势［J］．经济研究参考，2017（10）．

[13] 李义伦．城镇化背景下的农村剩余劳动力就业途径研究．［J］．中国农业资源与区划，2017（10）.

[14] 林嵩，谷承应，斯晓夫，等．县域创业活动、农民增收与共同富裕：基于中国县级数据的实证研究［J］．经济研究，2023，58（3）：40－58.

[15] 吕丹．基于农村电商发展视角的农村剩余劳动力安置路径探析［J］．农业经济问题，2015（3）．

[16] 马金海．农村电商对农村剩余劳动力安置的影响与路径优化［J］．价格月刊，2016（8）：87－90.

[17] 马隽．农村电子商务发展与农村富余劳动力安置问题研究［J］．中国农业资源与区划，2016（2）.

[18] 马俊龙，宁光杰．互联网与中国农村劳动力非农就业［J］．财经科学，2017（7）：50－63.

[19] 马轶群，李晓春．经济结构差异下的农村劳动力转移——以长三角地区为例［J］．农村经济，2010（10）：99－103.

[20] 彭连清，詹向阳．沿海地区产业转移与欠发达地区农村劳动力转移模式的演变——以珠三角为例［J］．当代经济研究，2007（5）．

[21] 孙华臣，杨真，张骞．互联网深化与农户增收：影响机制和经验证据［J］．宏观经济研究，2021（5）：104－122，141.

[22] 汪小龙，唐建荣．农村电商物流布局与农村居民消费——基于农村淘宝的跟踪［J］．商业经济研究，2021（23）：77－81.

[23] 王小洪，刘纳新，张静，等．“金融服务站 + 互联网 + 农村电商”扶贫模式探析——基于湖南省炎陵县扶贫实践［J］．武汉金融，2017（11）：70 – 73.

[24] 王子敏．互联网、技能偏向与农村流动人口就业［J］．人口与经济，2017（2）：107 – 115.

[25] 温辉．我国农村电商“互联网 + 农业”创新发展策略［J］．改革与战略，2017（6）：53 – 56.

[26] 习近平：把乡村振兴战略作为新时代“三农”工作总抓手［J］．求是，2019（6）.

[27] 席吕思．“互联网 + ”背景下我国绿色农业发展的路径研究——以武汉市为例［J］．特区经济，2021（12）：144 – 147.

[28] 谢玲红，吕开宇．“十四五”时期农村劳动力转移就业的五大问题［J］．经济学家，2020（10）：56 – 64.

[29] 张鸿，刘修征．“互联网 + ”背景下农村电子商务发展路径探析——以陕西省为例［J］．江苏农业科学，2017（5）：83 – 85.

[30] 张启文，张兴凯．新型农村互联网金融发展模式研究——基于农村电商视角［J］．会计之友，2017（16）：21 – 24.

[31] 张永强，高延雷，王刚毅，等．“互联网 + ”背景下农产品电子商务两种典型模式分析［J］．黑龙江畜牧兽医，2015（22）：8 – 12.

[32] 赵路．“一带一路”背景下农村创新人才培养模式研究［J］．科学管理研究，2017，35（6）：85 – 88.

[33] 钟凤英，那鑫，王雨微．“互联网 + ”农业发展模式的创新研究［J］．商业经济，2021（7）：119 – 122.

[34] 周冬．互联网覆盖驱动农村就业的效果研究［J］．世界经济文汇，2016（3）：76 – 90.

[35] 周洋，华语音．互联网与农村家庭创业——基于 CFPS 数据的实证分析［J］．农业技术经济，2017（5）：111 – 119.

附 录

附录1：农村创新创业人才能力特征（素质构成）调查问卷

尊敬的女士/先生：

您好！首先感谢您在百忙中参加“陕西农村创新创业人才培养模式研究”课题关于“农村创新创业人才能力特征与素质构成”的问卷调查。请您根据自身的情况作出判断并在对应的选项打“√”或填入相应内容。请您务必完成第一部分，第二部分、第三部分可自行选择。

一、请您对农村创新创业人才素质构成及重要性作出判断并在对应的选项打“√”。

表1　　农村创新创业人才能力特征（素质构成）调查

类别	素质序号	影响因素	非常重要（5）	很重要（4）	比较重要（3）	一般重要（2）	很不重要（1）
个性品质	1	敢为性					
	2	开放性					
	3	执着					
	4	坚韧					
工作态度	5	主动性					
	6	进取心					
	7	勇于探索					
	8	责任心					
	9	冒险精神					

续表

类别	素质序号	影响因素	非常重要（5）	很重要（4）	比较重要（3）	一般重要（2）	很不重要（1）
经营与组织技能	10	信息搜寻能力					
	11	记忆与概括能力					
	12	分析、判断能力					
	13	应变能力					
	14	人际沟通、谈判技能					
	15	组织、协调能力					
	16	合作、适应能力					
	17	承担风险能力					
学习与创新能力	18	接受新观念					
	19	继续教育和培训					
	20	发现和解决问题					
	21	技术应用与迁移能力					
技术知识与经验	22	高中以上学历					
	23	某种专业知识与技能					
	24	农技知识及其培训经历					
	25	非农就业、创业经验					
其他技能	26	计算机网络操作能力					

二、请您结合“表1”将以下素质类别对于农村创新创业人才的重要性两两比较，并把比较结果填入问卷中，比较结果表示如下：

甲乙两两比较结果	**甲得分**	**乙得分**
甲与乙同等重要	1	1
甲比乙略重要	2	1/2
甲比乙重要	3	1/3
甲比乙很重要	4	1/4
甲比乙极重要	5	1/5

表 2　　素质类别两两比较重要程度调查

项目	个性品质	工作态度	经营与组织技能	学习与创新能力	技术知识与经验	其他技能
个性品质	○					
工作态度		○				
经营与组织技能			○			
学习与创新能力				○		
技术知识与经验					○	
其他技能						○
对比结果						

三、请您对农村创新创业人才的培养及发展提出宝贵建议。

____

____

____

____

非常感谢您的支持与合作！

附录2：农村创新创业人才网络使用及增收状况调查

农村创新创业人才，是指利用自身的经验和能力，通过农业科技创新和资源整合活动，开展现代农业生产经营和创业活动的农村致富能手、农村转移就业及创业人员，他们对于增添农村发展活力，促进农民增收和繁荣农村经济发挥着重要作用。

本调研旨在了解农村创新创业人才使用网络及就业增收状况，本调研不记名，不会涉及您的隐私，所有问题无对错之分，回答问卷大约需要3分钟。

请您按照真实情况在符合的选项打“√”或填入相应内容，谢谢您的合作！

1. 选择题一般为单选，多选见备注。

2. 画横线的地方，请在横线上写出您的答案。

一、农户的基本信息

1. 您的性别：

○1. 男　　○2. 女

2. 您的文化程度是：

○1. 大学　　○2. 高中　　○3. 初中　　○4. 小学　　○5. 文盲

3. 您所在的地区（从事生产或经营的区域）是：

__________县__________镇__________村

4. 您的家庭人口数是：

○1. 4人以下

○2. 4~6人

○3. 7人以上

5. 您的家庭收入来源有：【多选】

○1. 农业收入（种植粮食作物、经济作物，或养殖家禽）

○ 2. 工资性收入（建筑、运输、餐饮、快递、维修等领域外出打工）

○ 3. 经营性收入（农产品加工及批发、零售等）

○ 4. 财产性收入（土地租赁、投资或拆迁赔偿等）

○ 5. 其他

6. 您的家庭年收入水平处于：

○ 1. 低收入（5000 元及以下）

○ 2. 中等偏下收入（5001 ~ 10000 元）

○ 3. 中等收入（10001 ~ 20000 元）

○ 4. 中等偏上收入（20001 ~ 40000 元）

○ 5. 高收入（40001 元以上）

7. 农业收入占您家庭总收入的比例是：

○ 1. 25% 及以下　　○ 2. 26% ~ 50%

○ 3. 51% ~ 75%　　○ 4. 75% 以上

二、农村网络使用率及电子商务发展情况

1. 您使用网络（用电脑或手机上网）的频率如何？

○ 1. 不使用　　○ 2. 偶尔使用　　○ 3. 经常使用

2. 您一般上网目的及用途是：

○ 1. 了解农业及市场信息

○ 2. 查询农产品价格及购买种子

○ 3. 招商引资、开网店或与客户沟通

○ 4. 看新闻及休闲娱乐

○ 5. 其他

3. 使用网络后对您增收的影响如何？

○ 1. 非常不重要　　○ 2. 不重要　　○ 3. 一般重要

○ 4. 重要　　○ 5. 非常重要

4. 您在使用网络后带来的收益增幅有多大？

○ 1. 25% 以下　　○ 2. 26% ~ 50%　　○ 3. 51% ~ 75%

○ 4. 76% ~ 100%　　○ 5. 100% 以上

5. 您认为互联网的使用对您的农业生产及经营的影响程度如何?

○1. 很小　○2. 小　○3. 一般　○4. 大　○5. 很大

6. 您对互联网的需求程度如何?

○1. 完全不需要　○2. 需要　○3. 一般　○4. 需要

○5. 非常需要

7. 您是否注册淘宝店自主经营或将要注册?

○1. 已注册正在经营　○2. 未注册不感兴趣

○3. 未注册将要注册

8. 您所在村镇运用电子商务从事生产经营的农户占多少（开淘宝店、开微店及利用网络平台营销的农户占全村农户的比例）?

○1. 低（25%以下）　○2. 偏低（占25%～50%）

○3. 中等（占51%～75%）　○4. 偏高（占76%～89%）

○5. 高（90%以上）

三、基层农村对网络及电子商务技能的学习培训状况

1. 您是否需要网络知识和电子商务技能培训?

○1. 完全不需要　○2. 不需要　○3. 一般

○4. 需要　○5. 非常需要

2. 您所在村镇现开设的技能培训内容有哪些（多选）?

A. 网络营销技能　B. 网店制作及维护

C. 现代化农业技能培训　D. 农村商业合作社管理技能

E. 电子商务技能培训　F. 其他

3. 县镇政府提供的以下培训计划，您最希望学习的内容是（多选）:

A. 网络营销技能　B. 电子商务与网络操作技术

C. 制作网页及网店维护　D. 创业与就业指导

E. 现代农业科技　F. 企业经营管理

G. 其他

4. 您对各级政府现有的各种农民技能培训计划的满意度评价:

问题	非常不满意⟵⟶非常满意				
	1（很不满意）	2（不满意）	3（一般满意）	4（满意）	5（很满意）
1. 培训内容设计全面、合理					
2. 培训方式（时间、地点）安排科学					
3. 培训机构及网点设置合理、方便就近就地学习					
4. 培训体系设计完善					
5. 培训保障机制稳定、持续					
6. 政府组织的免费培训机会多，能平等参与					

四、本地对农村互联网及电子商务相关政策的执行情况

1. 您是否了解农村电子商务的知识和技能？

○1. 不了解　　○2. 一般　　○3. 了解

2. 您对发展农村电子商务政策的知晓及执行情况：

○1. 完全不了解且从无执行　　○2. 不了解且没执行

○3. 一般了解且基本执行　　○4. 了解且贯彻执行

○5. 非常了解且全面落实

3. 您对“互联网+”政策的知晓及执行情况如何：

○1. 完全不了解且从无执行　　○2. 不了解且没执行

○3. 一般了解且基本执行　　○4. 了解且贯彻执行

○5. 非常了解且全面落实

五、意见和建议

1. 您觉得农村互联网及电子商务的发展，是否促进了农村创新创业人才的成长和发展？

1 = 是　　0 = 否

2. 您对现有农民技能培训的意见及建议是？

____

____

后　记

15 年前基于对“三农”问题的热爱和兴趣，我开始了对陕南绿色产业发展、欠发达地区自我发展能力等问题的研究；此后对农村创新创业人才培养和农民就业增收等领域进行了持续关注与研究。本书源于我从 2009 年开始立项研究的四个科研项目，涵盖了从绿色发展理念和绿色产业发展、欠发达地区自我发展能力提升、农村创新创业人才培养、农村劳动力转移就业到农民就业增收等内容接续而相互衔接的几个方面。

我国自古以来就重视人才的开发与建设，改革开放以来，基于对人才开发和“三农”工作的重视，党中央先后提出了人才强国和乡村振兴等治国理政新思想新战略。通过对陕南绿色产业的调查研究，本书首先阐述了陕南绿色产业的地区差异和分布特点，明晰了绿色产业的发展方向及欠发达地区提升自我发展能力的对策。其次，在我国实施新型城镇化战略和农业农村现代化进程中，探索和创新农村创新创业人才培养模式任重而道远，大量热爱并从事农业生产和经营管理工作的创新创业人才，需要明确其能力特征及培养目标，进一步推进农村创新创业人才培养模式的创新与农村劳动力转移就业的质量大有可为。最后，在新时代“互联网 +”背景下研究农户使用网络就业创业状况及其增收致富的优化途径，具有重要的现实意义和应用价值。

在我从事科研与教学的 20 多年历程中，一直保持着教育科研工作者的专业态度和节奏。2017 年至 2020 年新冠疫情期间，我经历了从家人病故到自己也罹患疾病住院手术……在这期间我中断了近 5 年的科研工作，更多时间在休养、康复身体与疗愈内心，并重新思考生命与人生目标。在这个过程中感谢我的家人、亲爱的朋友们（包括本科及硕士期间的同学，以及同事兼朋友）！特别感谢我的导师西安交通大学朱正威教授及家族中睿智的长辈对我的帮助和引导！日常与朱老师的交谈犹如读一本好书，总能给我启发与指引，让我在求学及职业生涯中受益良多；在我工作与生活最茫然的时期，朱老师的亲身示范和教诲让我明白，教育科研工作者坚守初心、勇往直前的人生意义和社会价值；家族中同姓长辈在我最伤痛时的一句话“有困难就来找我！”让我十分感动和温暖……在我人生低谷时期，是这些积极的家人支援和社会支持力量，使我重新坚定了人生的追求，激发了科研服务社会的动力与信心。衷心感谢我身边的这些朋友和前辈！他们是我终身的宝贵财富和动力源泉。

本书稿作为我 15 年来从事科研工作的积累和研究成果，在研究撰写和出版过程中特别感谢西安财经大学校领导、科研处与商学院领导及同事给予的大力支持和协助。新时期，围绕建设我国农业农村现代化和实现乡村全面发展的战略目标，持续探索和研究新时代新阶段推进“三农”工作的创新思路及农民就业增收的新路径新模式意义重大。希望本研究成果能够继续得到西安财经大学学术著作出版基金的支持和资助。

以上作为后记，铭记初心、分享读者；也希望借此与同行学者专家共勉交流，相互学习，合作共研，使农村创新创业与农民就业增收领域的研究成果不断拓展和提升！

西安财经大学 赵 路

2024 年 7 月 20 日于雁塔校区